A Descoberta do Prazer

Desfrute as Boas Sensações da Vida e Seja Mais Feliz

Stella Resnick

A Descoberta do Prazer

Desfrute as Boas Sensações da Vida e Seja Mais Feliz

Prefácio
RIANE EISLER

Tradução
MARTA ROSAS

EDITORA CULTRIX
São Paulo

Título do original:
The Pleasure Zone

Copyright © 1997 Stella Resnick.

Este livro não poderá ser exportado para Portugal.

Edição	Ano
1-2-3-4-5-6-7-8-9	99-00-01-02-03

Direitos de tradução para o Brasil
adquiridos com exclusividade pela
EDITORA CULTRIX LTDA.
Rua Dr. Mário Vicente, 374 — 04270-000 — São Paulo, SP
Fone: 272-1399 - Fax: 272-4770
E-mail: pensamento@snet.com.br
http://www.pensamento-cultrix.com.br
que se reserva a propriedade literária desta tradução.

Impresso em nossas oficinas gráficas.

Para Alan,
o grande amor da minha vida

Para papai,
presença constante e amorosa

Em memória de
Holly Harp
e
Janet Lederman

Apresentação

A descoberta do prazer é um livro notável; um livro sábio e prático escrito por uma mulher sábia e prática. Ele nos conduz ao lugar em que todos vivemos — o nosso corpo — e fornece-nos informações simples e sensatas para que possamos conseguir aquilo que todos almejamos: uma vida saudável e enriquecedora.

Para mim, *A descoberta do prazer* é um livro particularmente instigante. Passei os últimos vinte anos investigando a questão do prazer. Por que, se o principal anseio humano é o prazer, ele tem sido tão vilipendiado, proibido e tantas vezes distorcido até tornar-se um "prazer" em detrimento dos outros? Por que a bagagem que trazemos vê o prazer como algo tão negativo? O que podemos fazer para acelerar aquilo que, em meu livro *Sacred Pleasure*, chamei de transição do sofrimento para o prazer?

Minha pesquisa se concentrou num âmbito cultural e histórico mais amplo, na nossa grande necessidade de transformar a sociedade numa sociedade que incentive e recompense mais a parceria que a dominação se quisermos reaver nosso direito nato ao prazer. Quanto mais nossa sociedade incentivar e recompensar o carinho e o cuidado com o próximo em todas as esferas da vida, mais o prazer poderá fazer parte da nossa vida cotidiana. Mas as mudanças social e pessoal caminham lado a lado. Quanto mais prazer tivermos em habitar o nosso corpo, mais amor existirá em nossos relacionamentos e mais chance terá a sociedade de curar-se sexual, espiritual e socialmente. *A descoberta do prazer* concentra-se nesse tipo de cura pessoal — e o faz com toda a propriedade.

Ao contrário de muitos dos assim chamados livros de auto-ajuda, *A descoberta do prazer* é *realmente* útil. Além de basear-se em pesquisas comprovadas, faz a distinção entre o verdadeiro prazer e o escapismo que, disfarçado de "diversão", deixa-nos com uma sensação de vazio, de perda, e sob o risco de desenvolvermos dependências prejudiciais e, a longo prazo, dolorosas.

Há um outro sentido em que *A descoberta do prazer* é um livro verdadeiro. Do princípio ao fim, Stella Resnick fala-nos com sinceridade, carinho e charme — com base em sua experiência profissional e pessoal.

Mas isso não é tudo: *A descoberta do prazer* não deixa de lado a dimensão espiritual do sentir-se bem — aquilo que chamei de "prazer sagrado". Pelo contrário, ela está em todo o texto, embora não seja aquela antiga espiritualidade descarnada, que denigre o corpo e o resto da natureza. Em vez disso, trata-se de uma espiritualidade de parceria — e de corpo inteiro — que celebra a maravilha, o milagre de nossa imensa capacidade de amar e criar, de sentir-nos bem e ajudar os outros a fazer o mesmo.

Considero *A descoberta do prazer* uma importante contribuição para o resgate do verdadeiro prazer — o qual, além disso, é um prazer de ler!

Riane Eisler

Sumário

Apresentação 7
Agradecimentos 11
A abertura para o prazer 13

Parte 1: Uma Nova Compreensão do Prazer

1. O novo princípio do prazer 17
A relação entre felicidade e prazer

2. Por que dizemos "não" ao prazer 37
O condicionamento para a resistência ao prazer

3. Como atingir o seu potencial de prazer 51
O que o prazer realmente é e como ficar positivamente motivado

4. Os oito prazeres capitais: uma história da evolução do prazer 63
Os prazeres em toda a sua variedade

Parte 2: Os Fundamentos do Prazer

5. O prazer primordial: doce entrega 81
O primeiro passo para aumentar o prazer é aprender a se entregar e relaxar

6. O alívio: a transformação do sofrimento em prazer 101
*Como aliviar, liberar e resolver o sofrimento e ganhar sabedoria
com a experiência*

7. Os prazeres elementares: o brincar, o riso, o movimento,
a vocalização 117
Como ficar mais leve

Parte 3: Os Prazeres Psicológicos

8. Prazeres mentais: a mente importa 137
Como ter bons pensamentos

9. Prazeres emocionais: variações sobre um tema amoroso 157
Como ter bons sentimentos

Parte 4: A Atualização de Todo o Seu Potencial de Prazer

10. Os prazeres sensuais: os sentidos e a capacidade de sentir 181
Como tornar-se mais sensual

11. Prazeres sexuais: realização completa 209
Como aquecer a paixão

12. Prazeres espirituais: de volta ao começo 243
As alegrias de um espírito leve

Palavras finais 263

Bibliografia 264

Agradecimentos

Este livro vem sendo escrito há muito tempo. Meu primeiro artigo sobre a "privação do prazer" foi publicado em 1978 pela revista *New Age*. Dois anos depois, escrevi outro sobre a relação entre a respiração consciente e a capacidade de desfrutar do amor duradouro e das alegrias do sexo. A partir daí, o prazer tornou-se o trabalho da minha vida — e, ao contrário do que se pode esperar de um assunto aparentemente tão agradável, não foi fácil. Também não foi sem polêmicas. Devo muito a todos aqueles que me apoiaram ao longo destes anos, tanto profissional quanto pessoalmente. Agradeço particularmente a Peggy Taylor, então editora da *New Age*, por ter colaborado no "parto" daquele primeiro artigo.

Devo especial gratidão às pessoas que trabalharam comigo em *workshops* e terapias individuais ou em grupo, bem como a todos os que aprenderam comigo a usar a perspectiva que valoriza o prazer para transformar suas vidas. O papel de testemunha de seu sucesso foi para mim tremendamente gratificante. Meus agradecimentos a todos aqueles cujas histórias anônimas figuram neste livro, as quais contribuem decididamente para a compreensão do fenômeno da resistência ao prazer e sua superação.

Além disso, continuei a desenvolver minhas idéias e métodos em congressos e seminários. A recepção mais calorosa ao estudo da questão do prazer partiu de sexólogos, terapeutas e educadores sexuais, principalmente nos primeiros anos. Quero agradecer de público à Society for the Scientific Study of Sexuality, ativo grupo de pensadores e pesquisadores que há mais de 15 anos tem sido uma fonte inestimável de desenvolvimento profissional e apoio acadêmico. Sou grata ainda à Association for Humanistic Psychology e à sua Sommatics Community pelos muitos anos de apoio e troca de idéias.

Como venho pesquisando a questão do prazer há muito tempo, receio não poder dar crédito a todos aqueles cujo trabalho influenciou o meu. Embora não possa citá-los um por um, quero estender meu reconhecimento a todos os que eventualmente tenha deixado de mencionar pela sua grande contribuição no sentido de permitir-me compreender melhor a importância do prazer no dia-a-dia.

Colocar as idéias no papel não foi para mim uma tarefa fácil. Sou grata a Nancy Bacal, amiga e professora, e a todas as mulheres do hoje extinto Grupo das Quartas-Feiras, as quais, por seis anos, me incentivaram a ser escritora.

Nos muitos anos que passei pesquisando o tema e escrevendo a respeito de forma coerente, houve duas pessoas cuja ajuda foi de valor inestimável:

Diane Rapaport, escritora e amiga querida, por ajudar-me a separar o joio do trigo nas primeiras versões deste livro, e a dra. Carol Cassell, outra amiga e colega muito querida, por seu apoio constante, a sua apreciação imparcial e sua confiança incondicional na partilha de dados e conhecimentos ao longo de todo o processo de elaboração deste livro.

Agradeço a minha empresária, Elizabeth Kaplan, pelo pronto reconhecimento do valor de uma obra sobre o prazer e pelo afinco com que procurou o editor certo.

Devo um agradecimento especial a minha editora, Mary Jane Ryan, por sua ajuda nos cortes e na organização final do imenso material que eu considerava indispensável a este volume — e por garantir-me que futuros projetos iriam abrigar as preciosidades que tiveram de ser excluídas deste livro.

Estendo minha gratidão a minha amiga e colega dra. Marjorie L. Rand, pelas úteis sugestões dadas depois da leitura do manuscrito final, e a Steve Andreas, Linda Marks e Andrea Cagan, pela mesma razão.

Algumas pessoas merecem minha gratidão por seu impacto em outras áreas de minha vida. Agradeço a meu pai, Nat Resnick, que esteve sempre disponível. Ao mestre Fritz Perls, por ensinar-me o existencialismo fenomenológico tanto como terapia quanto como estilo de vida. A meu irmão, Lou Siegel, pela amizade. A meu sobrinho, Isaac, e minha sobrinha, Emma, por tudo que tenho aprendido com eles sobre o mais puro dos amores — o amor incondicional de uma criança em crescimento.

Por último, meu mais importante agradecimento: a meu marido, Alan Kishbaugh, por seu amor e por ser, ao longo de todos estes anos, meu maior campeão, meu bichinho de estimação, meu mais literário editor e, além de tudo isso, por representar a minha mais profunda idéia do que seja um lar.

A Abertura Para o Prazer

A filosofia que adotamos em relação ao prazer e à dor é tão essencial ao modo como conduzimos nossa vida quanto nossas idéias sobre o bem e o mal. Ao contrário da crença popular, o prazer não se restringe a jogos e divertimentos nem à satisfação sensual e sexual: ele é tudo isso e muito mais. A maneira como nos divertimos afeta-nos a saúde. A maneira como usufruímos da intimidade determina a profundidade e a qualidade de nossos relacionamentos. A cota diária de prazer que nos permitimos determina nosso grau de realização na vida.

Pense numa zona do prazer como um processo, e não como um lugar. Ela é uma concentração ativa da atenção que o situa no momento presente, libera sua vitalidade e otimismo e torna tudo que você faz mais agradável.

Por milhares de anos, em culturas do mundo inteiro, o prazer foi visto com desdém e reprovação. É hora de resgatá-lo como direito nato. É hora de proclamar a verdadeira sabedoria de uma vida orientada pelo prazer.

PARTE 1

Uma Nova Compreensão do Prazer

ߘ

Capítulo 1

O Novo Princípio do Prazer

A Relação Entre Felicidade e Prazer

Não adianta ouvir falar
do que seja a alegria.
Precisamos dar um passo além
e descobrir em nós mesmos
sua verdadeira natureza.

Robert A. Johnson

Não somos tão felizes quanto poderíamos — nem na vida cotidiana nem na vida amorosa. E não é porque falte algo em nossa vida ou em nossos amores. É porque perdemos a capacidade de gozar plenamente daquilo de que dispomos.

A felicidade pressupõe habilidades na vida cotidiana que pouca gente exercita com regularidade. Em vez de se orgulhar de suas realizações, as pessoas preferem ser autocríticas. Em vez de ter uma visão positiva do futuro, preferem pensar o pior, achando que essa é a forma de se preparar para emergências. Em vez de dizer às pessoas a quem amam o quanto as apreciam, elas lhes põem defeitos, na esperança de torná-las "melhores". Um autêntico orgulho por algo bem-feito; a esperança que se tem, mesmo nas horas difíceis; a gratidão que se expressa espontaneamente a alguém: esses são alguns dos prazeres simples que podem enriquecer e revitalizar a vida cotidiana, que muitas vezes não representa a fonte de prazer que deveria.

Como psicoterapeuta, sempre percebo as oportunidades de prazer que meus clientes rotineiramente deixam de usufruir. Um deles, na casa dos 40, visitava-me semanalmente. A cada sessão, eu lhe pedia que respirasse um pouco e consultasse a si mesmo. Ele sempre me dizia que seu corpo estava tenso — sentia os ombros contraídos, o pescoço e as costas doloridos, o peito pesado. Sentia-se bem ao respirar e relaxar durante as sessões, pois ficava mais criativo e compreendia as coisas com mais clareza. No entanto, quando eu lhe sugeria que parasse periodicamente para alongar e relaxar os músculos por alguns minutos durante o dia, ele dava de ombros e dizia que acabava esquecendo. Um dia chegou a admitir que tinha medo de não conseguir voltar a trabalhar, caso se permitisse relaxar.

Já vi essa idéia ser expressa de várias maneiras por inúmeras pessoas. Elas acham que, se não estiverem tensas, não estão trabalhando o suficiente. De algum modo, pensam que conseguem extrair mais de si mesmas se rangerem os dentes e sentirem dor. Encontrar energia e objetivos para apreciar as possibilidades prazerosas da situação lhes parece uma maneira ingênua demais para realizar qualquer coisa.

Muitas vezes, o mesmo se aplica aos relacionamentos íntimos. Parece que temos uma filosofia curiosa que diz: o que aproxima as pessoas é falar o quanto elas desagradam umas às outras. Já vi casais que eram capazes de listar num instante, item por item, tudo aquilo que faltava na relação — falar abertamente de ressentimentos, decepções e frustrações sexuais —, mas resistiam em dizer o quanto gostavam um do outro. No fim, acabavam reconhecendo que, apesar de terem muito amor e consideração um pelo outro, achavam que expressar sua ternura iria impedi-los de obter o que queriam dos parceiros, em vez de ajudá-los a atingir esse objetivo.

O fato é que nossa sociedade deprecia o valor do prazer. Pensamos no prazer como diversão e brincadeira, como uma fuga da realidade, e raramente como um fim digno em si mesmo. Surpreendentemente, não fazemos a conexão entre a vitalidade — a energia que vem do bem-estar — e a disposição de ter prazer em viver cada momento. O resultado é que não conseguimos valorizar o papel verdadeiramente importante que a experiência do prazer desempenha numa vida cheia de sentido e de realizações e, mais especificamente, em relacionamentos capazes de proporcionar profunda satisfação.

Uma odisséia pessoal

Essa certamente também já foi a minha história. Depois de anos de estudos e treinamento acadêmicos, tornei-me uma promissora terapeuta cada vez mais reconhecida como profissional na cidade em que vivia, San Francisco. Comprei uma casa, fiz muitos amigos e viajei muito dando palestras e participando de seminários. O único problema é que eu não era feliz.

Aos 32 anos, depois de passar por dois breves casamentos, embarquei num relacionamento tempestuoso, cheio de brigas e lágrimas, que durou três anos. Depois do rompimento, procurei manter-me sempre ocupada. Trabalhava, participava de reuniões ou jantava com amigos todas as noites. Eu dizia a mim mesma que estava vivendo uma vida cheia de emoções. Na verdade, estava mais só do que nunca e fazia de tudo para não me ver em casa sozinha.

Entretanto, lá estava eu — uma terapeuta. Sem dúvida, estava claro que eu possuía algo que valia a pena para oferecer aos outros: minha agenda de trabalho estava lotada. Por que a coisa não estava funcionando para mim? Eu tinha feito terapia por anos, com os melhores profissionais da área. Tive meus momentos de revelação, fiz progressos incríveis, quando rompia em prantos e sentia raiva pelo sofrimento da minha infância (o divórcio de meus pais quando eu tinha 5 anos, os anos que vivera com uma mãe negligente e um padrasto fisicamente violento). Eu fazia ioga. Meditava. Exercitava-me. Tornara-me vegetariana. Por que ainda sofria? Por que não era feliz?

Quando fiz 34 anos, soube que minha mãe estava morrendo de câncer. Resolvi interromper por uns tempos minha prática e voltar a Nova York para ver se poderia ser sua amiga antes que ela morresse. Naquele mês de agosto, aluguei um apartamento em Manhattan e comecei a tomar o metrô para o

Brooklyn duas vezes por semana para vê-la em seu leito no hospital. Infelizmente, mesmo enquanto minha mãe jazia em seu leito de morte, meu padrasto continuou a envenenar nosso relacionamento dizendo-lhe coisas que a deixavam desconfiada e em guarda contra mim. Quando ela morreu, em julho do ano seguinte, senti uma profunda tristeza; não tanto por ter perdido minha mãe, mas por jamais ter tido uma.

Naquele momento, percebi que não poderia simplesmente voltar à minha vida frenética em San Francisco. Era hora de enfrentar minha dor e solidão e descobrir o que me fazia tão infeliz. Um mês depois da morte de minha mãe, mudei-me para Mount Tremper/NY, uma cidade nas montanhas Catskill, perto de Woodstock. As poucas pessoas que conhecia lá tinham casas de veraneio e só iam ao local no inverno ocasionalmente, para passar um fim de semana. Encontrei uma casinha no meio de um bosque, sem TV, e assinei um contrato de um ano.

Passei esse ano no campo mais só do que nunca, mas, dessa vez, a solidão foi uma opção minha. Como guia, li *Walden*, de Henry David Thoreau, o famoso relato novecentista de um retiro semelhante em Massachusetts. Como Thoreau, tinha meu lago — cheio de sapos barulhentos no verão — que congelava no inverno. Como Thoreau, recebia visitas de vez em quando e ia regularmente à cidade comprar mantimentos. E, como Thoreau, vi dias e dias se passarem sem ter vivalma para ver ou falar.

No início, meus dias eram terrivelmente solitários. Chorava muito e tinha pena de mim mesma. Lia, escrevia para minha revista e dava longas caminhadas pelo bosque. Às vezes me via olhando para uma parede sem saber há quanto tempo estivera ali sentada ou em que tanto pensara. Em dias de bom tempo, podia ficar horas a fio olhando pela janela, fascinada pelos passarinhos que brigavam pelo alpiste que eu colocava para eles numa árvore. No inverno, para não morrer de frio, cortava gravetos para alimentar o fogo do fogão a lenha e da lareira. Fazia muitas sopas e cozidos. Nas noites em que o vento frio do inverno soprava mais forte, ficava acordada colocando jornal amassado nas fendas entre as tábuas que compunham as paredes dessa casa de veraneio, resmungando comigo mesma e pensando como aquilo poderia jamais fazer de mim uma pessoa mais alegre.

O que comecei a descobrir naqueles dias intermináveis foi quão pouco eu sabia a respeito de como ser feliz no dia-a-dia. Sabia como impulsionar-me para o sucesso, como criticar-me por não ser boa o suficiente. Mas não sabia como pegar um dia e usufruir dele.

Eu me queixava o tempo todo. Revia mentalmente, como se fosse um filme, fatos passados que lamentava e pessoas que me haviam feito mal na vida. Ressentia-me porque, quando eu tinha 5 anos, meu pai me deixara com minha mãe em Bensonhurst, parte proletária do Brooklyn, apesar de eu lhe haver implorado que me levasse com ele. Ressentia-me por meu padrasto me ter espancado durante dez anos, atirando-me contra as paredes e batendo-me no rosto e na cabeça. Ressentia-me por minha mãe não me ter defendido: em vez disso, provocava-o ainda mais com queixas constantes sobre mim, até que ele perdia o controle em acessos de fúria.

Odiava a ambos pelo que tivera de fazer, aos 18 anos, para pôr um fim naquilo: eu disse friamente a meu padrasto que, se ele algum dia voltasse a tocar um dedo em mim, eu lhe enfiaria uma faca no coração quando ele estivesse dormindo. Ele deve ter acreditado nisso, pois a ameaça deu cabo de sua violência contra mim.

Eu sentia nojo quando pensava na raiva a que dera vazão em brigas com garotas que, como eu, ficavam nas esquinas do bairro. Ainda podia sentir a mágoa que me provocava a estranha mescla de bondade e crueldade que compunha meu primeiro namorado, o líder da gangue de meu bairro. Jamais conseguira ser amada o bastante pelos homens de minha vida. Ressentia-me deles por me negarem a ansiada intimidade com a figura masculina, mas também me sentia culpada. Obviamente, não era boa o bastante para ser amada.

Eu pensava ter resolvido isso na terapia. Entretanto, apesar de todas as lágrimas e raivas catárticas e de todas as introvisões em que percebia como o meu passado contaminava o meu presente, ainda não sabia como fazer as coisas de outro modo. Sabia tudo sobre o que não funcionava. Mas não sabia o que funcionava e, diante da ausência de uma verdadeira capacidade de criar uma vida interior prazerosa, voltava a velhos padrões de pensamento negativo e sentimentos dolorosos.

Finalmente, justo quando estava me habituando à tranqüilidade de meu retiro no campo, vislumbrei a revelação que mudaria tudo. De repente percebi: não basta saber o que se faz de errado; é preciso saber como acertar. É preciso aprender a gozar esta vida, este breve intervalo da eternidade que nos pertence.

"*Carpe diem*, ora!", esbravejei comigo mesma. "Seja mais leve! Aprenda a gozar a vida, momento a momento e dia após dia."

Como tanta gente, eu não era feliz porque não sabia como ser feliz. Não tivera modelos de felicidade na infância. Sabia como me divertir e distrair-me das frustrações e decepções com prazeres exteriores. Podia me divertir e me entreter; gostar de festas, restaurantes caros, teatros; deliciar-me em ser admirada pelos outros e comprazer-me de um sucesso material que estava muito além de tudo que aquela pobre garotinha do Brooklyn jamais se atrevera a sonhar. Mas não sabia como tirar minha própria "casca" e relaxar, gozar dos prazeres interiores da mente tranqüila e do bem-estar dentro de minha própria pele. Não sabia como lançar-me à atividade pelo prazer do trabalho e não para provar que podia cumprir a tarefa melhor que todo mundo.

Assim, aquilo transformou-se na minha grande revelação, o objetivo que me levara intuitivamente ao exílio. Não fui até ali para descobrir o que estava errado comigo. Eu já era perita nisso. Fui para tentar aprender a fazer as coisas de outro modo. Mais que isso: para descobrir o que estava realmente certo comigo.

Uma das minhas primeiras iniciativas foi virar a face de todos os relógios para a parede e cobrir o que ficava sobre o fogão. Embora estivesse completamente só, ainda me fixava no tempo — a que horas acordar, a que horas comer, quanto faltava para o dia acabar e até que horas ficar acordada. Percebi que o tempo ilimitado me inquietava. Lembrei-me do terror que sentia, às vezes, quando estava em San Francisco e não tinha nada programado para o domingo: não teria com quem estar até a segunda-feira, quando me sentiria grata por voltar ao trabalho.

No início foi difícil, mas acabei gostando da liberdade do espaço aberto. Já que não tinha nada a fazer nem aonde ir, comecei a permitir-me gozar do que quer que tivesse para desfrutar.

Quando me libertei da tirania do tempo, entrei em maior sintonia com meus próprios ritmos. Percebia o que me parecia o melhor para fazer a cada instante, quando o interesse declinava e o que me sentia estimulada a fazer em seguida. Fiquei mais consciente do quanto minha constante autocrítica era ainda pior que as queixas de minha mãe. Vi o quanto era fácil para mim — mesmo que pudesse optar entre me dar trabalho ou me tratar bem — ser dura comigo mesma. Passei a ser gentil comigo mesma cada vez mais.

Para minha completa surpresa, em vez de detestar cada dia, comecei a acordar a cada manhã com um novo espírito de aventura. Como decorreria aquele dia? Que revelações traria? Quais seriam as minhas experiências? De que forma eu poderia apreciar melhor a minha companhia? Percebi que, ao ler alguma coisa, estava menos impaciente e mais concentrada. Às vezes, ouvia música com as pernas apoiadas no braço do sofá. Dançava, às vezes, ouvindo *Temptations*, às vezes ouvindo Bach e Vivaldi. Afazeres como cozinhar ou limpar a casa transformaram-se em oportunidades de usar a criatividade. Comecei a fazer alongamentos e a exercitar as pernas enquanto esperava a comida ficar pronta. Em vez de ficar exausta, sentia-me revigorada cortando lenha e tinha um grande orgulho de conseguir acender uma lareira e fazer o fogo arder por todo o dia — eu, uma mulher nascida e criada numa grande cidade! Sentia-me mais alegre e comecei realmente a gostar mais de mim mesma. Finalmente compreendi o que Thoreau queria dizer quando escreveu: "Adoro ficar só. Nunca tive companhia tão solidária quanto a solidão."

Perto do fim de minha estada nas montanhas, conheci um homem de quem me tornaria amante por breve tempo e amiga por toda a vida. Nossa relação foi, de imediato, diversa de todas as que eu tivera antes. Não quis impressioná-lo nem controlá-lo porque não precisava dele. Gostava dele, e ele, de mim. Sem idéias preconcebidas. Éramos livres para ser nós mesmos. E, se brigássemos por causa de qualquer coisa, superávamos a divergência. Ela não queria dizer nada. Certamente, não queria dizer que eu não poderia ser feliz com um homem, como eu pensava depois das brigas que tinha com meus parceiros anteriores.

O sofrimento não é o caminho para a felicidade

Quando voltei para a Califórnia, no verão seguinte, e retomei meu trabalho, logo reconheci nos meus clientes a mesma incapacidade de gozar o dia-a-dia, que antes arruinara a minha vida. Como eu, muitos deles haviam passado anos em terapia, desenterrando os problemas de sua infância para resolvê-los. No entanto, apesar de a maioria deles achar que a terapia havia sido útil, ainda não podiam realmente dizer-se capazes de aplicar o que tinham aprendido para fazer as coisas de modo diferente. Muitos achavam que as mesmas questões voltavam a se apresentar e que alguns de seus maiores desejos e esperanças ainda pareciam ilusórios.

Comecei a ver que, embora certamente essenciais para o bom resultado na psicoterapia, a compreensão e a liberação do sofrimento não são o bastante. Habituar-se a lutar com os problemas só deixa as pessoas mais hábeis em lutar contra os problemas. Para gozar mais a vida e, principalmente, para ter mais amor, é melhor tornar-se hábil naquilo que inspira entusiasmo e gera vitalidade e bons sentimentos.

Como a vivência da intimidade era tão importante para mim, comecei a concentrar-me, no trabalho, na insatisfação das pessoas diante de seus relacionamentos íntimos e de sua vida sexual, tanto na terapia individual quanto na de casais. No fundo, acho que pensava que, se eu me tornasse especialista em relacionamentos amorosos, talvez um dia também conseguisse ter um. Felizmente, meu palpite estava certo. Embora tenhamos tido nossos problemas, hoje tenho um prazenteiro relacionamento de 17 anos com o único homem a quem pude amar e com quem pude conviver ao mesmo tempo.

Certamente aprendi muito com os anos, vendo as pessoas — primeiro no consultório e, depois, em casa (meu marido e eu não somos exceções) — a braços com a mesma necessidade de amar e os mesmos anseios sexuais. Um fator da maior relevância — que não é abordado na maioria dos relacionamentos justamente por ser tão amplamente difundido — é a tendência que temos de piorar as coisas, fazendo sofrer a nós mesmos e as pessoas que são importantes para nós em nome de melhorar as coisas. Castigamos a nós mesmos; castigamos uns aos outros. Nós nos retraímos e agimos com frieza, reclamamos e nos culpamos, atacamo-nos verbalmente e negamos afeto ou contato sexual. Ao que tudo indica, poucos de nós temos bons modelos para lidar bem com as diferenças emocionais e sexuais num relacionamento e, ao mesmo tempo, manter um comportamento amoroso e capaz de proporcionar apoio a nossos parceiros.

Para mim está claro que hoje não se chega a bons fins empregando maus meios. Para se resolverem as diferenças num relacionamento de forma a agradar a todos, não se pode entrar numa queda de braço para forçar o outro à submissão, mas recorrer ao amor, à empatia, à confiança, ao afeto e à emoção — todos prazeres do coração — um do outro.

Percebi também a grande importância de uma boa vida sexual para que as pessoas se sintam realizadas num relacionamento. Curiosamente, negar sexo ao parceiro parece ser um dos métodos preferidos para controlá-lo. Mas não é mais sensato esperar que as pessoas que dão umas às outras prazer e carinho no amor sejam emocionalmente mais disponíveis e sintonizadas umas com as outras?

Embora isso seja contrário ao que aprendemos, a rota para a felicidade não é a do sofrimento nem a do sacrifício. Se existe um caminho para os mais altos níveis de bem-estar, ele passa pelo que mais nos nutre e alegra.

A relação entre felicidade e prazer

Até pouco tempo atrás, os psicólogos raramente estudavam a felicidade: a infelicidade parecia ser muito mais interessante. Mas os tempos mudaram. De repente, surgiu um interesse científico em descobrir o que torna as pessoas felizes. Os cientistas sociais fazem pesquisas e pedem às pessoas que classifiquem seu "bem-estar subjetivo" e digam o que as faz felizes; os pesquisadores da medicina e da fisiologia estudam a química de nossos genes e cérebros para buscar respostas para as mesmas perguntas.

Estamos descobrindo que a felicidade não depende do nível de renda, pois — a não ser no caso de pessoas muito pobres — os mais ricos não são nem mais nem menos felizes que aqueles cujos recursos se situam na média. Tampouco ela depende de classe social ou nível de escolaridade. A felicidade não depende da idade nem do sexo das pessoas e, muito menos, de um prêmio de loteria ou de um evento que altere o curso de uma vida. Na verdade, mais ou menos seis meses depois de um grande sucesso ou de uma grande adversidade, a maioria das pessoas geralmente volta a se sentir como se sentia antes de o fato ter ocorrido.

O que faz diferença está muito mais ligado ao grau de entusiasmo, energia e disposição de sentir prazer no dia-a-dia das pessoas. Em diversas pesquisas, as pessoas que admitem ser felizes tendem a sentir-se bem consigo mesmas, a ser otimistas, a comandar sua própria vida, a gostar dos outros, a relaxar e acalmar suas mentes, a administrar seus pensamentos e sentimentos negativos e, ao invés de concentrar-se no que falta em suas vidas, a ter prazer naquilo que têm. Em termos de atingir alguns de seus objetivos, as pessoas mais felizes são aquelas que se realizam em seu trabalho e têm relacionamentos satisfatórios.

A má notícia, porém, é que o nível de felicidade que serve de base à maioria das pessoas não se altera muito ao longo de suas vidas. Alguns psicólogos sugerem que a felicidade pode ser, em grande parte, uma questão de hereditariedade. Para eles, nós teríamos um limite máximo para a felicidade — um conceito parecido com o do peso ideal, segundo o qual certas pessoas nunca chegarão a esse peso por mais que façam regime. Seguindo esse raciocínio, certas pessoas seriam ou não felizes, independentemente do que acontecesse em suas vidas. Para respaldar sua teoria, eles indicam estudos que demonstram que gêmeos idênticos, irmãos que possuem exatamente os mesmos genes, têm nível de felicidade igual em 44% das vezes, ao passo que os demais gêmeos, tanto quanto irmãos não-gêmeos, apresentam nível de felicidade igual em 8% das vezes.

Mas não existe prova real de que as pessoas mantêm o mesmo nível de bem-estar subjetivo ao longo da vida porque nasceram assim. A maioria dos pesquisadores concorda que, mesmo que exista um gene da felicidade, ele não será um fator de todo determinante. Uma propensão biológica para a felicidade poderia ser responsável por apenas uma pequena parte de seu moral, mas a influência predominante ainda estaria relacionada à sua forma de interpretar suas circunstâncias de vida e de apreciar o que você tem.

Em vez de a razão estar em um gene da felicidade, é muito mais provável que o nível de felicidade das pessoas não se altere ao longo da vida porque a maioria delas se conforma com a estreita gama de prazeres a que recorre para se realizar. Poucos são aqueles que já pensaram alguma vez em poder elevar sua sensação de bem-estar, aprendendo a expandir e intensificar a capacidade básica de gozar dos prazeres do dia-a-dia.

A relação entre prazer e saúde

Essa explosão de interesse na felicidade foi, na verdade, deflagrada por uma série de outras descobertas científicas que demonstraram haver uma forte correlação entre uma grande variedade de prazeres e a boa saúde. No campo relativamente novo da psiconeuroimunologia (PNI), biólogos, psicólogos e sociólogos estão acumulando provas consideráveis para demonstrar que a experiência do prazer e os estados mentais positivos podem, com efeito, fortalecer o sistema imunológico.

Há muito tempo se sabe o perigo que representam para a saúde as preocupações, os sacrifícios e a falta de contato amoroso físico e emocional. A hostilidade e o *stress* tem alta correlação com a propensão para doenças como a pressão alta e as cardiopatias. A depressão crônica também foi há muito reconhecida como um fator que pode impedir a recuperação em outras doenças.

Estudos fisiológicos mostram por que isso ocorre. Em uma experiência, quando os participantes foram induzidos a sentir-se desamparados e impotentes, seus sentimentos negativos efetivamente diminuíram a motilidade de seus glóbulos brancos (os responsáveis pelo combate às doenças) na corrente sangüínea, tornando-os mais lentos e menos eficientes. Em outros estudos, descobriu-se que as pessoas que se apresentavam como pessimistas, deprimidas, estressadas ou em luto pela perda de um ente querido tinham um déficit no total de células em atividade no combate natural às doenças. A adrenalina e outros hormônios do *stress* aparentemente também são responsáveis por alguns de nossos maiores problemas de saúde, principalmente os que estão ligados ao coração e à circulação. Liberada pela ansiedade, raiva e *stress*, a adrenalina constringe os vasos sangüíneos em todo o corpo, especialmente no coração, elevando a pressão, causando danos potenciais ao músculo e às artérias cardíacas e aumentando o risco de um enfarte.

Porém, o mais importante é que os cientistas atualmente vêm descobrindo que os sentimentos positivos, como a confiança e a paz de espírito, estão associados a uma boa saúde. Em outras palavras, o prazer pode realmente prolongar nossa vida. A pesquisa da PNI demonstrou que as emoções positivas fortalecem o sistema imunológico e otimizam seu funcionamento. O fato de termos fé ou coragem, em vez de desespero ou pânico, pode ajudar-nos a resistir às doenças e a convalescer mais rapidamente. Entre as mulheres que se submetem a mastectomias, por exemplo, as que acreditam em suas chances de recuperação e têm espírito de luta apresentam uma taxa de sobrevivência muito maior que aquelas que se sentem impotentes.

Mesmo as experiências prazerosas podem influir. O psicólogo Robert Ornstein e o médico David Sobel coletaram provas concretas que demonstram que os prazeres mais simples não só nos revigoram o ânimo como também exercem um profundo efeito sobre nosso poder de cura e a saúde em geral. Os pacientes que ouvem música antes e durante as cirurgias apresentam nível de hormônios do *stress* no sangue mais baixo do que os que não a ouvem; os que se recuperam de uma cirurgia numa cama de onde podem ver um parque recebem alta, em média, um ou dois dias antes do que aqueles que se recuperam de cirurgia semelhante num leito com vista para uma parede de tijolos. Verificou-se, além disso, que a sensação de esperança ou segurança, a ocorrência de experiências sensuais (ser abraçado, massageado ou fazer amor) e até mesmo o simples devanear com tais experiências se associam a sinais de fortalecimento do sistema imunológico. Desde o aumento no número de glóbulos brancos até uma freqüência cardíaca mais baixa, passando pela liberação na corrente sangüínea dos hormônios que podem regular e equilibrar praticamente todos os sistemas do corpo, as pesquisas mostram que o bem-estar é bom para nossa saúde.

Os mensageiros químicos de todos esses bons sentimentos, os neurotransmissores conduzidos através da corrente sangüínea que nos fazem relaxar e abrir em todos os níveis, são as endorfinas. Elas são os analgésicos naturais do corpo, responsáveis pela "euforia do atleta", aquela sensação que sucede a execução de movimentos vigorosos durante um certo tempo. As endorfinas estimulam a dilatação dos vasos sangüíneos e relaxam o coração, tendo sido relacionadas ao fortalecimento do sistema imunológico, à maior rapidez na recuperação de doenças ou cirurgias e a uma velhice mais saudável. Quando você se sente ótimo, pode ter certeza que suas endorfinas estão fluindo a toda.

Qualquer atividade que estimule o fluxo de endorfinas geralmente é boa para nós, e uma delas é o sexo. Há fortes indícios de que o gozo dos prazeres do sexo pode ter efeito positivo não só sobre os relacionamentos, mas também sobre a melhora da forma física. A atividade sexual pode estimular o sistema imunológico, fortalecer o coração e agir contra o *stress*. No plano emocional, as pessoas que gozam de uma boa vida sexual tendem a ser menos ansiosas, menos deprimidas e a ter mais auto-estima que as pessoas cuja vida sexual é insatisfatória.

Os efeitos positivos do prazer sobre o envelhecimento

Diante de todas essas provas, faz sentido esperar que as pessoas que sabem apreciar a vida cheguem à maturidade com mais saúde que aquelas que sofreram com a sua. Hoje existem pessoas de mais de 90 anos cheias de vitalidade, correndo maratonas, dando aulas de balé, publicando *best-sellers* e animando festinhas para crianças. O saxofonista Benny Carter há pouco comemorou seus 90 anos, e a ceramista Beatrice Wood já completou mais de 100, ambos em plena atividade. Sem dúvida, a capacidade de ter prazer em sua arte contribui imensamente para a enorme reserva de vitalidade de que eles continuam a gozar.

Um exemplo de corajoso amor pela vida nos deu S. L. Potter, de Alpine, na Califórnia, ao celebrar seu 100º aniversário saltando de *bungee jump* de uma torre de cerca de 70 metros de altura. Quando seu médico de muitos anos o desaconselhou, ele simplesmente trocou de médico. Segundo seu filho, de 70 anos, desde a inauguração da torre, três meses antes, o pai não fazia outra coisa senão sonhar com o salto.

Antes pensávamos que o sexo não fosse um prazer disponível para os mais velhos. Pensávamos que o homem atingisse o apogeu sexual aos 18 anos e a mulher, aos 35, e que a idade comprometesse gravemente o apetite e o desempenho sexual dos idosos. As pesquisas agora demonstram que isso simplesmente não é verdade. As pessoas que têm boa saúde podem ter vida sexual satisfatória até os 80 ou 90 anos. Muito provavelmente, as próximas gerações, mais conscientes quanto à saúde, poderão ir bem além. De acordo com uma pesquisa conduzida pelo sociólogo Andrew Greeley, em 1992, 37% dos casais casados de mais de 70 anos fazem amor pelo menos uma vez por semana, e esses casais eram os que contavam que estavam vivendo vidas felizes e cheias de emoção. Na verdade, em vez de presumir que os mais velhos perdem o interesse pelo sexo, o mais certo seria achar que as pessoas que não perdem o interesse pelo sexo não envelhecem.

A experiência de pico: um ponto de referência para os melhores momentos

Ultimamente, o interesse do público pelos "picos" concentrou-se nas afirmativas e visualizações de desempenhos de pico usadas pelos atletas olímpicos para quebrar recordes mundiais e por pessoas do mundo dos negócios para otimizar seu sucesso financeiro. No entanto, no final da década de 50, quando o psicólogo Abraham Maslow criou o conceito de potenciais humanos de pico, não foi com o desempenho, mas sim com a experiência de pico, que ele ficou mais intrigado. Maslow foi um dos primeiros psicólogos a dizer que, ao estudar exclusivamente as pessoas ansiosas e infelizes, os pesquisadores estavam perdendo uma valiosa fonte de informação sobre a psicologia humana — os que eram felizes e gozavam a vida.

As experiências de pico são as ocasiões de intenso prazer, que podem durar desde apenas um minuto até semanas ou mais. São períodos de felicidade e realização completas que, apesar de não serem comuns, também não são raros. Sempre que ocorrem, eles são percebidos como grandes momentos, épocas extremamente boas na vida de uma pessoa. Maslow descobriu que certos indivíduos — pessoas a quem chamou de "auto-realizadas" — gozavam de uma freqüência muito maior de experiências de pico do que os demais na população em geral.

As pessoas auto-realizadas que Maslow estudou vinham de todas as classes sociais — eram proletários, artistas, donas de casa e personalidades famosas, além de pessoas desconhecidas, amadas apenas em seus respectivos círculos. O que determinava sua inclusão entre os auto-realizados era seu alto grau de satisfação pessoal. Elas se sentiam realizadas em suas vidas, motivadas não pela necessidade, mas pelo desejo de crescer. E, se por um lado continuavam querendo desenvolver suas qualidades e talentos, por outro eram também as pessoas que se conheciam e aceitavam sua própria natureza.

Maslow afirmou que em seus estudos só encontrara a auto-realização entre pessoas de certa idade. Ele sugeriu que a razão estaria na maturidade, quando as pessoas podem superar a luta com questões juvenis, como a insegurança, a identidade ou a aceitação social. Maslow descobriu que essas pessoas, mais velhas, geralmente se sentiam — e de fato estavam — no auge de suas forças porque já não desperdiçavam esforços lutando contra si mesmas.

O fato de nossa sociedade estar hoje mais interessada em desempenho de pico diz algo muito importante sobre os valores populares e explica por que a felicidade pode ser tão difícil para as pessoas. Independentemente de sermos atletas olímpicos ou não, a maioria de nós se concentra muito no desempenho — o que devemos fazer e como fazê-lo. Achamos que, fazendo as coisas corretamente, mereceremos um determinado resultado — que pode ser qualquer coisa: aprovação, amor, mais dinheiro ou sexo. Mas, concentrando-nos tanto no desempenho e na realização de metas, podemos perder de vista nossa experiência — isto é, como o que fazemos nos faz sentir. Por conseguinte, podemos deixar de orientar-nos pelo que nos parece certo ou errado.

Quando o importante é o desempenho, e fazemos algo principalmente pela recompensa que poderemos obter, nem sempre ganhamos o prêmio que achamos justo pelo nosso sacrifício, e isso pode nos levar a amarguras e frustrações. Mas quando o que importa é a experiência, cada momento conta. A qualidade de vida que ganhamos optando por boas experiências é o próprio prêmio. E, além do mais, quando nos deixamos guiar por nossos bons sentimentos, as coisas em geral dão certo.

Marcos pessoais

Mesmo que ainda não tenhamos atingido o pico na vida, todos já tivemos experiências de pico, as quais podem alertar-nos para o quanto as coisas podem ser boas. Sem dúvida, todos nós podemos olhar para trás e citar vários momentos-chave que foram maravilhosos. Independentemente de sua duração, vimos o mundo e a nós mesmos de uma forma única. Talvez tenha sido uma época em que tenhamos sentido um grande amor por alguém ou nos tenhamos comovido com um fato importante. Pode ter sido algo que conseguimos fazer ou atingir depois de muitos anos de preparação. Talvez seja uma coisa tão simples quanto um momento de profundo prazer estético diante de uma pintura ou uma sinfonia — ou tão complexa quanto uma experiência mística ou religiosa em que nós realmente tenhamos compreendido a continuidade de todas as coisas e experimentado a sensação da eternidade.

O mais importante nas experiências de pico é que elas fornecem uma espécie de ponto de referência: o quanto você pode se sentir bem em seu corpo e o que pode atingir quando se sente bem. Seus grandes momentos lhe indicam o que está funcionando em sua vida. Neles, você não tem dúvidas, não se impõe limitações. Você se sente inspirado e cheio de coragem. Sua auto-estima, assim como seu amor e sua empatia pelos outros, aumenta. E mesmo que o episódio em si seja breve, os positivos efeitos posteriores à experiência tendem a ser muito duradouros. A vida pode voltar ao normal, mas você continua a gozar de uma espécie de arrebol psíquico que o faz sentir-se mais esperançoso diante das coisas, mais confiante, mais ligado ao mundo como um todo. Suas experiências de pico o alertam quanto ao seu vasto potencial de prazer em todos os aspectos da sua vida.

A resistência ao prazer: a oculta sabotadora da felicidade

Apesar de termos hoje uma bateria de provas de que o bem-estar nos faz bem, a grande ironia é que a maioria das pessoas evita — em graus variáveis — sentir-se tão bem quanto poderia. Negamos isso a nós mesmos de várias formas.

Um exemplo: pouca gente se permite ter uma variedade de prazeres. Para uma mulher que conheço, um dos maiores prazeres na vida é ir ao teatro e fazer todos os preparativos para ver os últimos espetáculos. Porém lamenta que na sua vida haja pouco lugar para a intimidade, pois acha que tem uma legião de conhecidos mas nem um único amigo de verdade. Outro cliente, que passa quase todo o seu tempo no trabalho, concentra a maior parte de seu prazer no sexo, sentindo-se desanimado se não for para a cama com a mulher todas as noites. A mulher está prestes a deixá-lo, queixando-se de sentir-se usada, coagida a ter sexo toda noite, independentemente de querer ou não, e diz que não tem o menor interesse em funcionar como válvula de escape para as tensões dele.

Para sentir-se bem, certas pessoas só sabem ir ao cinema, outras afundam em livros, tomam drogas ou correm às compras. Não é de estranhar que muitas das dependências em que as pessoas caem sejam os únicos prazeres de que sabem desfrutar.

Infelizmente, a maioria das pessoas tem muito mais prática em agir de forma negativa que de forma positiva. Se não tomarmos cuidado, de repente nos veremos reclamando, lamentando, preocupando-nos, negando, discutindo e dizendo "não" (mesmo que só para nós mesmos), em vez de nos vermos agradecendo, apreciando, relaxando, aceitando e dizendo "sim". O velho ditado de que "tudo que é bom é ilegal, imoral ou engorda" não é brincadeira. No fundo, muita gente acredita nele.

Com efeito, em todos os sentidos, a cultura norte-americana — com suas raízes puritanas — tende a ser contrária ao prazer. Desde a mais tenra infância, martelam-nos na cabeça que a vida é cheia de sacrifícios e que a busca da felicidade, apesar de ser uma liberdade garantida até pela constituição, é algo egoísta e mesquinho. Aprendemos que é moralmente superior negar-nos a nós mesmos e sofrer. Aprendemos a desempenhar, mais que vivenciar. Aprendemos que o prazer não é um direito que nos assiste, mas a recompensa por um trabalho árduo — uma espécie de férias curtas da "vida real".

Nessa sociedade que nega o prazer de modos que variam do sutil ao nem tanto, somos encorajados a procurar o prazer fora de nós: no consumismo, no ganho material, na aprovação social ou nas diversões passivas, em vez de buscar prazeres mais intrínsecos a nós. Há várias formas de abafar o entusiasmo de uma criança: ensinam-lhe a reprimir sua necessidade natural de afeto físico, a ter medo de sua própria sexualidade, a conter sua exuberância e a abandonar seus interesses em favor de objetivos mais práticos. Ensinam-lhe a desconsiderar sua própria experiência e a fazer o que lhe mandam. Quanto ao adulto, ensinam-lhe a viver com menos do que realmente anseia e, depois, a compensar esse déficit comprando mais brinquedos e bugigangas, carros e casas maiores, lugares melhores nos teatros e roupas mais deslumbrantes para pendurar no armário.

A ênfase cultural que recai sobre o negativo fica particularmente óbvia na maneira com que pensamos na intimidade. Quando duas pessoas se conhecem, o que primeiro as atrai é o quanto apreciam a companhia uma da outra. No entanto, à medida que o relacionamento começa a ficar sério, é comum que o aspecto do prazer na relação seja relegado a um plano secundário, e o que passa a ser visto como profundo está mais ligado à resolução de problemas.

Quando ouço o que meus clientes têm a dizer sobre seus relacionamentos, percebo com toda a nitidez quantos de nossos conceitos acerca dessa questão são dominados pela filosofia antiprazer da sociedade. Canso de ouvir que o amor é sacrifício; a intimidade, exposição de fraquezas; e a proximidade, compartilhar de dores. Mais uma vez, a ênfase recai no desempenho, não na experiência; em *provar* o amor e não em *senti-lo*. Não é à toa que seja tão difícil fazer com que os relacionamentos dêem certo.

Psicoterapia corporal e psicologia somática: a abordagem corpo-mente

Tradicionalmente, os psicoterapeutas concentraram-se no sofrimento mental e emocional, praticando com seus clientes aquilo que Freud chamou de "cura pela palavra". Segundo a teoria, se conseguirmos simplesmente verbalizar nossa angústia, com toda a honestidade emocional, o sofrimento cessará. Para longe iriam a tensão, a ansiedade, a depressão, os ataques à geladeira, a dependência de álcool e drogas, os relacionamentos que não satisfazem, a péssima vida sexual e a aceitação de menos do que o desejado. Infelizmente, apesar de muitas vezes ser essencial à liberação do sofrimento, falar apenas não basta.

Na verdade, costuma-se empenhar muito tempo e esforço para falar sobre a insatisfação, em vez de procurar desenvolver uma verdadeira capacidade de tornar a realidade melhor. Essas duas abordagens distintas da saúde mental podem produzir resultados bastante diversos.

A terapia tradicional concentra-se quase que exclusivamente na maneira como pensamos e está, de muitas maneiras, imbuída da filosofia voltada para a negação do prazer que caracteriza nossa cultura. A maioria dos terapeutas tradicionais conhece muito mais a ansiedade, o medo, a raiva, a angústia, o ressentimento, a culpa, a vergonha, o pesar, a violência contra as crianças, a ferida narcisista e os traumas que a gratidão, o amor, o riso, a fé, a confiança, a sensualidade, o desejo, a paixão, o orgasmo e a paz interior.

Entretanto, uma nova abordagem psicológica vem gradualmente ganhando terreno: a que inclui a consciência do corpo e se concentra na aprendizagem de técnicas positivas para viver uma vida emocionalmente saudável e satisfatória. Ela se baseia no modelo de "bem-estar" que se popularizou na área da saúde física em decorrência direta do crescimento da pesquisa na área da PNI. Segundo essa abordagem, corpo-mente, como a saúde física e o bem-estar mental e emocional, estão claramente inter-relacionados. Quando as pessoas caem doentes, o processo de cura deve considerar não só seu corpo, mas também sua mente e seu espírito.

Sabemos que essa filosofia dá resultado. Registra-se um grande aumento nas probabilidades de sobrevivência de pacientes em convalescença de doenças ou cirurgias graves por meio do desenvolvimento de técnicas positivas variadas visando a melhoria da qualidade de vida. Porém até recentemente o foco no estudo da relação mente-corpo recaía na maneira como a primeira afeta o segundo. Trata-se basicamente de uma noção de saúde que incentiva as pessoas a pensar de forma mais positiva e a usar a meditação, a visualização e a palavra para criar uma atitude mental mais positiva.

Mas é verdade que o corpo também afeta a mente. Como são inseparáveis, podemos contribuir para promover uma disposição mental positiva entrando em maior sintonia com o corpo. Podemos fomentar bons pensamentos, visões positivas e o carinho que aproxima as pessoas concentrando-nos no que se passa em nosso corpo. Podemos ficar mais atentos à qualidade de nossa experiência corporal, em vez de tentar continuamente avaliar a qualidade de nosso desempenho. Podemos aprender a nos orientar mais por sentimentos autênticos — sensações vindas inequivocadamente do corpo —, os quais poderão motivar-nos a seguir em direções mais positivas.

A abordagem corpo-mente (também conhecida como psicologia somática), em relação ao bem-estar emocional, difere da abordagem mente-corpo apenas no foco: como os estados do corpo podem afetar a mente. Usada por terapeutas que incorporam a consciência da respiração, das sensações corporais e da energia física, tal abordagem geralmente se baseia numa perspectiva de bem-estar, evitando o controle de danos da terapia tradicional e interessando-se mais no desenvolvimento de técnicas e no domínio pessoal. A abordagem corpo-mente ensina que o corpo aberto e saciado em termos de prazer pode representar um estímulo para a expansão mental e espiritual.

Um dos psicólogos que declararam quais os principais fatores em jogo numa abordagem psicológica do bem-estar foi o dr. Emory Cowen, diretor do

Center for Community Study [Centro de Estudos Comunitários] da Universidade de Rochester. Para ele, todo programa de bem-estar mental precisa especificamente treinar as pessoas em torno de quatro áreas essenciais: o desenvolvimento de maior competência no aperfeiçoamento de técnicas práticas de resolução de problemas, o cultivo da alegria e da capacidade de vencer dificuldades e fortalecer-se com elas, a transformação de situações sociais problemáticas em ambientes positivos e benéficos à saúde e a promoção de um maior senso de controle e força sobre a própria vida.

O prazer é a experiência visceral — processada no corpo, do bem-estar; é a corporificação da felicidade. Tendo o prazer como guia, nossos atos poderão nos informar daquilo que, no fundo, nos parece o certo, principalmente no coração e nas entranhas. Essas áreas são nossos infalíveis detectores da verdade. Quando nelas sentimos algo, temos a certeza de que é verdade. O corpo não mente jamais.

Este livro trata de como, vivendo uma vida informada pelo prazer, podemos chegar ao verdadeiro bem-estar de corpo e mente, com uma sensação maior de competência, de maior resistência durante os momentos de *stress* e do fortalecimento de nossa capacidade de promover coisas boas. Trata também de como aperfeiçoar os meios para tornar-nos mais otimistas, ampliando nossa capacidade de dar e receber amor, maximizando a fruição e a satisfação do sexo e aperfeiçoando nossa capacidade de usufruir da solidão e da paz espiritual. Trata do fato de que — para termos bem-estar mental e emocional, saúde e imunidade física e máxima satisfação em nossos relacionamentos íntimos — precisamos na verdade apreciar as alegrias da vida.

Investindo menos energia na explicação da ansiedade, podemos investir mais em criar coragem. Sendo menos obcecados em administrar a depressão, podemos concentrar-nos mais naquilo que nos inspira entusiasmo e emoção. E, se pudermos deixar de lado a tediosa fixação em controlar nossos maus hábitos, poderemos nos concentrar mais em ampliar a gama de prazeres naturais que estão à nossa disposição.

A intensificação do prazer: os oito prazeres capitais

O fio que liga o otimismo, o bem-estar dentro da própria pele, a satisfação emocional no amor e na intimidade, o sexo profundamente gratificante, a boa saúde física e o envelhecimento positivo está na capacidade de gozar plenamente os oito prazeres capitais: o prazer primordial da atemporalidade, o alívio do sofrimento, o jogo e o humor e os prazeres mentais, emocionais, sensuais, sexuais e espirituais.

O menosprezo e o desestímulo a esses oito prazeres, que constituem fontes essenciais de gratificação, coibiu-nos em nossa capacidade de satisfazer-nos naturalmente. Este livro mostra o valor crucial de cada um desses prazeres e fornece um amplo programa experimental para seu cultivo, de forma a fazê-lo ainda mais feliz.

Para a maioria das pessoas, ter e manter um relacionamento íntimo verdadeiramente satisfatório é de importância crítica para a felicidade. Todos podemos beneficiar-nos, aprendendo a acentuar os prazeres de um relacionamento amoroso e a aperfeiçoar nossa capacidade de usufruir da intimidade emocional, sensual e sexual, em vez de esforçar-nos para tê-la. Este livro lhe fornecerá novos instrumentos para a resolução de dificuldades de relacionamento, a redução de jogos de poder e vingança e o cultivo do que é bom num relacionamento, os quais lhe permitirão parar de tentar consertar o que está errado.

Veremos ainda como os valores morais sólidos e a preocupação com o bem-estar alheio estão em completa harmonia com um profundo respeito pelo valor do prazer na vida cotidiana. A busca individual do prazer não é nem egoísmo nem um perigo para a sociedade. Pelo contrário: quem se sente bem provavelmente terá mais boa vontade e generosidade de espírito do que quem se sente carente.

A pessoa motivada pelo prazer orienta-se pelo que lhe inspira interesse, entusiasmo e emoção, em vez de simplesmente lutar para evitar o sofrimento. Ela tende a ser menos controladora, autocrática, ciumenta, exigente, irascível, intimidadora, gananciosa, vingativa ou violenta em relação aos demais. A pessoa cujas necessidades básicas estão satisfeitas e que se sente segura de sua capacidade de amar e ser amada é a que tem maior probabilidade de ser gentil, flexível e democrática. Uma pessoa assim oferece mais aos outros porque, sentindo-se realizada, ela simplesmente tem mais a dar.

O imenso potencial que existe em nós para a fruição do prazer ainda está por ser plenamente explorado. Podemos voltar a entrar em conexão com nossas mais autênticas alegrias. E quanto mais o fizermos, mais profundo e inequívoco será nosso contato com o nosso eu mais verdadeiro e o das pessoas a quem amamos.

Capítulo 2

Por Que Dizemos "Não" ao Prazer

O Condicionamento Para a Resistência ao Prazer

A ansiedade despertada
pelo prazer é a base do medo
inspirado por uma vida
livre e independente.

Wilhelm Reich

Se você é como a maioria das pessoas, foi doutrinado com mensagens contrárias ao prazer desde bem cedo. Embora possam ter sido veladas, essas mensagens impregnaram todas as áreas da sua infância.

Talvez, por ter presenciado a luta de seus pais com a vida ou um contra o outro, você agora não consiga deixar de sentir que a vida é dura e os relacionamentos, problemáticos. Talvez tenha sido condicionado pela religião a encarar a privação como um meio de melhorar o caráter. Hoje, porém, independentemente do quanto se sacrifique, você ainda não se sente bom o bastante. Talvez tenha sido repreendido ao ser apanhado se masturbando e agora esteja em conflito quanto ao que o excita sexualmente. Ou talvez, como eu, tenha adquirido sua propensão negativa por ter sido alvo de violência quando criança, sentindo-se humilhado e desvalorizado a cada golpe físico ou verbal, e agora esteja metido numa carapaça difícil de quebrar, dando trabalho a si mesmo.

E aqui está você, vinte, trinta, cinqüenta anos depois. É bem provável — mais do que você imagina — que continue a fazer exatamente o que foi programado para fazer: limitar a plena fruição da vida. Você pode queixar-se da forma como as coisas são, mas agora provavelmente é você mesmo e só você o responsável por evitar toda a alegria, emoção, entusiasmo, bons sentimentos e exuberância que a vida lhe pode oferecer.

Programação para a infelicidade

O eminente psicólogo Erich Fromm foi um dos primeiros a reconhecer que a felicidade (ou infelicidade) é aprendida. Fromm situou o treinamento para a felicidade no domínio materno, embora sem dúvida isso seja reflexo do preconceito cultural de sua época, que pressupunha o não envolvimento do pai. De qualquer modo, ele afirmou que o amor materno é como a terra prometida, na qual existe abundância de "leite e mel". O leite se relaciona com a porção do amor que consiste em atenção e nutrição; o mel, em apreço pela doçura da vida. Para Fromm, a maioria das mães era capaz de dar leite, mas não mel. Para isso, ela teria de ser não só uma "boa mãe", mas também uma pessoa feliz. E, segundo ele, poucas pessoas atingem esse objetivo.

De acordo com minha experiência profissional, pode-se deixar de aprender a apreciar a doçura da vida de qualquer um dos pais. Se você é um homem cujo pai chegava em casa esgotado e emocionalmente indisponível, pode ter aprendido que é assim que um homem deve ser. Quer você veja inconscientemente isso como seu direito, sua maldição ou vingança contra a infância, agora que você tem como mudar, provavelmente ainda repete seu padrão familiar. Por isso, pode não contar com a doçura de uma vida familiar feliz e filhos amorosos, da mesma forma que seu pai também não contou com você.

As mulheres costumam aprender a negar a si mesmas da mesma forma que suas mães se negavam. Leah, uma jovem advogada, contava com ironia histórias engraçadíssimas do empenho da mãe em se manter insatisfeita. Embora fosse pós-graduada, a mãe nunca havia trabalhado. Tampouco cultivava algum *hobby*. Dizia que sua carreira era cuidar do marido e das duas filhas, e isso ela fazia muito bem. Mas Leah se lembra da mãe sempre sonhando com o que as coisas poderiam ter sido, abertamente frustrada por causa de tudo que adoraria ter feito se tivesse tido mais tempo. No entanto, depois que as filhas cresceram, ela não foi capaz de fazer nenhuma das coisas que por anos desejou — como entrar num curso de cerâmica. Um dia, Leah insistiu com ela para fazer o tal curso, mas a mãe continuou dizendo que não tinha tempo — só que desta vez era porque o marido, já aposentado, não se interessava por cerâmica e ela se sentiria culpada por se envolver em qualquer coisa que o "excluísse".

"Acredita numa coisa dessas?", perguntou-me Leah, incrédula. Entretanto, logo em seguida, ela me disse que lamentava profundamente ter de rejeitar uma invejável oferta de emprego feita por uma firma de advocacia de grande prestígio porque o cargo lhe exigiria uma carga horária maior do que a que tivera até então. Embora não tivesse filhos e não houvesse nada que a impedisse de aceitar o convite, ela colocou objeções: "Meu marido ficaria muito chateado, e eu prefiro não brigar com ele por causa disso." Acontece que ela jamais havia sequer conversado com ele sobre o assunto.

Tanto para Leah quanto para a mãe, o homem era uma desculpa para não se aventurar, e a mulher não tinha o direito de ter aquilo que mais desejava nem condições de sentar-se com ele para falar a respeito. Ela não queria sequer descobrir se o marido estava de fato se sentindo ameaçado com essa busca de seus próprios interesses. Na verdade, ele talvez até adorasse a idéia de ter mais tempo para si — ou será que isso é algo que toda mulher secretamente receia? O que Leah descobriu enquanto investigava no consultório seus motivos mais profundos, é que tinha medo de aventurar-se e enfrentar desafios e, então, atribuía sua relutância ao desejo de agradá-lo — justamente como fazia a mãe.

A cultura da autonegação

Apesar do peso muitas vezes grande do condicionamento precoce, a negatividade existente em nós não decorre apenas de nossa história pessoal.

Ao longo da história da cultura ocidental, a sociedade, de modo geral, promoveu uma visão de mundo baseada mais no sofrimento que no prazer. Pressupunha-se que as pessoas melhores eram aquelas que renunciavam aos seus prazeres, sacrificando-se pelo bem dos outros. Por outro lado, fazer opções e agir de acordo com o que traz mais prazer — em oposição ao que é certo — é uma visão tida como estreita e corrompida.

Aparentemente, a cultura ocidental nutre uma suspeita fundamental em relação ao prazer. O grande filósofo francês Michel Foucault atribui a associação entre o herói virtuoso e a resistência aos desejos da carne aos pagãos. Mas foi somente após os gregos, todavia, que essa concepção evoluiu para um modelo que servia de atestado de superioridade moral. Entre os gregos, a renúncia — principalmente a renúncia ao prazer sexual — era considerada um sinal de extrema virtude. A abstinência sexual era diretamente associada a um maior acesso à sabedoria, verdade e espiritualidade e, na vida comunitária dos pensadores gregos, era vista como prova de autodomínio que resultava em *status* e poder sobre outros membros da comunidade intelectual.

O treinamento religioso que exige das crianças que neguem e suprimam seus desejos sexuais naturais pode transformar sentimentos naturais de prazer do corpo em sensações de culpa e vergonha. Essa doutrina não só deixa as pessoas muitas vezes confusas em relação aos próprios sentimentos, mas também pode ser nociva por fazer com que seres absolutamente normais ponham em dúvida sua própria sanidade mental. Um cliente meu, criado num lar cuja religião tinha uma visão negativa do sexo, era um verdadeiro exemplo de bondade e compaixão. No entanto, ele acreditava ser portador de um defeito porque suas fortes necessidades sexuais o levavam a fantasiar e a masturbar-se. Ele se desesperava diante dessas "falhas de caráter" e cultivava uma péssima opinião de si mesmo, apesar de ser uma pessoa extremamente conscienciosa em seu trabalho numa clínica de saúde para a população de baixa renda, deixando muitas vezes de cuidar de seus próprios interesses para ajudar pessoalmente os pacientes e suas famílias a lidar com os efeitos das doenças.

A negação do prazer, principalmente do prazer sexual, é vista tipicamente como uma exigência básica à vida civilizada. Sigmund Freud, o pai da psicoterapia, descreveu o sofrimento humano em *O mal-estar na civilização* como sendo o preço inevitável que pagamos para o benefício da sociedade. Para conviver, os seres humanos tiveram de reprimir seus mais básicos instintos: o do sexo e da agressividade. Além disso, tivemos de postergar a gratificação de nossas necessidades mais fundamentais, como a expressão dos sentimentos ou o alívio do sofrimento. Freud foi quem cunhou a expressão "princípio do prazer" para descrever a força motriz com a qual nascemos para a busca de gratificação. Mas, para ele, o prazer não era senão a ausência do sofrimento, a satisfação temporária de uma necessidade, e não algo que possuísse existência distinta em si mesmo.

Entretanto, Riane Eisler, estudiosa da mitologia, num extraordinário trabalho sobre a maneira como o prazer acabou por ser suprimido na cultura ocidental, demonstrou que o sofrimento humano não é um resíduo inevitável da produção da sociedade. Ela fornece provas irrefutáveis de que a dor foi institucionalizada em nossa sociedade — pelos nossos mitos, leis, sistemas de crenças, da forma como somos ensinados a nos sentir diante de nosso próprio corpo e, principalmente, de relações entre homens e mulheres — porque desenvolvemos uma forma de relação que se baseia num modelo mais de dominação que de parceria. Num relacionamento baseado na parceria, tanto as relações sociais quanto as íntimas se baseiam na cooperação, enfatizando mais os vínculos que as diferenças entre as pessoas. Assim, a interação pode criar e alimentar laços entre elas. Um sistema social como esse — e, ao que tudo indica, houve alguns em nossas raízes históricas — tende a valorizar a capacidade humana de prazer. Por outro lado, o relacionamento baseado na dominação tende a valorizar mais o sofrimento, permitindo àqueles socialmente sancionados como mais fortes a prerrogativa de induzir dor ou medo nos mais fracos. Todos os tipos de relacionamento — principalmente os que se estabelecem entre pais e filhos e entre homens e mulheres — tendem a incentivar a aplicação de mecanismos punitivos de controle, enfatizando a obediência e a renúncia à gratificação pessoal. Infelizmente, a nossa sociedade apresenta muitos sinais de operar mediante uma moralidade da dominação — e isso se torna mais óbvio na maneira como são criadas as crianças que em qualquer outro ponto.

O ethos *do castigo*

Um dos piores aspectos da guerra que a nossa cultura declara ao prazer é a crença de que a forma de controlar um comportamento indesejável é fazer as pessoas sofrerem quando agem diversamente do esperado. Se esse sistema de crenças tem algum mérito ou não no controle de comportamentos desviantes em sociedade é uma questão em aberto. Mas não há dúvida de que, quando se trata de educar filhos, manter um relacionamento amoroso ou sentir-se bem em relação a si mesmo, esse modo de pensar e agir pode ser um verdadeiro desastre.

O amor e a aceitação são, para todo mundo, algo tão necessário quanto o alimento. Os bebês vêm a este mundo desejosos de contato físico; eles precisam que as pessoas os abracem, riam e falem com eles. As crianças pequenas não desejam senão agradar e ser apreciadas pelos pais; elas querem brincar com eles e adoram quando conseguem fazer os adultos rirem.

Não é preciso que seus pais o tenham espancado para castigá-lo quando você era criança. Eles podem ter sido fisicamente pouco expansivos, sem ter a intenção de castigá-lo; podem ter-lhe negado contato físico, afeto e abraços e beijos espontâneos simplesmente por não os haver tido e não saber como agir. Mesmo assim, se essa foi sua experiência de infância, você provavelmente teria interpretado a falta de afeto de seu pai ou de sua mãe como sinal de castigo por não ser digno de seu amor.

Por outro lado, talvez seus pais tenham sido frios e pouco amorosos com você deliberadamente, para castigá-lo por não atender às expectativas deles. Podem tê-lo criticado de forma velada, podem tê-lo condenado abertamente ou ter usado de violência verbal. De qualquer forma, se seus pais o castigaram a fim de fazê-lo comportar-se, é bem provável que você agora faça o mesmo quando não está satisfeito com as coisas.

O *ethos* do castigo instila-nos uma tendência a nos sentir culpados ou envergonhados. Nós nos dizemos que não somos bons o bastante e, então, damos uma surra em nós mesmos para ficarmos mais disciplinados. Castigamo-nos com auto-recriminações quando não estamos satisfeitos com nosso desempenho — como se ficar repetindo nossas inadequações fosse nos dar a energia para corrigi-las. Entretanto, quando nos sentimos mal, a única coisa que temos vontade de fazer é correr e nos esconder de quem está nos castigando, mesmo que seja de nós mesmos.

O entusiasmo pelo que temos a fazer é a melhor maneira de gerar a energia positiva para fazer as coisas. O interesse, a curiosidade e a emoção nos animam a agir. Sentimos nosso corpo vibrar, cheio de vida, e nos levar adiante. No entanto, é incrível observar como as pessoas estão pouco habituadas a motivar-se por aquilo que naturalmente as atrai.

Uma paciente de 70 anos, habitualmente ativa e cheia de energia, contava-me outro dia que havia ficado presa em casa por quase um mês devido a uma crise de bronquite. Eu disse-lhe achar bom que ela saísse para andar um pouco ao sol cálido da primavera para ajudar os pulmões a funcionarem melhor. Ela concordou que parecia uma boa idéia andar pelos belos jardins de seu bairro, mas soltou um suspiro e disse que realmente teria de "obrigar-se" a fazer aquilo.

Por que alguém haveria de precisar obrigar-se a fazer algo que lhe parecia bom? Eu lhe disse que ela só precisaria fechar os olhos e imaginar como é bom andar, aquecendo-se ao calor do sol, para ver os sinais da primavera no verde e nas flores que brotam em todos os lugares. Sugeri que, caso se inspirasse, pensando em imagens positivas, não teria de entrar nesse jogo de forçar e resistir.

Se você se castiga, é provável que castigue também os mais próximos e mais queridos quando eles não conseguirem satisfazer às necessidades e expectativas que você tem. Isso porque o *ethos* do castigo nos ensina a negar amor, magoar e guardar ressentimento das pessoas a quem amamos como forma de obrigá-las a fazer o que queremos. Essa é a abordagem dominadora do amor. O poder deriva da capacidade de infligir sofrimento e, então, quando os desejos são satisfeitos, desfazer as condições dolorosas e proporcionar alívio.

É incrível o quanto nos deixamos governar por essa atitude inconsciente. Uma jovem paciente em terapia falou em manter o namorado inseguro e com ciúmes como meio de deixá-lo mais atencioso em relação aos sentimentos dela — como se estar motivado pelo medo de perdê-la fosse tão bom para a relação quanto estar motivado pela própria capacidade de sentir empatia pela namorada e pelo desejo de dar prazer a ela.

Essa é apenas uma das formas de manipulação que encontro entre os casais — há outras, algumas menos sutis. É como se houvesse uma pressuposição inquestionável de que, quando se quer algo que o outro não dá, a maior probabilidade de obtê-lo é sendo crítico, frio, distante, agressivo ou fisicamente indisponível. Essa idéia decorre diretamente do treinamento punitivo que recebemos quando crianças, que nos fez pensar que pelo castigo se consegue o que se quer. Tomemos como exemplo o homem que sai batendo portas quando está disposto a fazer sexo e a mulher não. Será que ele acha que com mau humor conseguirá excitá-la? Ou a mulher que fica sentada no carro com a cara virada para a janela enquanto o namorado dirige, claramente aborrecida com ele, mas sem dizer qual foi o seu erro. A única pista que lhe dá é mostrar-lhe que o fato de não saber o que está errado é grande parte do problema. Em ambos os casos, os parceiros que castigam podem conseguir que seus pares fiquem mais receptivos às suas necessidades, mas de uma forma ressentida, que os joga contra a parede e cobra o preço do relacionamento.

O amplo alcance da resistência ao prazer e da ansiedade provocada por ele

O uso do castigo e da manipulação como meio de nos motivar e motivar os outros é mais um indício sintomático de resistência ao prazer que de recompensa e incentivo. O conceito de resistência ao prazer foi originalmente criado pelo psiquiatra austríaco Wilhelm Reich. Contemporâneo de Freud, Reich foi o primeiro a chamar a atenção para o fato de que as pessoas, na verdade, aprendem a resistir ao prazer e que essa resistência se revela por tensões crônicas em diferentes partes do corpo.

Segundo Reich, à medida que lutamos na infância para evitar o castigo, controlando nossos impulsos e necessidades naturais, criamos uma espécie de "couraça no próprio corpo". É como se a tensão muscular criada quando nos contemos emocional ou sexualmente enrijecesse o nosso corpo de modo característico, que se revelaria na forma como nos posicionamos ou movemos. Essa couraça corporal não só nos anestesia e nos aliena do sofrimento persistente, mas também nos torna menos à vontade diante do prazer e menos capazes de usufruí-lo.

Mas a questão é ainda mais profunda. Reich observou que é possível chegar a ter medo do prazer. Qualquer coisa que provoque muito prazer pode ser uma ameaça porque temos medo de perder completamente o controle se não nos contivermos. Por conseguinte, aprendemos a tolher os sentimentos expansivos de energia que fluem através do corpo, os quais são indicadores naturais de prazer. Em vez disso, a dor em fogo lento se torna a companhia mais constante.

Mesmo quando nos permitimos o prazer, podemos ter resistência a nos sentirmos tão bem quanto poderíamos porque a intensificação do sentimento de expansão curiosamente traz consigo uma sensação de apreensão. O fluxo extra de energia através do corpo durante os momentos de excitação sexual ou até de intimidade emocional com o parceiro, por exemplo, pode ser avassalador. Então nos retraímos ou fazemos algo bobo, sem perceber que é a nossa ansiedade do prazer que nos está levando a sabotar uma situação absolutamente maravilhosa.

A baixa tolerância ao prazer

Quando cheguei a Woodstock era agosto, e o verão no Estado de Nova York era quente e exuberante. O ar estava úmido e denso com o aroma da vida vegetal. As flores brotavam de todos os cantos. Trepadeiras brancas e vermelhas pendiam de grades e enroscavam-se em troncos de árvores. Salgueiros debruçavam-se sobre lagos. Bordos e sicômoros estavam carregados de folhas pré-outonais.

Dirigindo pelas estradinhas da região, eu olhava os campos que se perdiam de vista, cheios de vacas pastando. Passava por pequenos chalés charmosos e bem-cuidados, em cujos currais via cavalos. Logo atrás de minha casa, andava na floresta até uma bela clareira onde me sentava sob uma árvore. Ia de bicicleta até riachos e lagos escondidos. Ao longe, as arredondadas montanhas Catskill serviam de pano de fundo para esse cenário, seu contorno coberto de verde intenso contra o azul do céu, onde fiapos de nuvens brancas de vez em quando passavam.

Era glorioso! Assim que cheguei, tive a nítida impressão de que seria impossível ficar infeliz estando cercada de tanta beleza natural. Como eu estava errada! Mas a ironia de estar dizendo a mim mesma o quanto minha vida era péssima — enquanto me sentia segura o bastante para passar um ano sem trabalhar, instalada num delicioso chalezinho num cenário idílico — não se perdera de todo. Até onde minha vida era — realmente — ruim?

Conforme descobri por mim mesma a cada dia, de incontáveis maneiras, consciente e inconscientemente, quase todo mundo insiste em negar a si mesmo o quinhão de prazer que lhe cabe. As pessoas se esforçam, se preocupam, negligenciam suas próprias necessidades emocionais e fazem de tudo para agradar os outros, mas são mesquinhas consigo mesmas quando se trata de permitir-se tempo para a diversão. Nós às vezes até sentimos um certo desconforto quando acontecem demasiadas coisas boas, já esperando o momento em que tudo venha abaixo. O efeito cumulativo desses maus hábitos resulta naquilo que chamo de "baixa tolerância ao prazer".

Talvez pareça estranho pensar no prazer como algo que se tolere, como se ele fosse uma coisa que se tivesse de agüentar. Porém, por causa das suspeitas que provoca, o prazer não é tão fácil de suportar como se pensa.

Imagine, por exemplo, que dois homens sejam promovidos a um cargo que não apenas represente um aumento substancial de salário, mas também responsabilidades adicionais. No início, ambos ficam excitados e animadíssimos com a promoção. Mas enquanto Joe mantém o entusiasmo pelo desafio, Jack começa a ter dúvidas e a ficar ansioso.

Jack teme que o novo cargo esteja acima de sua capacidade e que não tenha condição de desincumbir-se de algumas das novas atribuições que estará assumindo. Obriga-se a trabalhar muito mais horas que de hábito e sente necessidade de revisar todo o trabalho várias vezes para certificar-se de ter feito tudo corretamente. Joe, por sua vez, sente-se orgulhoso por seu chefe ter confiança nele e, apesar de saber que tem muito a aprender com a nova função, está determinado a se sair bem nela. Faz um pouco de pesquisa, descobre uma área que lhe interessa particularmente e elabora um projeto criativo dentro daquele assunto. Enquanto Jack está tendo dificuldades para manter o entusiasmo pela grande oportunidade que teve, Joe está se divertindo, o que está gerando energia para a criatividade. Quem você acha que terá o impulso e a visão para ir em frente? Mesmo que ambos continuem a demonstrar bom desempenho final, quem você acha que terá mais prazer? E você — é mais como o Jack, preocupado, ou como o Joe, feliz?

A baixa tolerância ao prazer envolve diversos hábitos limitadores, que nos detêm no plano mental, emocional, físico e espiritual. Em geral, nós sempre resistimos à alegria, embora essa resistência possa variar em grau, conforme os meios que adotemos.

Mentalmente, evitamos sentir-nos tão bem quanto podemos, nutrindo toda sorte de pensamentos pessimistas e antevendo as piores possibilidades futuras. Ficamos tensos repetindo diálogos interiores cheios de autocrítica, que deflagram ansiedade, culpa, vergonha ou ressentimento.

Emocionalmente, a baixa tolerância ao prazer surge como uma tendência para recusar amor a si mesmo e aos demais. Somos perfeccionistas, e nossa primeira reação a uma pessoa ou situação é, em geral, baseada no que achamos que está errado, em vez de vermos o que há de bom.

Fisicamente, a baixa tolerância ao prazer se revela por meio de tensões crônicas no corpo, principalmente nos locais em que concentramos mais resistências e carências. A baixa tolerância ao prazer pode tornar difícil abandonar a razão para saborear os sentidos. Ela pode nos tornar incapazes de nos entregar de coração ao amor, de possibilitar-nos a plena excitação sexual ou a vivência de orgasmos intensos.

Espiritualmente, a baixa tolerância ao prazer pode impedir-nos de gozar de momentos de tranqüila reflexão, de agradecer as bênçãos recebidas ou de imbuir-nos de reverência.

E você? Por quanto tempo consegue manter os bons sentimentos antes de se queixar da situação, dos outros ou de você mesmo?

Em seguida, é apresentado um questionário que o ajudará a determinar qual a sua resistência ao prazer. Tire alguns minutos para ver até que ponto você pode estar automática e inadvertidamente evitando sentir-se tão bem quanto poderia.

O Perfil da Resistência ao Prazer

1. Você costuma negar-se as coisas que mais aprecia — alimentos de que gosta por estar convencido de que lhe fazem mal, intervalos no trabalho para relaxar e recarregar as energias, pequenos mimos e presentes?
2. Você costuma sentir-se culpado por não estar fazendo o bastante por alguém ou realizando o suficiente?
3. Você ensaia mentalmente as piores possibilidades e desfechos, imaginando que, a menos que anteveja o pior, não estará preparado para o que acontecer — se e quando algo de ruim acontecer?
4. Você tende a dizer "não" a um convite ou nova idéia?
5. Você fica supersticioso quando acontecem coisas boas, batendo na madeira enquanto espera que a situação se inverta?
6. Você tem dificuldade em reconhecer seu sucesso, sentindo-se às vezes um impostor ou menosprezando suas realizações?
7. Você vive sua vida como se ela fosse um melodrama e você, o próprio rei ou rainha da tragédia, fazendo cenas em público e criando dramas com fortes demonstrações de emoções negativas com as pessoas mais íntimas?
8. Você secreta ou abertamente se vê como uma vítima, impotente para fazer o que quer que seja numa situação adversa?
9. Você é violento com as pessoas que o amam ou o tratam bem?
10. Você acha que o amor requer sacrifício e que a única maneira de alguém vir a amá-lo é você colocar as suas necessidades e desejos depois dos dessa pessoa?
11. Você se excede em comida, álcool ou drogas e acha que não consegue se divertir sem sua substância favorita?
12. O sexo para você não tem nada de maravilhoso: é algo misturado a culpa ou vergonha, pobre em paixão que serve apenas para propiciar orgasmos medíocres (quando propicia)?

13. Você precisa estar sempre no controle da situação, compete com colegas que fazem sugestões diferentes das suas e acha difícil simplesmente relaxar?

14. Você não se sente bem na solidão, inventando coisas para ocupar-se quando está só?

Se você respondeu "sim" a alguma ou todas essas questões e está disposto a ampliar sua capacidade de gozar a vida, veio ao lugar certo. O restante do livro trata justamente de como fazer isso.

Capítulo 3

Como Atingir o Seu Potencial de Prazer

*O Que o Prazer Realmente
é e Como Ficar
Positivamente Motivado*

Sem a sensação do prazer,
a felicidade é apenas uma ilusão.

Alexander Lowen

Alec era um rapaz tímido e atraente, de trinta e poucos anos e fala macia, que se sentia sem inspiração para a vida. Engenheiro civil, estava completamente desanimado com o emprego, embora tivesse um certo orgulho por participar de alguns dos projetos municipais. Ele tinha vontade de ser músico e, como ganhava bem, havia comprado um teclado e outros bons equipamentos musicais para brincar à noite e nos fins de semana.

Mas Alec achava sua música um desperdício de tempo e se criticava muito por não ter tido a coragem de dedicar-se à musica quando ainda era jovem o bastante para ser levado a sério. E assim não gostava nem do trabalho nem da paixão de sua vida — a música.

— De que você gosta? — perguntei-lhe logo na primeira vez em que nos vimos.

Ele respondeu, levantando os ombros:
— Nada de mais.

Então deixou-se cair para a frente e ficou olhando para o chão com um ar vazio.

— Talvez, se eu tivesse um bom relacionamento com uma mulher eu gostasse mais da vida — murmurou sem muita convicção. — O problema é que eu só escolho a mulher errada. E aí, quando me dou conta, fico com medo de magoá-la e não termino, mas fico ressentido e sentindo-me controlado. No fim a gente acaba terminando, e sempre com uma cena e tanto.

Alec teve dificuldade para achar um exemplo de alguma coisa de que gostasse ou já tivesse gostado sem imediatamente criticá-la ou criticar a si mesmo por gostar dela. Ele gostava de jogar futebol na escola, mas não era bom jogador. Era fascinado por arqueologia quando estava na faculdade, mas não se formou arqueólogo porque não queria uma carreira em que, para "ser bom" o profissional precisasse viajar. Ele gostava de andar de bicicleta no calçadão à beira-mar, mas detestava os patinadores e corredores que também se exercitavam ali.

Finalmente, conseguiu contar a história da primeira vez em que pôs os olhos na mulher com quem estava namorando naquela época. Fora numa festa de Natal na casa de um amigo. Ele nem sabia o que havia em Karen que o cativava.

— Seja lá o que for — disse ele rindo — eu fiquei tão atraído por ela que num instante estava em sua frente, e não tenho a menor idéia de como consegui atravessar aquela sala lotada tão depressa. Quando cheguei lá, ela me deu um sorriso enorme, e logo vi que estava interessada.

Naquele breve instante, vi Alec cheio de energia. Mas a luz de seus olhos logo se apagou quando ele começou a contar como, assim que começaram o namoro, ela se mostrara uma decepção para ele. Karen era demasiado temperamental e não havia conseguido perder os quilinhos ganhos nas férias. Mesmo assim, o momento de autêntico entusiasmo havia acontecido, e era o brilho daquela luz a base sobre a qual poderíamos construir a terapia.

Prazer é motivação positiva

A história de Alec põe em evidência alguns dos principais indicadores daquilo que constitui uma experiência prazerosa. O primeiro é que ela enche as pessoas de energia — excita-as, deflagra-lhes o entusiasmo e as faz sentir-se cheias de vida. O segundo é que a experiência prazerosa é sempre expansiva — ela leva as pessoas a agir, amplia seus horizontes, expande suas perspectivas e incentiva-lhes a abertura e a curiosidade. Por isso, o entusiasmo que o prazer desperta é sempre positivamente motivador — ele faz as pessoas irem em frente, conduzindo-as em direção àquilo que as atrai.

O prazer é uma afirmação de vida. Na verdade, de acordo com a etimologia, a palavra *dead* [morto] significa aquele que está desprovido de energia para ir adiante. Estar morto é não mais expandir-se.

Enquanto o prazer nos dá energia positivamente motivadora, a dor gera energia negativamente motivadora. Os sentimentos dolorosos automaticamente deflagram um movimento de afastamento da fonte de dor; mas, ao contrário do prazer, eles não nos orientam em relação a que direção tomar. Eles simplesmente nos fazem fugir. O pânico, por exemplo, é puro movimento aleatório — ele poderia fazer alguém correr em direção a um carro em movimento ou uma multidão atirar-se para a morte de um penhasco. O prazer, por outro lado, sempre indica claramente uma direção. Alec se encheu de energia só de olhar para Karen na festa e foi atraído em direção a ela como se por um ímã poderoso.

Enquanto o prazer é expansivo, o sofrimento é constritivo. Prendemos o fôlego, retesamos os músculos e queremos fugir e esconder-nos. Quando acuados, não podemos escapar, a raiva nos faz reagir com violência. Os sentimentos dolorosos nos tomam de assalto; o prazer inunda-nos aos poucos. Ele nos deixa respirar e liberar-nos.

Infelizmente, muitas pessoas aprenderam a motivar-se negativa, ao invés de positivamente. Aprendemos a fazer opções mais para evitar a crítica e a concretização dos piores desfechos imagináveis do que baseados naquilo que nos inspira entusiasmo e nas nossas maiores esperanças e aspirações.

Vitalidade: a corporificação da motivação positiva

A vitalidade é o gosto pela vida. É o vigor mental e físico que normalmente associamos à boa saúde e ao gozo da vida em sua mais alta potência. A vitalidade depende inteiramente da capacidade de possuirmos energia e estarmos, ao mesmo tempo, relaxados.

Pense naquilo que, para você, é viver um momento ou uma situação prazerosos. Talvez seja concentrar-se totalmente num projeto ou na audição de sua música favorita. Talvez seja brincar com um animal de estimação, receber um tapinha nas costas, dançar ou beijar alguém e sentir desejo. Seja como for, embora você se sinta transbordante de energia, seu corpo permanece aberto e relaxado.

Internamente, nós realmente nos expandimos com o prazer e nos contraímos com o sofrimento. O complexo de nervos conhecido como sistema nervoso autônomo, que parte da cabeça para todos os órgãos e glândulas do organismo, tem duas subdivisões que agem de modo antagônico: um lado, o sistema nervoso simpático, reage à iminência de perigo, descarregando adrenalina e outros hormônios do *stress* na corrente sangüínea e deflagrando a reação de lutar ou fugir. E então, passado o perigo, o sistema nervoso parassimpático entra em ação, liberando substâncias bioquímicas calmantes, como as endorfinas, que induzem ao relaxamento e à reação de restabelecimento ou restauração.

Quando sentimos medo ou raiva e o sistema nervoso simpático predomina, nós nos contraímos por dentro. Artérias, veias e vasos capilares se estreitam e todos os músculos do corpo se retesam, inclusive o coração e as vísceras, nossos órgãos internos. O coração diminui e se aperta, apesar de ter de bater mais forte para bombear o sangue para os vasos mais contraídos. A pressão sangüínea sobe com a pressão emocional. O peito fica apertado ou dolorido. A respiração se acelera e fica mais superficial; as pupilas se contraem. A energia é conduzida do cérebro, coração, estômago e entranhas para as pernas e braços. Fica difícil pensar ou sentir com clareza, mas as pernas têm força para fugir; os braços, para lutar; e as mãos, para cerrar-se em punhos e transformar-se em armas.

Depois que o perigo passa e nos sentimos seguros e sob o efeito de emoções positivas — sejam elas de alívio, gratidão, amor, celebração ou todas elas — o sistema parassimpático fica mais ativo. Nesse momento, nossas entranhas se expandem. Artérias, veias e vasos capilares se alargam, e a pressão sangüínea cai. Todos os músculos e órgãos do corpo começam a relaxar, inclusive o coração, que passa a bater de modo lento e estável. O sangue volta a fluir para o centro do corpo — para o cérebro, o coração e os demais órgãos. A respiração fica mais lenta e compassada; os olhos ficam úmidos e brilham. Podemos voltar a pensar racionalmente, a sentir emoções mais expansivas e a agir num plano mais integrado.

Não se trata, porém, de dizer que um lado do sistema nervoso autônomo seja mau e o outro, bom. Ambos entram em ação durante o sexo, por exemplo: o sistema nervoso simpático aumenta o grau de excitação, e o parassimpático estimula a ereção do órgão genital masculino e a lubrificação do feminino. O sistema nervoso simpático também entra em ação em outros momentos de prazer, como quando se ouve a música predileta, se anda de montanha-russa ou se assiste a uma competição esportiva empolgante.

É quando ambos os lados operam em sincronia — num estado de equilíbrio autônomo, quando a excitação extra não nos faz contrair, mas nos mantém abertos — que mais podemos sentir o prazer da energia. A energia flui pelo corpo e nós deixamos que isso ocorra expandindo-nos junto com ele. No dia-a-dia, quando estamos num estado de excitação relaxada, sentimo-nos no auge da forma. Estamos alertas, motivados e cheios de energia e, ao mesmo tempo, abertos, expansivos e tranqüilos. Estamos positivamente motivados, absortos no que fazemos, e não negativamente motivados nem movidos por medo ou raiva.

Uma coisa é certa: não nos sentimos tão bem quando um dos dois lados do sistema nervoso autônomo predomina. Se nos mantivermos em estado de alerta por muito tempo todos os dias, tensos e à espera do menor sinal de perigo, sentimo-nos ansiosos, sob pressão e muitas vezes agressivos. A hiperatividade do sistema nervoso simpático submete o organismo a desgastes — a pior conseqüência desse estado de *stress* — e deixa-nos mais suscetíveis a colapsos. Mas a do sistema nervoso parassimpático tampouco é boa, pois pode provocar depressão e letargia. O equilíbrio é a melhor opção.

Quatro itens essenciais quando se quer atingir o potencial de prazer

Mesmo quando se trata de alcançar algo obviamente tão positivo quanto o prazer na vida, o crescimento nunca se dá sem desafios. Para poder desfrutar de mais prazer e animação do que está acostumado, você precisa desejá-los e, além disso, aceitar de bom grado a explosão de energia extra. E isso nem sempre é fácil.

Ao longo deste livro vamos discutir como abrir-nos mais para alguns dos maiores prazeres da vida. No fim de cada capítulo, você terá a oportunidade de testar por si mesmo algumas das idéias apresentadas. Ao fazer isso, prepare-se para enfrentar a sua resistência ao prazer. Talvez haja momentos em que, ao sentir um determinado prazer — ou mesmo apenas ao pensar em fazê-lo —, ouvirá uma vozinha sussurrando-lhe mensagens que lhe provocam medo ou auto-recriminação. Não se esqueça de que quando você se desvaloriza — ou quando desvaloriza seus bons sentimentos — ou sente medo de estar aberto(a) e relaxado demais, é que pode ocorrer o maior crescimento. É claro que, se você não quiser praticar nenhum dos exercícios apresentados no final de cada capítulo, a razão provavelmente será sua baixa tolerância ao prazer. Por mais que você queira racionalizar, ela é que o estará impedindo de ampliar seus horizontes.

Muitas vezes, os mais gratos prazeres da vida estão na intimidade dos relacionamentos amorosos. Se você vive um neste momento, terá, com a leitura deste livro, muitas oportunidades de aumentar seu potencial de prazer pelo que você e seu parceiro podem fazer um pelo outro — e um com o outro. Porém a maior responsabilidade pela exploração de seu próprio potencial de prazer cabe a você mesmo: ela exige a ampliação de seus limites no que diz respeito ao prazer e sua conscientização de sua própria capacidade de expandir-se.

Se você gostaria de estar vivendo um relacionamento amoroso, mas isso não ocorre neste momento, o livro o ajudará a cultivar seu potencial de prazer por conta própria. Quanto mais prazer você se permitir, mais provavelmente atrairá um parceiro que não se contente em simplesmente sofrer um relacionamento, estando pronto para amar e partilhar alegria.

A ampliação da tolerância ao prazer e da capacidade de gozar de bons sentimentos repousa naquilo que chamei de quatro itens essenciais ao prazer: empolgação, desafio, autenticidade e coragem.

Empolgação: a fruição da sensação de energia

A empolgação é energia e, como qualquer outro tipo de energia — da eletricidade, do sol, da água — ela gera movimento. Quando você se empolga, pode sentir a força da vida pulsar no seu corpo. Sua vontade de se movimentar aumenta, como também a noção do ponto aonde você quer chegar. Você não se sente preso ao passado nem ao futuro. Sente-se bem vivendo o presente.

A empolgação que vem do prazer assume diversas formas. Ela pode estimulá-lo mentalmente, dar-lhe energia emocional, excitá-lo fisicamente ou revitalizá-lo espiritualmente. Você pode entregar-se à curiosidade ou deixar-se instigar emocionalmente por sensações de calor e afeto. Pode encher-se de energia sensual por meio de estímulos visuais, sonoros ou olfativos ou excitar-se sexualmente por uma junção de todos eles.

Existem vários graus ou intensidades de empolgação. A energia pode concentrar-se em apenas uma parte do corpo ou espalhar-se por vários pontos ao mesmo tempo. Ela pode provocar-lhe apenas um gostoso suspiro de contentamento ou ser tão forte que "dá vontade de gritar", como diz James Brown. Essa empolgação, mais do que qualquer substância líqüida ou em pó, é o melhor remédio contra a depressão, a desesperança, o tédio e a solidão.

Mas a linha que separa a empolgação do medo é muito tênue. Ambos são experiências físicas em que há uma ativação de energia. Em ambos os casos, o coração bate mais rápido, o pulso é mais forte e a quantidade de sangue bombeada para os músculos e órgãos é maior. Quando uma situação é interpretada de forma positiva, nós a representamos por meio de quadros mentais favoráveis e fazemos bons comentários a seu respeito para nós mesmos. Assim, o coração se mantém aberto e relaxado, os vasos sangüíneos se dilatam e o sangue flui com facilidade. A empolgação transmite calor, energia e expansão.

Quando nossa capacidade de usufruir do prazer em determinada área é limitada, a empolgação pode ser interpretada negativamente, trazendo consigo sentimentos e sensações de medo. Nesse caso, é provável que conjuremos imagens mentais negativas de ruína e fracasso, as quais deflagram, em caráter de emergência, uma reação de *stress*. O coração, batendo rapidamente, se contrai pelo medo, os músculos se retesam, os vasos se contraem e a pressão sangüínea sobe. A empolgação transforma-se em medo e provoca um tremendo desconforto.

Foi isso que aconteceu com Alec, o jovem apresentado no início deste capítulo. A princípio, ele gostou da sensação provocada por Karen, mas, volta e meia — principalmente quando as coisas estavam indo bem —, ele começava a se sentir preso e a questionar se Karen era a mulher certa para ele. Aí, fechava-se para ela e começava a sentir-se ansioso. Algumas vezes, depois de noitadas de amor particularmente agradáveis no apartamento dela, ele precisava levantar-se da cama e ir para casa por estar nervoso demais para conseguir dormir.

Alec tinha dificuldade para manter-se relaxado quando se sentia empolgado e, por isso, não conseguia render-se a seus bons pensamentos e ser ele mesmo. Uma das habilidades mais importantes e necessárias para ele era a de relaxar e desfrutar da sensação da energia fluindo por seu corpo, sem deixar que seus próprios pensamentos a azedassem.

O desafio: manter-se relaxado em momentos difíceis

Para manter-nos estimulados, precisamos do desafio constante de aventurar-nos por novos caminhos. É fácil seguir sempre a mesma trilha e ficar repetindo aquilo que já sabemos que funciona. Mas, fazendo isso, as nossas fontes potenciais de prazer ficam cada vez mais minguadas.

Isso é assim porque todo o nosso sistema sensorial é programado para reagir principalmente à mudança, desligando-se quando os estímulos não variam. Paramos de ouvir o som do cortador de grama do vizinho ou da TV na sala ao lado, por exemplo, a menos que esse som aumente ou diminua. Toda vez que o estímulo é constante, mesmo que seja uma dor, nós nos adaptamos a ele e podemos ficar cada vez menos conscientes e reagir menos ao mundo e às pessoas à nossa volta.

Se nos acomodarmos e optarmos pelo familiar, em vez do desafio, todo o corpo se adapta, ficando menos sensível e compreensivo. Nos anos 60, Bob Dylan disse numa canção: "Aquele que não está ocupado em nascer, está ocupado em morrer." Há uma verdade elementar nessas palavras. Não existe essa história de manter-se o mesmo. Se você não estiver melhorando com o tempo, está piorando.

Na minha opinião, a chave para o sucesso em qualquer coisa — no trabalho, no amor, na busca espiritual — é a capacidade de manter-se aberto e relaxado nas horas difíceis. Se pudermos agir assim, poderemos nos manter expansivos mesmo quando estivermos nos sentindo ameaçados e, em vez de nos contrairmos e fazermos algo destrutivo, poderemos desenvolver nossa capacidade de agir sabiamente. O maior de todos os desafios é ver os problemas em seu melhor ângulo, como oportunidades de agir com criatividade e sair de situações estagnadas em direção a novos caminhos mais positivos.

A autenticidade está em seguir sua bússola interior

Para conhecer os maiores prazeres da vida, você precisa ser sincero consigo mesmo. Ninguém melhor que você sabe o que lhe agrada e o que não lhe agrada. Ninguém tem o direito de lhe dizer o que deveria ou não agradar-lhe. As coisas simplesmente nos fazem sentir bem ou não. A única verdade é a nossa verdade subjetiva.

Todos nascemos com uma "bússola interior" — uma forma de percepção da verdade que se baseia no corpo. É por causa dela que as crianças muitas vezes sabem distinguir melhor o real que os adultos. Se em criança aprendeu a duvidar de seus próprios sentimentos e a questionar seu coração e suas reações mais viscerais, você pode ter perdido seu senso inato de certeza. Ou, como dizem os franceses, pode "ter perdido seu norte".

Sem uma boa bússola interior, você pode perder seu senso de certeza diante do que é correto e expansivo. E, o que é pior, pode ficar completamente dependente dos outros para saber o que fazer. Mas, naturalmente, o que é bom para eles não é necessariamente bom para você.

A fim de cultivar seus prazeres e seguir *sua* verdade, você precisa saber reconhecer a verdade. Isso significa que você precisa estar em contato com seu eu verdadeiro — as verdadeiras sensações de seu corpo e seus verdadeiros gostos e antipatias, e não apenas o que sua cabeça lhe diz que você deveria gostar. Os exercícios no final de cada capítulo o orientarão a procurar seus verdadeiros prazeres, a descobrir o que naturalmente provoca sua empolgação e a praticar o aperfeiçoamento dessas experiências.

Coragem para enfrentar os próprios medos

A coragem é o antídoto para a ansiedade. É preciso um espírito arrojado para ser capaz de tolerar altos níveis de empolgação e prazer sem ter medo da ansiedade nem de ver uma situação dolorosa como uma oportunidade de crescimento. Também é preciso sinceridade acima de tudo, até mesmo quando as pessoas mais importantes para nós nos desaprovam.

A palavra *coragem* vem do latim *cor*, que significa "coração ou espírito". Ter coragem é entrar numa situação potencialmente perigosa ou dolorosa, uma situação que nos provoca medo, e enfrentá-la, ao invés de recuar ou fugir dela. Enfrentar algo que não o amedronta não pode ser denominado de coragem. Mas se o coração bate forte e você consegue estar aberto, em vez de estar tenso, então tem a energia para enfrentar qualquer desafio e lidar com ele com desenvoltura.

Algumas pessoas têm muita coragem quando se trata de correr riscos físicos. Nadam dezenas de metros abaixo da superfície sem nada além do equipamento de mergulho e de um arpão para defender-se de virar "merenda" de tubarão. Mas quando se trata de ser inteiramente sinceras, de dizer "não" abertamente ou de revelar uma necessidade pessoal ou um desejo sexual a alguém a quem amam, esses mesmos intrépidos aventureiros podem de repente tornar-se covardes. Para essas pessoas, os riscos emocionais são muito piores que o risco de perder um membro ou a própria vida.

Apesar disso, quando enfrentamos perigos emocionais de forma hábil e alerta, sentimo-nos tão bem quanto quando superamos riscos físicos. Algumas pessoas são capazes de aumentar temporariamente sua auto-estima repetindo afirmações para si mesmas ou procurando elogios e aceitação dos outros. Mas nada se compara ao orgulho legítimo que sentimos quando, com espírito de aventura, enfrentamos bravamente um desafio pessoal e o transformamos num prazer.

O aperfeiçoamento da capacidade de aceitar e viver experiências prazerosas está relacionado ao domínio pessoal. O autodomínio é o oposto da resignação. Quando simplesmente nos resignamos, a satisfação que podemos obter é limitada e nos conformamos a uma situação ruim. Podemos estar dando o melhor de nós, mas esse "melhor" muitas vezes se baseia na repetição de velhas maneiras de fazer as coisas. Porém, quando vamos ao encontro da vida com uma atitude que envolve os quatro princípios — empolgação, desafio, autenticidade e coragem — nós nos interessamos menos pelo que não podemos fazer ou ter e ficamos inteiramente fascinados por tudo aquilo que podemos fazer e ter. O autodomínio depende da motivação positiva. Quando somos inspirados por bons sentimentos, nossa energia não tem fim.

Os exercícios seguintes destinam-se a explorar sua experiência íntima do prazer, examinando particularmente como o prazer o revitaliza e energiza seu corpo.

Exercícios

1. Faça uma lista com cinco das mais memoráveis experiências de sua vida. Descreva uma delas a alguém esta semana, esforçando-se para lembrar o máximo que puder. Veja se consegue voltar a sentir o que seu corpo sentiu e então observe quais as imagens capazes de realmente redespertar algumas dessas sensações.

2. Observe como se sente ao descrever uma experiência boa a alguém. Sente-se pouco à vontade para falar dela, como se estivesse se gabando? Sente-se supersticioso, como se estivesse provocando o destino? Sente-se exaltado só em lembrar o quanto teve sorte nessa aventura?

3. Lembre-se de uma ocasião em que tenha tido coragem de fazer algo emocionante e, ao mesmo tempo, arriscado. Onde você encontrou coragem? Consegue lembrar exatamente da sensação da coragem ao recordar essa experiência? O que você ganhou, especificamente, desafiando-se dessa forma?

4. Lembre-se de uma ocasião em que, apesar da tentação de fazer aquilo que se esperava de você, tenha decidido fazer o que queria — e acabou sendo melhor do que você imaginava. Que perigo você enfrentou ao expor seus reais sentimentos e o que o persuadiu a agir conforme seu verdadeiro eu? Ainda está feliz por tê-lo feito?

5. De vez em quando, procure lembrar-se que, quanto mais sincero em relação ao que sente em seu corpo, mais saudável e feliz você será, e maior será a sua vitalidade. Como disse o poeta Theodore Roethke, "pensamos pelo que sentimos. O que há a saber? Ouço o meu ser sorrir de orelha a orelha". O que faz o seu ser sorrir de orelha a orelha?

Capítulo 4

Os Oito Prazeres Capitais: Uma História da Evolução do Prazer

*Os Prazeres em
Toda a Sua Variedade*

> Quando admitirmos todas as conseqüências de nossa forma de tratar os bebês, as crianças, um ao outro e a nós mesmos e aprendermos a respeitar a verdadeira natureza de nossa espécie, descobriremos sem dúvida o quanto nosso potencial de alegria é maior do que pensamos.
>
> *Jean Liedloff*

Meu sobrinho Isaac foi o primeiro bebê com quem convivi mais de perto. Reconheço que não o alimentei nem troquei suas fraldas tanto assim, e que não era eu quem estava lá quando ele caiu e precisou levar uns pontos. E também não ficava a seu lado, como o pai e a mãe quando ele tinha febre. Eu era mais como a tia "encantada". Passava muito tempo brincando com ele, totalmente cativada pela visão daquele bebê cheio de evidente e espontânea alegria. Todo bom pesquisador precisa de um pouco de conhecimento direto de seu objeto, e Isaac se incluía no meu trabalho de campo sobre a capacidade humana inata de sentir prazer.

Os estudos sobre o desenvolvimento infantil sempre forneceram detalhes acerca dos tipos de traumas de infância que criam distúrbios no adulto. Temos um vasto conhecimento sobre tudo que pode dar errado na primeira infância e resultar em insegurança, baixa auto-estima, vergonha, hostilidade reprimida, ansiedade, culpa, narcisismo, ressentimento e qualquer outro problema.

Porém, para restabelecer nossa conexão com todos os prazeres que a vida nos oferece, precisamos nos reacostumar à nossa mais pura e natural capacidade de prazer: a primeira que tivemos. As experiências de infância nos prepararam para os prazeres da vida; são as pedras fundamentais do prazer humano. Nos capítulos seguintes, exploraremos cada uma dessas áreas individualmente e treinaremos formas de readquirir aquilo que é nosso direito de nascença. Para começar, identifiquemos quais são os oito prazeres básicos que definem a capacidade humana de sentir prazer.

O prazer primordial

Por quase cem anos, os psicólogos descreveram o trauma do nascimento como a experiência prototípica de toda dor e ansiedade subseqüentes. A teoria é que começamos a vida dentro de um paraíso, encerrados no saco amniótico, extraindo do corpo materno todos os nutrientes de que precisamos para crescer. Sem nada a desejar e inteiramente realizados antes do nascimento, somos de repente arrancados desse estado de perfeição e lançados através de um túnel apertado para um mundo no qual precisamos respirar, um mundo em que há excesso de luz e ruídos muitos decibéis acima do confortável palpitar do coração, nosso universo familiar.

Tudo isso faz sentido. Mas como é que ninguém perguntou: "Se existe uma coisa chamada 'dor primordial', deve haver também outra chamada 'prazer primordial'. O que podemos aprender sobre o desenvolvimento humano com ele?"

O prazer primordial começa com o flutuar, embalado num saco de fluido morno, conectado a uma fonte completa de alimento, sem a mínima sensação de separação ou fronteira. O que quer que recordemos como nossas primeiras lembranças deve ter algo que ver com a sensação de flutuar eternamente sem o peso da gravidade, num doce embalar, com nutrientes entrando e resíduos saindo, em total sincronia com os ritmos orgânicos circundantes. Se o nascimento é a dor primordial, assinalando a separação, o perigo e a ansiedade, então a experiência da flutuação – o levitar – deve ser o prazer primordial, assinalando a conexão, a segurança e o amor.

Pense. A sensação física do êxtase é basicamente uma experiência de levitação: literalmente, a pessoa sente-se flutuar. Provavelmente essa é a razão pela qual se descreve a sensação de extremo bem-estar como "estar nas nuvens". Com efeito, a linguagem reflete em grande medida o prazer e a alegria que associamos a essa sensação de flutuar. Quando nos acontecem coisas boas, dizemos que é como se estivéssemos "nas nuvens". Uma pessoa alegre, otimista, que não se deixa abater pelas adversidades, geralmente é descrita como alguém que sabe como "levar o barco", ou seja, "não nada contra a correnteza". A que usa drogas quer ficar "alta". *Exultar*, palavra de origem latina, significa literalmente "saltar de prazer". Os bebês recém-nascidos sentem imensa alegria em "flutuar". A melhor forma de aliviá-los de qualquer desconforto é pegá-los ao colo e embalá-los compassadamente, proporcionando-lhes a sensação de desafiar a lei da gravidade. A julgar pela altura dos risos e gritinhos, os bebês maiorzinhos adoram ser jogados para o ar. Eu chegava a prender o fôlego quando via meu irmão jogar Isaac para o alto e apará-lo nos braços. Sempre me senti meio tensa ao vê-lo no ar, braços e pernas abertos como um pára-quedista, morrendo de rir. Meu irmão, por sua vez, parecia mais fascinado pela intrepidez de Isaac. Dizia-me: "Observe – confiança total."

O desejo de vencer a força da gravidade jamais nos abandona. As crianças maiores gostam de rodar até ficar tontas. Depois se jogam no chão e ficam vendo o mundo girar. Você talvez possa se lembrar de seu próprio prazer infantil de flutuar, quem sabe gritando "mais alto, mais alto" quando era empurrado num balanço, querendo sentir mais impulsão, mais vento na cara e o coração pulsar com mais rapidez.

Existe uma liberdade de espírito no desafio à gravidade. À medida que vamos crescendo, passamos de carrosséis a rodas-gigantes e – no caso dos mais aventureiros – de montanhas-russas a pára-quedas ou *bungee jumping*. Se você quer menos adrenalina, talvez prefira saltar de um trampolim ou simplesmente boiar numa piscina. No máximo de sua intensidade, um orgasmo pode parecer uma perda total de fronteiras, na medida em que os parceiros se fundem um no outro, reproduzindo completamente o estado ilimitado do prazer original — a sensação atemporal do flutuar. Em seu nível mais simples, e talvez mais profundo, o prazer primordial é a pura alegria de esquecer a necessidade de fazer algo e "simplesmente existir".

O prazer de aliviar o sofrimento

Já que o nascimento em si é doloroso, o primeiro prazer encontrado no novo mundo é o alívio do sofrimento. Depois da expulsão do Paraíso, o prazer do ser humano vem da sensação confortável e gostosa do colo da mãe, de ouvir novamente o conhecido palpitar de seu coração e ser envolvido pelo calor, maciez e perfume familiares de sua pele.

O toque carregado de afeto é o prazer físico mais natural e de maior potencial de cura. Um bebê que chora amedrontado se reconforta com o contato humano, que lhe alivia dores e cólicas, satisfaz-lhe as necessidades e protege-o contra o medo. Os bebês precisam ser abraçados e acariciados, pois, do contrário, podem morrer de um fenômeno conhecido por "marasmo infantil". Eles simplesmente definham e perdem o interesse de viver. Nenhum de nós jamais poderia sobreviver à necessidade de calor, empatia e contato físico. Parece-me que os adultos que não têm contato físico suficiente podem sofrer de "marasmo adulto".

Isso porque nada é tão bom quanto mãos que tocam e abraçam com carinho e doçura. Assim funcionam as massagens, desfazendo nódulos em músculos doloridos e aliviando tensões. Todos temos uma fome visceral de contato físico e ansiamos pelo calor e empatia do toque e pelo relaxamento curador que ele promove.

Esse desejo é tão forte que os seres humanos domesticaram cães e gatos para tê-los como animais de "estimação", isto é, criaturas as quais podem tocar com carinho e afeto. Com efeito, estudos demonstram que as pessoas que têm um animal de estimação se recuperam duas vezes mais rápido das doenças do que aquelas que não os possuem. As pessoas que não contam com um abraço diário estão mais sujeitas a depressão e dores mais fortes — provável sintoma de marasmo.

Os prazeres elementares: o riso, a brincadeira, o movimento e a expressão vocal

Depois de suficientemente confortado e nutrido, o recém-nascido começa a se sentir à vontade em seu novo ambiente e a desfrutar de sua incipiente existência: ele sorri. O toque carinhoso pode fazer isso ocorrer logo após o nascimento. Com que maravilhoso mecanismo de sobrevivência a natureza compensou a total dependência dos bebês: quando bem tratados, mostram-se reconhecidos com tamanho encanto. Têm um sorriso caloroso, generoso, adorável para qualquer pessoa que os trate com amor. E, quando brincam com eles, riem como se aquilo fosse a coisa mais engraçada do mundo.

Para adultos e bebês, uma boa gargalhada é sem dúvida um grande prazer físico. Todo o corpo vibra, alterando profundamente o ritmo respiratório. A inspiração se processa por reflexo, e a expiração é vocalizada, geralmente em tom alto. Todos sabemos que uma boa risada pode induzir relaxamento e bem-estar. No entanto, demonstrou-se em laboratório que uma risada alegre pode reduzir a freqüência cardíaca, a tensão muscular e a pressão sangüínea sensivelmente.

Brincar é praticar uma atividade pensando só na diversão, pela simples excitação ou estímulo que ela provoca. Gostamos do que estamos fazendo, e o prazer é como uma fábrica de energia: recarrega nossas baterias por muito tempo. Quando brincamos, deixamo-nos absorver inteiramente pelo aqui e agora. Tudo que fazemos com espírito de brincadeira, mesmo que seja o próprio trabalho, nos faz vibrar nesse ritmo.

O brincar possui seguramente um componente energético. O traço mais característico das brincadeiras infantis é sua energia ilimitada: parece que as crianças sempre preferem correr que andar. Já nos primeiros meses de vida, os bebês saudáveis estão constantemente se mexendo: balançam os braços e chutam com as pernas, contorcem-se e tentam tocar o nariz ou o cabelo de quem os carrega. Pegam objetos, põem-nos na boca e jogam-nos o mais distante possível. Primeiro arrastam-se, depois engatinham e logo estão de pé, levantando-se agarrados à mobília e explorando o ambiente com passos incertos. Mal aprendem a andar e já estão correndo, pulando, saltando e perseguindo o cachorro, o gato e outras crianças. Até caírem no sono, exaustas, estão em perpétuo movimento.

A alegria do movimento está intimamente associada à alegria de emitir sons. Algumas horas com Isaac quando tinha 10 meses de idade mostraram-me quanto os bebês gostam de fazer seus movimentos acompanhados de sons. Por duas horas, ele engatinhou, levantou-se agarrando-se a cadeiras, maçanetas e gavetas abertas. Subiu e pendurou-se em todos os móveis que pôde, derrubou coisas de prateleiras, brincou com brinquedos, atirou bolas e pontuou cada uma dessas atividades com gritinhos de prazer.

Esses gritos eram como aplausos em honra das descobertas do momento. Via-se claramente que ele também estava impressionado com o som da própria voz. Ria e voltava a rir, maravilhado, abrindo bem os olhos como se para não perder um só detalhe. A certa altura, imitei seus gritinhos e aquilo foi para ele o máximo. Estava sentado no chão olhando para mim e riu tanto que caiu.

Sentou-se de novo e deu outro grito, dessa vez a plenos pulmões, levantando o pescoço e olhando-me de soslaio. Novamente o imitei e novamente ele caiu, rolando de rir. Eu me senti a criatura mais divertida da face da Terra. Continuamos a brincadeira por quase uma hora. Essa foi a nossa primeira conversa de verdade.

Emitir sons de reconhecimento ou prazer é uma forma de expressar energia. Assista ao concerto de seu músico predileto e, no fim, ao aplaudir um grande solo, você certamente também soltará um grito qualquer. Cantar é uma forma regozijadora de auto-expressão especialmente satisfatória quando realmente se canta com vontade. Morda uma bomba de chocolate deliciosa, cheia de creme, ou receba um toque no ombro no ponto certo e você soltará um gemido de arrebatamento. As pessoas desinibidas geralmente se dizem incapazes de fazer amor sem emitir sons ou gritar quando chegam ao orgasmo.

Os prazeres mentais

Um recém-nascido vem ao mundo predisposto a descobrir e conhecer o ambiente em que se encontra. Pesquisas demonstram que, a partir do nascimento, o cérebro humano anseia por informação. O cérebro dos recém-nascidos se reconforta com o alimento que provém de um rosto sorridente que se move e fala com voz melodiosa a não mais de trinta centímetros de distância do seu. Logo em seguida, o interesse vai se ampliando, na medida em que ele sente fome de apreender um universo de estímulos.

A aprendizagem está entre os primeiros prazeres da vida e, se tivermos como dar vazão a nossos próprios interesses, nossa curiosidade e capacidade de nos admirar nos impelirão a explorar situações sempre novas. Quando crianças, ansiamos por estímulos, e a pior coisa do mundo é ficar entediado. Quando subestimuladas, as crianças ficam irrequietas e irritadas. Os pais sabem como é chato fazer uma longa viagem de carro, por exemplo, com duas crianças no banco de trás que já brincaram de tudo que podiam e começam a se queixar e se lamentar por ainda não terem chegado ao destino.

Isaac agora tem uma linda irmãzinha chamada Emma, apenas dois anos e meio mais nova que ele. Fico fascinada pelo grau de absorção que ela atinge quando se entrega a uma atividade qualquer. Aos 3 anos de idade, já a vi montar um quebra-cabeça tridimensional, desmontá-lo e montá-lo novamente várias vezes como se totalmente em transe. Embora estivesse gripada na época, respirando só pela boca, ela parecia esquecida de tudo, exceto de encontrar a peça que se encaixava no lugar certo.

Toda a imensa variedade de prazeres mentais está relacionada com a maneira de apreciar a vida da mente: o intelecto e a imaginação, bem como os diálogos interiores que promovemos o dia inteiro. Particularmente importante é a forma como costumamos nos relatar os fatos do dia. Como interpretamos os atos dos outros? Quando divagamos, para onde vai o pensamento: uma fantasia agradável ou um perigo improvável? A depender do grau de liberdade que nos permitimos para perseguir nossos interesses legítimos, poderemos continuar a apreciar a aprendizagem, as súbitas introvisões que mudam nosso modo de pensar a respeito de determinada coisa e até uma eventual epifania.

Os prazeres emocionais

Pesquisas sugerem que nascemos dotados de três emoções primárias, das quais se desenvolvem todas as emoções posteriores: amor, medo e raiva. Cada uma delas representa uma direção. O amor nos faz ir em frente, rumo ao que nos promete alimento; o medo nos faz recuar diante do perigo, a fugir dele ou evitá-lo; a raiva nos faz ir ao encontro de uma ameaça e a querer destruí-la. Geralmente considerados emoções negativas, o medo e a raiva podem ser positivos no sentido de que constituem fontes de valiosas informações. O amor autêntico é sempre um prazer. Quando ele traz dor, não é o amor que dói; pode ser a decepção de perdê-lo ou a frustração de não se conseguir o que se quer da pessoa amada. Mas o amor é sempre um sentimento expansivo, uma energia forte que faz as pessoas irem em frente.

O amor geralmente começa nos braços de uma mãe. Ela carrega em seu seio o fluido que nutre a vida, promovendo a segurança e o flutuar. Também é ela que olha o bebê nos olhos e lhe sorri, dizendo-lhe palavras de apreço e elogio com voz doce e melodiosa. Isso é conhecido como ligação – a criação de um laço por meio de um diálogo mudo baseado numa mistura de brincadeira e carinho sincero.

O amor é o protótipo a partir do qual derivam todas as emoções puramente positivas. Pode-se gostar de alguma coisa ou alguém, sentir gratidão, esperança, confiança, voracidade, entusiasmo até o ponto da exultação, do júbilo, do arrebatamento ou do êxtase; tudo isso são variantes do amor. O coração parece aquecer-se e relaxar-se e, ao mesmo tempo, está estimulado e aberto. Esses bons sentimentos nos impelem a ir em frente. Sentimo-nos confiantes, atraídos e ligados ao que está diante de nós.

À medida que vamos envelhecendo, as emoções vão ficando mais complexas. O medo pode ser um prazer – como o que é provocado por um filme de terror, por exemplo. Porém isso só é possível porque em duas horas as luzes voltam a acender-se e poderemos levantar-nos e ir para casa. A raiva às vezes pode provocar bem-estar – como a que nos faz dar vazão a nossas frustrações gritando com alguém, por exemplo. Porém geralmente temos de lidar com a mágoa quando essa pessoa reage gritando também ou nos abandonando.

A vingança também traz em si um certo grau de satisfação. Às vezes é boa a sensação de revidar, pagando na mesma moeda a quem nos magoa — como quando somos crianças e conseguimos dar uma lição ao valentão que nos tomou o brinquedo. Mas a vingança é negatividade sem fim: existe desde antes da Bíblia e ainda causa pesar recíproco aos mesmos protagonistas. Como disse Gandhi, "a lei do olho por olho só faz tornar o mundo inteiro cego". Pode estar certo de que aquele garoto a quem você deu uma lição agora lhe deve uma — e que ele vai querer lhe dar o troco e talvez mais.

O amor também fica mais complexo, transformando-se em decepção quando alguém de quem gostamos nos deixa na mão, ou em pesar, quando perdemos um amigo muito amado. Aí, o prazer emocional vem com a liberação de lágrimas e algumas palavras de consolo para aliviar a tristeza que nos toma o coração.

Em última análise, as variantes do amor são a fonte mais constante de bons sentimentos e a que tem menos efeitos colaterais negativos. O entusiasmo, a gratidão, a esperança, a fé, a coragem, o orgulho, a paixão, o amor verdadeiro, a devoção — eis aí algumas das emoções positivas de mais alto nível que se encontram entre os mais raros prazeres da vida.

Os prazeres sensuais

Os bebês emergem do útero escuro sem muita visão, mas com vários dos demais sentidos funcionando perfeitamente e com certas preferências bem definidas. Com apenas 12 horas de nascido, o bebê que ainda não provou o leite da mãe reagirá com um gorgolejo de satisfação a uma gota de água com açúcar e com uma careta a uma gota de limão na língua. Os bebês ouvem muito antes do nascimento e, aparentemente, apreciam o som do coração humano e as músicas que ouviram no período intra-uterino, pois assim dormem mais depressa e facilmente.

Ao nascer, obtemos informação a respeito do mundo através dos cinco sentidos (visão, audição, tato, paladar e olfato). Mas, para ser sensuais, precisamos ter prazer no estímulo e tentar prolongá-lo. Os bebês são muito sensuais — assim é que exploram o mundo. Põem qualquer coisa na boca, inclusive porcarias. Gostam de mexer com a comida, cheirar cabelos e observar móbiles. Uma garotinha que conheço gosta de andar com um cobertor felpudo na mão. Dele, arranca tufos de lã com os quais faz bolinhas que, depois, enfia no nariz. Outra chupa o polegar e cheira os dedos ao mesmo tempo. A maioria das crianças tem clara predileção por determinados alimentos. Minha sobrinha, aos 2 anos de idade, adorava picles e azeitona, mas detestava banana.

Todas as crianças saudáveis são sensuais. À medida que envelhecemos, porém, o prazer sensual passa a associar-se ao sexo e, exceto pela apreciação estética da arte, tendemos a colocar em segundo plano essas fontes naturais de alimento. Para enriquecer nossas alegrias na vida, devemos ver nos prazeres sensuais um componente essencial da equação do prazer. Precisamos não só cheirar as flores do caminho, mas também arranjar espaço em nossa rotina para admirar-lhes o colorido das pétalas, para ouvir a chuva, sentir o gosto da comida e realmente tocar um amigo.

Os prazeres sexuais

Os bebês do sexo masculino têm ereções enquanto ainda estão no útero materno. Depois do nascimento, podem tê-las enquanto são amamentados, ou trocam de fralda, tomam banho ou em qualquer outra oportunidade de interação social. Ainda não se sabe se os bebês do sexo feminino têm ereção clitoridiana intra-uterina, mas sabe-se que podem apresentar lubrificação logo depois do nascimento. Esse tipo de pesquisa apresenta provas conclusivas de que somos seres sexuais desde o nascimento, inteiramente capazes de excitar-nos desde a infância. Obviamente, a capacidade de excitação sexual é dissociada e distinta do sistema reprodutor, que só começa a funcionar depois da puberdade.

Entre os 6 e os 8 primeiros meses de vida, os meninos descobrem o pênis; as meninas demoram em média mais alguns meses para descobrir a vulva. Segundo o dr. Thomas Mazur, diretor de psicoendocrinologia do Children's Hospital de Buffalo, NY, no início do segundo ano de vida tanto os meninos quanto as meninas se concentram mais no estímulo genital, valendo-se da repetição de gestos manuais, da compressão e fricção das coxas uma na outra ou de objetos e brinquedos contra seus órgãos genitais externos. Muitas vezes, as crianças sorriem, murmuram docemente e têm gestos de ternura para suas mães depois desse tipo de auto-estimulação. A maneira como as mães reagem naturalmente torna-se um dos primeiros dentre os diversos fatores que influem no desenvolvimento sexual da criança.

Observaram-se jogos sexuais entre crianças de 3 anos de idade. Dos 4 em diante, aquelas que têm a liberdade de brincar sem restrições costumam entregar-se a atividades que, aparentemente, lembram pretensas relações sexuais, mudança de posições e papéis sexuais que lhes proporcionam imenso prazer. A maioria das crianças, independentemente de sexo, se estimula sexualmente e algumas adquirem grande habilidade na masturbação.

Não somos diferentes dos macacos e outros primatas no que se refere ao desenvolvimento sexual. Os jovens de ambas as espécies ensaiam jogos sexuais e, em decorrência desse treinamento, crescem com a capacidade de fazer sexo e reproduzir-se. Quando crescem em isolamento e ficam privados da oportunidade de praticar esses jogos sexuais juvenis, os macacos atingem a idade adulta sem saber como praticar o sexo. No caso dos seres humanos, a coisa é um pouco mais complexa. Embora os jogos sexuais juvenis representem uma fase natural do desenvolvimento para uma vida sexual adulta saudável, a experiência é complicada pela existência de um forte tabu cultural contra a sexualidade infantil.

Em nossa cultura, a persistente necessidade de manter a ficção da inocência sexual infantil provavelmente influencia nosso erotismo e determina o que nos excita sexualmente mais do que qualquer outro fator cultural. O perigo de ser pego em pleno ato sexual — a ansiedade, o constrangimento, a vergonha, o conflito e as auto-recriminações — tem o efeito paradoxal de intensificar a excitação sexual, não só na infância mas também na idade adulta. É irônico que a força social destinada a conter as necessidades e impulsos sexuais tenha o efeito diametralmente oposto de intensificá-los. Por conseguinte, o fruto proibido sempre é mais doce, e o sexo num casamento de muitos anos não raro é aquele em que é mais difícil manter a excitação.

Juntamente com o erotismo e a excitação sexual, o orgasmo é um dos principais prazeres sexuais. A explosão, situada cientificamente entre duas e cinco contrações genitais, cada uma com duração de um oitavo de segundo, é o prêmio unanimemente aceito pelo jogo genital. Muitos adultos lembram-se de seu primeiro orgasmo na adolescência como uma marca do início de sua atividade sexual, tenha sido ele obra de sua própria mão ou não. Apesar de os meninos poderem ter poluções noturnas e as meninas poderem acordar por um clímax espontâneo, a maior parte das alegrias do orgasmo se aprende com a prática, e a masturbação é o método mais fácil para isso. A maior tendência dos meninos a masturbar-se durante a adolescência do que as meninas pode ser a responsável pela maior facilidade dos homens em ter orgasmo. A habilidade tem um importante papel no prazer sexual do adulto e quando a competência se alia à afeição pelo outro, o resultado pode ser um dos prazeres mais intensos da vida.

Os prazeres espirituais

Ouvi há muitos anos uma história que me tocou profundamente. Depois do nascimento de seu irmãozinho, uma garota de 3 anos de idade implorou aos pais que a deixassem a sós com o bebê. Com receio de que ela estivesse com ciúmes do recém-chegado, os pais recusaram, mas a garota insistiu. Meio culpados por negar-se a atender ao pedido da filha e sem saber o que fazer, levaram o problema ao pediatra da família. Este sugeriu que eles concordassem e a deixassem sozinha no quarto do bebê, mantendo todavia o sistema de intercomunicação ligado para ouvir o que acontecesse. Se houvesse algum barulho estranho, poderiam entrar no quarto e proteger o recém-nascido.

A garotinha ficou maravilhada ao saber que poderia ficar a sós com o bebê. Os pais a levaram até o quarto, fecharam a porta e correram para a sala ao lado para ficar escutando. Então ouviram-na aproximar-se do berço e, num sussurro urgente, pedir ao irmãozinho: "Rápido, fale-me de Deus. Estou começando a esquecer."

Não sei se a história é verdadeira ou não; gosto dela por fazer-me lembrar que as crianças estão perto do infinito e desfrutam de uma consciência espiritual. Para mim, a sensação da espiritualidade veio aos 4 anos, quando minha mãe me disse que os bebês cresciam dentro da barriga das mães e nasciam de seu corpo. Foi então que eu soube que, se havia o nascimento, também havia a morte. E fiquei com medo. Quando Isaac perguntou ao pai o que acontece quando se morre, ouviu que algumas pessoas acreditam que a alma voa até o céu e que ela é a parte das pessoas que vive para sempre. Isaac pensou sobre aquela resposta alguns instantes e pareceu satisfazer-se com ela. Mas logo fez outra pergunta: "O sol vai queimar meus olhos?" O pai garantiu-lhe com toda a certeza que não.

Não acho que acreditar em Deus ou na imortalidade da alma sejam aspectos necessários da espiritualidade. O imprescindível é que a pessoa se sinta parte de algo bom que é maior que ela mesma. Estar em contato com o espiritual é identificar-se com o todo: pertencer à família do homem, da mulher, da criança e de tudo que tem vida.

Os prazeres espirituais podem ser mais claramente sentidos quando a mente está tranqüila — sem pensamentos, diálogos interiores ou fantasias — apenas o silêncio da paz interior que nos possibilita uma experiência direta do infinito.

A empatia, a moralidade e o altruísmo são outros importantes prazeres espirituais. O gozo da empatia tem que ver com a sensação de estar tão ligado a outrem ou aos outros que a alegria e o triunfo dele(s) são também os seus. As formas mais rudimentares de empatia surgem quase que imediatamente depois do nascimento: os bebês se afligem quando ouvem outros bebês chorarem ou quando sentem que suas mães estão tensas.

Uma moralidade baseada no prazer não significa fazer apenas aquilo que lhe parece bom e o resto que se dane. Ao contrário, ela significa ter um apurado senso do que é certo e do que é errado — uma boa bússola moral —, de forma que fazer o que lhe parece bom seja imensamente gratificante e satisfatório.

O altruísmo significa dar de coração ao outro e exerce, comprovadamente, efeitos bastante positivos sobre o sistema imunológico de quem dá. Isso é particularmente verdadeiro quando a pessoa que dá pode testemunhar o benefício da que recebe.

Esses prazeres espirituais representam algumas das mais sublimes qualidades humanas, pois inspiram bons sentimentos e proporcionam uma rede de amor e segurança em torno das pessoas. A capacidade de agir em função do prazer espiritual pode ser verificada em crianças bem jovens, mas precisa ser reforçada durante a infância para cristalizar-se. Quanto aos adultos, o gozo do prazer espiritual é curativo em vários sentidos. Hoje existem várias evidências demonstrando, por exemplo, que tanto a meditação quanto as orações estão associadas a uma profunda sensação de paz e a uma maior capacidade de recuperação de doenças graves.

Esses, portanto, são os oito prazeres essenciais que tentaremos refinar. Todos são cruciais para a felicidade porque cada um deles promove um estilo de vida baseado num equilíbrio saudável entre a gratificação emocional, física e espiritual. Entretanto, quando crianças, aprendemos a favorecer alguns em detrimento de outros. Aprendemos a colocar os ovos em poucos cestos porque alguns desses prazeres parecem-nos inacessíveis ou são claramente proibidos. Porém, o abuso de qualquer uma dessas fontes de prazer pode torná-lo tóxico. Se a maior parte de nosso prazer de viver estiver na comida, um prazer sensual, nós vamos comer em excesso; se estiver no sexo, vamos ter muito arrependimento e "ressaca moral" no dia seguinte; se estiver no amor e na devoção aos outros, nossa própria vida ficará à deriva, negligenciada. Enquanto indivíduos saudáveis e em estado de equilíbrio, precisamos saber tomar parte em todos os prazeres da vida.

Um continuum *de prazeres*

A capacidade de desfrutar do prazer é cumulativa. Se nos detivermos em qualquer um desses oito prazeres essenciais, todos os outros serão limitados por essa restrição. Nossa capacidade de usufruir de cada um dos prazeres mais básicos e simples, em termos de desenvolvimento, afeta nossa capacidade de desfrutar posteriormente de alegrias mais refinadas e complexas.

O prazer primordial dá a tônica. Quanto mais conseguirmos nos entregar a ele e aliviar-nos das tensões físicas, mais poderemos entregar-nos a outros prazeres. Tem sentido afirmar que quanto mais nos entregarmos fisicamente, mais poderemos renunciar ao sofrimento e, por conseguinte, mais lúdicos poderemos ser. Quanto mais conseguirmos desfrutar desses prazeres básicos, mais capacidade teremos de nos libertar de hábitos mentais limitantes e de cultivar uma perspectiva mais positiva. Quanto mais pudermos apreciar nossa própria mente, mais positivas serão nossas emoções. Quanto mais pudermos usufruir de todos esses prazeres, mais integralmente poderemos usufruir de nossos sentidos. E, em decorrência do relaxamento do corpo, da mente e do coração, a excitação e a liberação sexual podem intensificar-se. Finalmente, a capacidade de apreciar o espírito se aprofunda e dá mais sentido a todos os demais prazeres. Cada vez que você se permite mais prazer numa dessas áreas, ela passa a informar todas as outras e o abre para um prazer maior em qualquer outra área.

Existem diferentes intensidades de energia e de gozo em cada um dos oito prazeres capitais. Há tempos bons e tempos fabulosos, fantásticos. Ambos são bons; ambos são expansivos. O importante é a sua capacidade de abertura para o prazer, sua capacidade de explorá-lo e desfrutar da experiência.

Em cada prazer, o primeiro nível de intensidade consiste basicamente no relaxamento, na renúncia aos sentimentos negativos e na sintonia com o que lhe faz bem e com o momento presente. O segundo nível de intensidade exige não só a sensação de relaxamento, mas também a sensação simultânea de energia. Os prazeres de segundo nível requerem que se mantenha e intensifique a excitação positiva, deixando-se levar ainda mais por bons sentimentos. O terceiro nível é o mais intenso e carregado em termos de energia, a ele aplicando-se palavras como *vibração, êxtase* e *júbilo*.

Na área mental, por exemplo, os prazeres de primeiro nível podem envolver a curiosidade e a aquisição de novos conhecimentos; os de segundo podem propiciar introvisões, além de compreensão e percepção mais profundas; os de terceiro podem dar ensejo a uma profunda revelação capaz de alterar o curso de uma vida. No sexo, os prazeres de primeiro nível têm que ver com o prazer das primeiras fases do interesse e do desejo sexual; os de segundo com a sensação da paixão e da luxúria; os de terceiro com a vivência de explosivos orgasmos que envolvem o corpo inteiro.

Antes de começar nossa jornada até o cerne do prazer, analise o histórico do seu próprio prazer.

Exercícios

Você pode optar por apenas refletir a respeito das perguntas aqui levantadas, registrando quaisquer introvisões espontâneas que lhe ocorrerem. Ou por conversar com um amigo íntimo que também esteja interessado em investigar sua própria história em termos de prazer. Ou ainda por responder às perguntas por escrito, como se fizessem parte de uma entrevista.

Se preferir escrever, tente uma escrita do tipo "fluxo da consciência", na qual se escreve de dentro, anotando sem censuras o primeiro pensamento que surge. Descreva lembranças e apenas conte a história, em vez de tentar analisá-la. Você vai aprender mais quando voltar e ler suas respostas do que enquanto as escrever.

1. Tente recapitular algumas das primeiras lembranças de prazer que possui. O que o fez feliz? O que o fez rir? Quando foi que você mais se sentiu integrado, remando a favor da maré?

2. Que prazeres você vem privilegiando ao longo dos anos? Remeta-se aos primórdios de alguns de seus atuais prazeres.

3. Que prazeres você perdeu ao longo dos anos? Como você explica isso? Qual deles lhe faz mais falta?

4. Em que imagina que sua vida seria diferente se você estivesse realizado e satisfeito em todos os sentidos? Essa idéia lhe parece arrogante? Pouco realista? Vergonhosa? Tola? Inconcebível? Em caso afirmativo, tente imaginar como seria a sua vida, só por diversão. Qual a maior mudança que você acha que a realização total traria à sua vida?

Agora estamos prontos para explorar cada prazer separadamente, a começar pelo prazer primordial. Recomendo que você explore cada um deles na ordem em que forem aparecendo. Não faria sentido, por exemplo, saltar tudo e ir direto ao prazer sexual, pois o ápice da excitação e da liberação sexual depende inteiramente do desenvolvimento gradual de habilidades em cada um dos demais prazeres.

Os primeiros três prazeres — o prazer primordial, o alívio do sofrimento e o brincar — podem ser considerados os principais, pois deles é que dependem todos os outros. Eles são as alegrias fundamentais às quais precisamos voltar a conectar-nos para mudar a base de nossa percepção, culturalmente identificada com o sofrimento, e não com o prazer. Se sua apreensão dos prazeres básicos for clara, você poderá aplicar o que aprendeu a cada um dos demais prazeres, a fim de melhor entregar-se a eles, liberando a mágoa e demonstrando uma lúdica espontaneidade em todos os aspectos da vida.

Os dois prazeres seguintes — o mental e o emocional — podem ser considerados prazeres psicológicos. Sendo mais hábil em relação a eles, você poderá renunciar a pensamentos e sentimentos restritivos e abrir-se para formas mais expansivas de usar a mente e de dar e receber amor.

Os três últimos prazeres — o sensual, o sexual e o espiritual — podem ser considerados os determinantes para que você atinja seu potencial de prazer. Entrando em maior sintonia com cada um de seus sentidos, você terá a oportunidade de gozar do amplo espectro de prazeres sexuais, desde o desenvolvimento da máxima excitação até a intensificação de sua liberação. Em última análise, porém, a realização mais completa depende de se estar em paz com as questões mais profundas da vida e da morte e de se compreender claramente que seu próprio lugar dentro do esquema das coisas é parte de algo bom e divino.

PARTE 2

Os Fundamentos do Prazer

☙

Capítulo 5

O Prazer Primordial: Doce Entrega

*O Primeiro Passo Para
Aumentar o Prazer
é Aprender a se
Entregar e Relaxar*

> O poder volta às mãos daquele para quem as recompensas já não são relegadas a forças externas (...). Em vez de esforçar-se eternamente para atingir o prêmio torturante que está fora do seu alcance, ele começa a colher as verdadeiras recompensas do viver.
>
> *Mihaly Csikszentmihalyi*

Todos temos o desejo básico de retornar ao útero materno. Mas esse desejo não deve ser interpretado negativamente, como se tudo que quiséssemos fosse engatinhar pelo caminho de volta e esconder-nos na escuridão. Trata-se simplesmente de reconhecer a necessidade básica de desfrutar do prazer mais fundamental que existe — o prazer que antecedeu a todos os outros: o eterno flutuar, a suprema expansividade de seguir inteiramente conforme o fluxo das coisas. Reconectar-se ao prazer primordial quer dizer "renunciar" e "relaxar", não se prender ao racional e liberar as tensões do corpo. Basicamente, trata-se de uma entrega ou rendição.

Esse tipo de entrega não envolve perda de poder, como a rendição na derrota. Também não implica desistir, sucumbir nem submeter-se a uma força superior. Em vez disso, trata-se de uma rendição interior — você desiste de lutar contra si mesmo e opta por relaxar. Penso nessa rendição como uma doce entrega, pois é tão bom apenas existir!

Como veremos a seguir, todo prazer, qualquer que seja a sua intensidade, implica a rendição ao prazer primordial. A doce sensação de ceder é, no seu nível mais básico, uma experiência física porque o controle do qual você se liberta está na contração dos músculos, sentida como aperto e limitação pelo corpo. No nível mental, quando você se entrega, ameniza um pouco a ditadura do racional e, por um instante, abre mão alegremente da tentativa de explicar as coisas. A rendição emocional é libertar-se das garras do medo e do ressentimento e dar abrigo a sentimentos positivos como o amor, a coragem e o perdão. Sensualmente, você se rende entregando-se a belas visões, sons agradáveis, fragrâncias deliciosas, comidas saborosas, toques sensíveis e imaginação inspirada. A rendição sexual envolve a erotização de cada um desses prazeres e a entrega à excitação — o gozo sem inibição e sem limites da excitação e do orgasmo. E, finalmente, a rendição espiritual tem que ver com a crença num universo benévolo, na bondade essencial do ser humano e de si mesmo.

O paradoxo do controle

Mihaly Csikszentmihalyi, professor da Universidade de Chicago com vários anos de pesquisa da experiência ideal, observou a presença de uma qualidade na população pesquisada quando esta se encontra no auge da alegria, a qual é muito semelhante ao que chamo de "doce rendição". Ele a chama de "fluxo" e sugere que a felicidade depende da capacidade de divertir-se até o ponto da completa absorção numa atividade, de forma que nada mais importe. O grande paradoxo, segundo ele, é que quando as pessoas têm uma experiência de fluxo ficam com a nítida impressão de que, apesar de sentirem como se tivessem aberto mão do controle, ao mesmo tempo se sentem mais no controle que nunca.

Esse é o grande paradoxo do controle: quanto mais você abre mão dele em favor da experiência em si, maior a sua impressão de que detêm um autêntico poder. Mihaly Csikszentmihalyi afirma que isso acontece mesmo quando, em meio a uma experiência de fluxo, a pessoa perde toda a noção do eu enquanto algo separado e distinto do ambiente que a cerca.

A maioria das pessoas, porém, tem certa dificuldade para relaxar. Um dos aspectos mais importantes do processo de socialização das crianças é justamente a aprendizagem do autocontrole. Sem dúvida, trata-se de uma grande qualidade. Entretanto, ao longo dos anos acabamos aprendendo a nos controlar demasiadamente, a tentar explicar tudo o tempo todo, a não relaxar e a ter medo de não estar inteiramente no comando. Por conseguinte, aprendemos a apegar-nos excessivamente a tudo e a manter-nos sob constante supervisão.

Todo aquele que se controla demais e tem dificuldade para seguir o fluxo da correnteza também tem dificuldade para relaxar e energizar-se ao mesmo tempo. A sensação é: se você não estiver no controle, fica fora de controle, e isso significa que você ou vai perder totalmente a cabeça e fazer alguma bobagem ou expor-se a abusos. A verdade é que, para a maioria das pessoas, relaxar não é tão simples.

O medo de perder o controle

Embora o eterno flutuar seja o elemento fundamental do prazer, a sensação de liberdade e de falta de limites pode provocar muita ansiedade no adulto. Certas pessoas foram condicionadas de modo a manter sempre presas as próprias rédeas que, se conseguem afinal relaxar e sentir-se estimuladas, sua excitação pode provocar-lhes o medo de serem completamente subjugadas. A sensível percepção da expansividade pode levá-las ao terror, fazendo-as pensar que, se não se mantiverem firmes, vão se descontrolar inteiramente.

Essa é a própria essência da baixa tolerância ao prazer e um claro sinal da ansiedade provocada por ele. À medida que se sente mais estimulada, a pessoa tensa pode ficar ainda mais contraída, em vez de relaxar e aproveitar. Enquanto a pressão se forma, a voz interior da autocondenação ou imagens e lembranças desagradáveis podem ser deflagradas, num tipo de alarme contra o canto de sereia da tentação. O sentimento do amor pode desencadear o medo de ser sufocado; o intenso prazer sexual pode desencadear o medo de perder a consciência; o sucesso pode desencadear o medo do elemento emocional e a incompetência para lidar com a sorte. Em tais circunstâncias, não é raro que a baixa tolerância ao prazer promova uma tendência inconsciente a sabotar as coisas sempre que elas correrem especialmente bem.

O apego

Harry não queria outra coisa a não ser apaixonar-se. Era um empresário bem-sucedido que gostava de seu trabalho, mas era sozinho e queria casar-se e constituir família. Tinha tido vários relacionamentos pouco duradouros que sempre terminavam em tédio ou brigas e muito rancor. Aí ele começava a namorar outra mulher que, invariavelmente, acabava achando cheia de defeitos. Quando chegou a mim, estava quase desistindo de encontrar a mulher certa. Harry é um bom exemplo da pessoa tão apegada ao controle que acaba sabotando a própria felicidade.

Analisemos sua infância. Ele crescera em Newark, com uma mãe solteira que trabalhava diante o dia e divertia-se à noite, negligenciando Harry e o irmão caçula. Quando estava em casa, vivia reclamando dele, queixando-se principalmente da forma como ele cuidava das coisas do lar. Harry não só estava ressentido com a mãe, como também decepcionado com a maioria das mulheres, que, para ele, eram exigentes demais. Tinha vários exemplos de mulheres que o haviam magoado, enganando-o e exigindo-lhe mais do que podia dar-lhes, ou simplesmente haviam reagido com raiva e ressentimento contra ele sem a menor razão.

Finalmente, depois de vários meses de análise da bagagem psicológica que ele levava para seus relacionamentos com as mulheres, Harry se apaixonou. Entrou em êxtase. Havia encontrado a mulher perfeita: Margot era bonita, inteligente, realizada e divertida ("ela ri de minhas piadas"). Além disso, o mais incrível é que ela também adorava ópera e "amassos". Com ela, o sexo era o melhor que já tivera, algo próximo a uma maratona cheia de suor e paixão.

A redoma que ele criara durou três semanas, antes de quebrar-se ruidosamente. Uma noite, num banquete de sua empresa, Harry achou que Margot havia sido "calorosa" demais para com um dos sócios dele. Aos berros, perguntou-lhe, a caminho de casa, se achava que ele era "algum babaca". A partir dali, o relacionamento tomou outro rumo. Harry suspeitava de Margot e vivia perguntando onde estivera quando não estavam juntos. Já não a achava fisicamente tão atraente quanto antes e estava cansado demais para o sexo em várias das noites em que dormiam juntos. Quando ela disse que sentia falta da paixão de antes, ele interpretou aquilo como se ela fosse começar a sair com outros homens de novo e ficou fora de si por ela ser "tão volúvel". Toda vez que Margot tentava falar com ele sobre qualquer dessas coisas, ele a acusava de estar tentando controlá-lo.

Harry estava com dificuldade para relaxar. Não se tratava apenas da dificuldade de amar, mas também de relaxar e manter sua experiência de fluxo e os sentimentos a ela associados. O trabalho o deixava tenso e sob pressão durante o dia e, para ele, não era tão fácil relaxar e render-se a seus bons sentimentos com Margot quando estava longe do escritório. Margot sempre fazia algo que ele criticava, depois ele se ressentia e, por fim, dizia-lhe o que deveria ter feito. Margot disse-lhe, que, apesar de tê-la acusado de ser controladora, sentia que era ele quem a estava controlando porque, não importava o que fizesse, nunca era o certo.

Muita água rola sob a ponte desde que deixamos de ser bebês gozando da sensação de queda livre. Como Harry, todos nós somos um pouco castigados pela vida e temos como primeira reação manter o controle, contraindo-nos e reprimindo nossos sentimentos. Trata-se de uma estratégia de sobrevivência bastante realista para uma criança sujeita a castigo por excesso de espontaneidade. Infelizmente, se mantivermos essa estratégia quando adultos, acabaremos virando maníacos por controle — lutando contra as coisas, as pessoas a quem amamos e contra nós mesmos. Obrigamo-nos a fazer coisas de que não gostamos ou não queremos gostar. Temos dificuldade para relaxar em nossos relacionamentos e para aceitar as idiossincrasias alheias. Ou não relaxamos sexualmente, achando difícil desligar-nos do racional o suficiente para excitar-nos totalmente.

Qualquer que seja o nosso grau de controle, todos nós podemos beneficiar-nos aprendendo a relaxar mais e a seguir mais com a correnteza.

Ficar "pra cima" ficando "pra baixo"

Por ser o prazer primordial um impulso tão básico, todos temos nossos métodos de relaxar, por mais arriscado que isso seja. As pessoas usam o álcool e outras drogas com esse intuito. Com tranqüilizantes, uma cerveja, um martini ou um cigarro de maconha conseguem relaxar e "curtir a fossa". Algumas se valem de drogas eletrônicas. A televisão é a droga preferida por aqueles que gostam de vegetar horas na frente da tela, depois de uma longa sessão de mudanças de canal. Outros preferem "surfar" na Internet e ficar à deriva no ciberespaço. Alguns comem demais, até perder a sensibilidade e distender o estômago, sem poder mover-se nem que o queiram. Outros relaxam melhor no *shopping center*, entrando em todas as lojas, experimentando roupas e gastando dinheiro.

Nenhum desses paliativos é necessariamente nocivo se a pessoa souber usá-los — e se não abusar deles. Em doses moderadas, a bebida comprovadamente prolonga a vida. Além disso, inúmeras pessoas relatam que, para elas, o uso controlado da maconha pode causar um grande relaxamento sem efeitos nocivos. "Sair do ar" por uma hora ou duas de TV ou Internet à noite não irá transformá-lo num viciado. E você pode se empanturrar num determinado fim de semana ou gostar de olhar vitrines sem ter de trazer para casa um monte de coisas de que não precisa. Entretanto, quanto mais limitado for o seu repertório de atividades relaxantes, mais provavelmente você abusará de sua "fissura" predileta.

Para Ronald K. Siegel, professor da UCLA, que há quase trinta anos pesquisa drogas e seu uso, o ser humano já nasce com o impulso de buscar o prazer pela intoxicação. Ele acha que todas as culturas do mundo, além de certas espécies de animais, apreciam a confusão de sentimentos e a agradável embriaguez associados ao "ficar alto".

Com efeito, sua pesquisa indica que grande parte do que as pessoas mais gostam quando "ficam altas" é a doce entrega proporcionada pelo mais primordial de todos os prazeres — o simples flutuar no espaço. Os estudos do dr. Siegel mostram que, pelo menos em parte, o que atrai os usuários de drogas é aquilo que descrevem como a agradável sensação de flutuar fora do próprio corpo — a sensação de distância e desligamento de suas tensões e preocupações e uma sensação generalizada de bem-estar. É possível que o dr. Siegel tenha razão — talvez tenhamos mesmo um impulso inato para a intoxicação, e é bem possível que a necessidade de usufruir de estados alterados de consciência seja universal e inevitável. Se assim for, tanto mais sentido terá o cultivo da capacidade de "ficar alto" por meio de formas gratificantes. Mas que elas sejam seguras e que reafirmem a vida. É por isso que vale tanto a pena tentar ampliar nosso repertório de doces rendições diariamente.

Excesso ou falta de controle versus *moderação*

Na Grécia antiga, conta a História, estavam escritos sobre a entrada para o Oráculo de Delfos — a altamente reverenciada pitonisa de Apolo — os dois princípios-chave para se viver uma vida de sabedoria e autodomínio. Um era "Conhece-te a ti mesmo"; o outro, "Nada em excesso". A psicoterapia, a prática espiritual, a auto-ajuda e as práticas de auto-aperfeiçoamento são todas elas baseadas no primeiro princípio. Mas o segundo não tem causado igual impacto. Na verdade, não sabemos "praticar" muito bem a moderação.

A maioria das pessoas foi criada acreditando que se não estiver no controle, estará fora de controle. Esse é o tipo de raciocínio que funciona com as pessoas que têm dificuldade de tomar só um ou dois drinques e depois dizer "não, obrigado". Ou com as que trabalham oito horas por dia e têm dificuldade de ir para casa e relaxar, deixando o trabalho no escritório. Dizemos que o melhor é a moderação em todas as coisas, mas quando se trata de certos prazeres compulsivos, não sabemos muito bem como fazer isso. Não é tão incomum, por exemplo, seja qual for a nossa forma particular de manifestação, sentir como se não pudéssemos ceder à tentação de jeito nenhum porque se comermos um pedaço, poderemos muito bem comer a torta inteira.

Mas não se pode atingir a moderação saltando de um extremo a outro e imaginando que, no fim, tudo irá se equilibrar. Em vez disso, precisamos aprender a relaxar e a render-nos, um pouco aqui, outro ali, ao longo de todo o dia.

A disciplina do relaxamento

Pode parecer estranho, mas o jeito de parar de se controlar demais é ser mais disciplinado em relação ao relaxamento. Em geral, entendemos a autodisciplina como a necessidade de reprimir o desejo da auto-indulgência, negando-nos coisas que não deveríamos ter. Mas qualquer tipo de luta pelo poder — seja dentro de nós mesmos ou entre duas pessoas — pode consumir muita energia e não levar a lugar algum, servindo apenas para manter a própria pessoa ou o outro em xeque. Em vez de reprimir nossas necessidades, podemos aprender a expressá-las de forma segura e eficaz. Em vez de sermos inflexíveis a ponto de só permitir que as coisas mudem quando estivermos numa crise, podemos crescer um pouco mais a cada dia. Assim, com a prática, o crescimento e a realização tornam-se uma parte natural do dia-a-dia.

A disciplina é um conceito com o qual os norte-americanos costumam ter dificuldade. Eles tendem a associá-la ao castigo e abnegação. Quando nos disciplinavam na escola, tínhamos de cumprir tarefas extras ou ficar de castigo na diretoria. A disciplina em casa geralmente significava ser mandado para o quarto ou ficar sem assistir à TV por uma semana. Aprendemos dessas lições que ser alguém mais disciplinado significa privar-se, lutar contra os impulsos hedonistas e fazer o que se espera que façamos e não o que queremos.

Nessa forma autoritária de autodisciplina, o "eu bom" castiga o "eu mau" para fazer a pessoa ser boa ou diferente — exatamente como as autoridades faziam com você na infância. Você se obriga a fazer coisas que não quer e pode até ser bom ao exercer essa forma proibidora de autocontrole, sendo um subnutrido crônico que tem pena de si mesmo. Ou pode achar que já se privou o suficiente na vida e — apesar de torturar-se por ser autocomplacente — deixar que a vítima que há em você sempre vença. Nesse caso, você poderá agir de modo autodestrutivo — e isso, mesmo sendo momentaneamente gratificante, pode ser-lhe nocivo a longo prazo.

Ser mais disciplinado em relação ao relaxamento, por sua vez, implica destinar tempo para relaxar diariamente. Você pode pensar nessa disciplina como um "hedonismo consciente" e como um novo modelo de boa forma ou bem-estar. Assim, terá condições de evitar acelerar o ritmo a ponto de não poder, no fim do dia, desacelerar ou fazer algo mais agradável.

Só ser: usufrua o momento

No seu nível mais simples, render-se é parar de resistir. Portanto, a resistência da qual você quer desistir é, antes de mais nada, uma luta contra você mesmo. Fisicamente isso significa liberar a tensão isométrica dos músculos de todo o corpo. Mentalmente, trata-se de um cessar-fogo momentâneo das vozes dos conflitos interiores, dos pensamentos negativos, dos arrependimentos do passado ou dos enredos pessimistas do futuro.

Emocionalmente, entregar-se é — mais uma vez, apenas por um certo tempo — deixar de lado medos, ressentimentos, combatividade, defensividade, coisas inacabadas e baixo astral e lembrar-se das coisas pelas quais se deve agradecer. A idéia é entrar no fluxo do momento presente, encontrar o prazer de estar vivo e apenas existir.

Pense na última vez em que se deixou render assim. Talvez tenha sido durante uma massagem feita por alguém que não só descobriu com os próprios dedos os nós em seu ombro e pescoço, mas também sabia qual a pressão exata a aplicar para desfazê-los. Talvez tenha sido enquanto você flutuava numa banheira de água quente, na penumbra de uma vela e ao som de sua música preferida, tocando bem baixinho. Talvez tenha sido quando você estivesse deitado no sofá depois do almoço numa tarde de domingo com a família, ou sozinho fazendo ioga ou fazendo amor terna e lentamente com seu parceiro. Talvez você estivesse fazendo uma trilha nas montanhas, sentindo o cheiro do mato enquanto respirava, o canto dos pássaros e o sussurrar do vento como únicos sons a quebrar o silêncio. Independentemente do que possa ter sido, você estava usufruindo o prazer de só ser — inteiramente desperto, tranqüilo e, ao mesmo tempo, energizado e plenamente inserido no momento.

A chave para a rendição: a respiração profunda

Estou prestes a entregar-lhe o instrumento básico e essencial para a expansão de sua capacidade de sentir o prazer primordial e cada um dos demais prazeres também. Você talvez o ache uma bobagem por ser tão simples. Mas não o julgue antes de experimentá-lo você mesmo. As verdades mais simples são geralmente as mais profundas, e posso garantir com absoluta certeza que, se você aprender a usar esse instrumento, sua vida vai ficar melhor, por mais que ela já esteja boa agora. Você terá mais domínio de si mesmo e mais prazer num maior número de áreas. O método é o seguinte: para ampliar seu potencial de prazer, você precisa dominar um determinado tipo de respiração profunda. Estou convencida de que a chave para a saúde, a felicidade, o verdadeiro amor e o sexo satisfatório está, muito simplesmente, na maneira como inspiramos e expiramos. É como colocar o paradoxo do controle em ação: assim, quanto mais você se solta para relaxar e viver integralmente o momento, maior a sua sensação de verdadeira energia. Você pode praticar o relaxamento como se fosse uma disciplina desenvolvendo um tipo extremamente potente de controle: o controle da respiração. Em síntese, o que se faz é gerar energia extra e então render-se a ela. É como dar um salto e relaxar enquanto se rodopia pelo espaço.

A disciplina do controle da respiração

A vida cotidiana baseia-se em tarefas e, para muitas pessoas, isso significa movimentos restritos, voluntários, e respiração superficial. Quanto mais *stress*, pior o nosso humor e maior a contração muscular — em todos os músculos, mas, principalmente, nos maxilares, no peito e no diafragma. Prendemos tudo expirando pouco e inspirando rápida e brevemente. Esse estilo de respirar mal consegue eliminar o ar residual dos pulmões, de forma que ali resta pouco espaço para que o ar fresco entre.

A maioria das pessoas respira "educadamente"; a expiração simplesmente nos escapa inconscientemente. Inclusive não se considera adequado respirar de outra forma quando se está em companhia dos outros. Em situação sociais, experimente suspirar algumas vezes apenas para relaxar. As pessoas provavelmente lhe perguntarão se está sentindo alguma coisa.

A respiração profunda é importante no processo de ficar mais receptivo a bons sentimentos. Isso é particularmente verdadeiro quando se está lidando com o sofrimento, seja ele uma dor física ou emocional, com pensamentos conflitantes, impasses em relacionamentos importantes ou qualquer outro tipo de dificuldade. Quando se tem um dia difícil ou se vive um confronto, geralmente se prende a respiração e tensionam-se os músculos como forma de oferecer resistência ao que está ocorrendo. Respirar profundamente não só alivia o espasmo, mas também alimenta o cérebro e pode realmente fazer-nos raciocinar com maior clareza.

Pense da seguinte maneira: quando as pessoas encontram alguma dificuldade ou estão estressadas, elas ficam tensas e "engolem" tudo, inclusive os sentimentos negativos. Estes, então, ficam presos dentro delas e, muito provavelmente, fornecerão o combustível para seus atos. Em outras palavras, se ficamos ansiosos ou sentimos raiva e prendemos a respiração, automaticamente pensamos e agimos levados pelo medo ou pela raiva. Se, porém, inspiramos profundamente e liberamos a contração, podemos pensar e sentir mais livremente e, então, podemos optar quanto ao modo pelo qual queremos agir.

É por isso que a consciência da respiração é tão importante na ioga, nas artes marciais e em muitas outras disciplinas espirituais. Um mestre espiritual, Yogue Ramacháraca, disse que, aprendendo a praticar a respiração consciente, poderemos curar não só nossas próprias doenças como as dos outros e praticamente eliminar o medo, a preocupação e a raiva, além de conhecer e desenvolver nossos poderes latentes.

Não tenho a menor dúvida de que existe muita verdade nisso. À medida que explorarmos os outros prazeres essenciais, veremos que existem ocasiões em que, aprendendo a usar a respiração de determinada maneira, poderemos mudar nosso estado de espírito, nossos pensamentos e nosso nível de energia, além de criarmos as condições de fazer opções positivas. O sucesso em qualquer área — seja ela a da satisfação pessoal, profissional, sexual ou de relacionamentos ou desenvolvimento espiritual — literalmente surge da aprendizagem da respiração para dissipar sentimentos estressantes, em vez de prender a respiração e resistir a eles.

Experimentaremos três ritmos respiratórios principais à medida que formos atravessando os vários domínios do prazer. Respirar coincidentemente, conforme qualquer um deles afeta sua energia e a força da sua experiência. Você terá oportunidade de praticá-los nos exercícios deste capítulo e dos seguintes.

A respiração depuradora requer que se inspire pelo nariz e se expire pelos lábios levemente entreabertos até que todo o ar seja expelido. Esse tipo de respiração libera tensões superficiais e concentra sua atenção no momento presente e no que se passa em seu corpo.

A respiração em forma de suspiro consiste em uma inspiração profunda e uma leve expiração pela boca. Ela libera tensões e emoções mais profundas e pode ser usada para realçar e enriquecer sentimentos agradáveis.

A respiração energizante é uma forma de inspirar e expirar arquejando pela boca aberta. Esse tipo de respiração nos anima e nos faz relaxar à medida que o estímulo do prazer vai se intensificando. Nós geralmente usamos os três tipos de respiração de forma natural quando relaxamos espontaneamente. De vez em quando é bom prestar atenção à forma como estamos respirando, sem tentar interferir, mas apenas para estarmos conscientes dela.

Todos esses diferentes ritmos respiratórios em geral acompanham automaticamente os três níveis de prazer de que falei no Capítulo 4. Os prazeres de primeiro nível têm que ver com o relaxamento. De fato, quando se está tenso e se começa a relaxar, percebe-se a tendência a eliminar a tensão por meio de expirações longas. Percebe-se também que, quando a respiração fica naturalmente mais lenta, o tronco passa a ter mais flexibilidade, na medida em que os músculos começam a despertar. Quando se está inteiramente relaxado, alerta e energizado — como nos prazeres de segundo nível — há uma tendência a respirar lenta e profundamente, suspirando de vez em quando. Quando o entusiasmo e a excitação aumentam — como no caso dos prazeres do terceiro nível —, a respiração em geral se acelera. Quando se está excitado — seja ao fazer amor ou ao chegar a uma festa surpresa preparada em seu aniversário —, é muito natural que se comece a respirar pesadamente.

Portanto, faz sentido dizer que é possível ficarmos mais receptivos aos prazeres do momento praticando o controle da respiração. A respiração depuradora pode fomentar os prazeres de primeira intensidade auxiliando-o(a) a libertar-se — pelo menos momentaneamente — de hábitos mentais causadores de tensão e de pensamentos negativos e a concentrar-se em bons sentimentos. O suspirar profundo pode ajudá-lo a intensificar ainda mais os sentimentos expansivos e a render-se à experiência presente. A respiração energizante pode servir de lastro para os prazeres de terceiro nível e levá-lo além dos limites dos estados alterados.

O mais importante é que o controle consciente da respiração por alguns minutos de cada vez pode permitir-lhe manter-se aberto e expansivo diante das possibilidades prazerosas do momento. Quando se é capaz de dar alento aos próprios sentimentos e agir de acordo com eles, em vez de engoli-los de volta e negá-los, a capacidade de gozar de novos prazeres se multiplicará em muito.

Mesmo que não queira fazer nenhum dos exercícios sugeridos neste livro, insisto para que ao menos experimente os três estilos de respiração e veja se consegue praticá-los por alguns segundos, algumas vezes ao longo do dia. Você terá uma agradável surpresa ao perceber o grande efeito que um pouco de controle respiratório pode exercer sobre a qualidade de sua vida cotidiana.

"Ficar alto" naturalmente

Quando estamos estressados, ansiosos ou com raiva, o sistema nervoso simpático dispara uma reação de fuga-ou-luta, descarregando hormônios do *stress* na corrente sangüínea. O resultado é uma descarga de adrenalina. Todo o organismo se acelera e nos faz correr — apavorados de perder um prazo ou chateados com algo que não deu certo. Mas se, por um lado, nos sentimos cheios de energia, por outro, cada parte do corpo está contraída. Cria-se uma pressão interna que, se atingir níveis de difícil contenção, pode explodir de formas autodestrutivas (como doenças) ou em raiva.

Lamentavelmente, muitas pessoas dependem da adrenalina para se sentirem motivadas. Os viciados em adrenalina acham que, se não forem compelidos a agir por suas inseguranças ou pelo medo do fracasso, provavelmente acabarão não fazendo nada e tornando-se uns bichos-preguiças. Eles às vezes podem acabar viciados na raiva. Conheci certa vez um bem-sucedido investidor que se valia da própria ira para fazer as coisas. Ele só resolveu aprender métodos mais positivos de automotivação quando, aos quarenta e poucos anos, começou a sentir fortes pontadas no coração.

Passada a situação de perigo, o sistema parassimpático estimula uma reação de restauração pela liberação de endorfinas. Coração, vísceras e músculos relaxam, e o sangue volta a correr para o cérebro. Continuamos a sentir muita energia, mas esta é de um tipo expansivo, e não de constritivo. Por outro lado, quando, num padrão de *stress* habitual, o sistema simpático é acionado constantemente, a pessoa sob *stress* acaba entrando em colapso, caindo em estado de fadiga extrema.

Em geral, toda atividade perigosa e, ao mesmo tempo, divertida provoca uma grande descarga de adrenalina seguida de outra de endorfina: isso é o que popularmente chamamos de "emoção". Todo esporte perigoso, como a corrida de automóveis e até o mergulho, é emocionante por causa da descarga bioquímica que faz as pessoas ficarem "altas". Mas também se pode ficar viciado em endorfina — como é o caso da compulsão por exercícios físicos. Aliás, é possível que o que faz as pessoas comer, fazer compras ou jogar compulsivamente seja de fato a descarga de endorfina.

Entretanto, a boa notícia é que você pode deflagrar uma descarga de endorfina, de forma saudável, pela respiração profunda. Basta praticar a respiração depuradora por um ou dois minutos que você imediatamente se acalmará e se concentrará de novo. Se estiver ansioso, você pode estimular a coragem enchendo o peito de ar, e o relaxamento, levando o ar ao abdômen. Se estiver com raiva, algumas inspirações longas e lentas da respiração depuradora podem evitar a impulsividade, ampliar seu senso de perspectiva e dar-lhe condições de optar pela ação mais eficaz.

Para nossa saúde e bem-estar emocional e para a saúde e alegria de todos aqueles com quem convivemos, é muito melhor que nossa energia venha da endorfina que da adrenalina. A adrenalina nos faz desgastar-nos com falsas emergências e depaupera nosso estoque de reservas. No fim de uma atividade movida a adrenalina, ficamos mais que exaustos — às vezes é como se estivéssemos arrasados — e podemos levar algum tempo para nos recuperar disso. As endorfinas, por outro lado, enchem-nos de energia, mas os órgãos, tecidos e vasos sangüíneos do corpo permanecem abertos. Os bons sentimentos fluem, e nos sentimos como se estivéssemos em nossa melhor forma. Não é de se estranhar que, quando estamos assim, as pessoas gostem da nossa companhia.

Qualquer coisa que o predisponha a relaxar de corpo e mente — seja por sessenta segundos, uma hora ou um fim de semana — contribui para sua rendição a qualquer um dos prazeres capitais.

O spa: *águas que curam*

A imersão em água morna é uma das melhores maneiras de promover o bem-estar. Um método que estimula a entrega na água consiste no emprego do tanque de flutuação. Originalmente criado como meio de promover a experiência da privação sensorial pelo dr. John Lilly, o tanque de flutuação é uma cápsula à prova de som de cerca de 2,3 metros de comprimento que contém aproximadamente 25 centímetros de água e que, com a porta fechada, é completamente escura. A cápsula contém também sulfato de magnésio a fim de facilitar a flutuação.

Contrariando seu propósito original, o tanque de flutuação não promove uma experiência de privação sensorial. Na verdade, o que é tão revelador no fato de ficar flutuando em completa escuridão é o fluxo e refluxo de toda sorte de pensamentos, lembranças, novas imagens, introvisões criativas e mesmo padrões geométricos que surgem e se desvanecem espontaneamente na consciência. Para a maioria dos flutuadores, ficar por uma hora na escuridão e na água de temperatura controlada do tanque de flutuação é uma experiência altamente prazerosa que alivia a tensão muscular, reduz a pressão sangüínea, a ansiedade e a dor e estimula o fluxo de endorfinas.

Outra forma de rendição na água está nas terapias aquáticas destinadas a recriar a experiência intra-uterina. Duas delas são conhecidas por Watsu e *Waterbalancing* [Equilíbrio na Água]. Em ambas, o paciente e o terapeuta entram juntos numa piscina com água à temperatura do corpo e, enquanto o paciente flutua de costas, o terapeuta o ajuda a manter-se flutuando colocando-lhe uma bóia cheia de ar sob o pescoço e rolos de espuma sob os joelhos ou simplesmente segurando-o nos braços. O terapeuta empurra lentamente o paciente sobre a água com movimentos fluidos, lentos e rítmicos que lhe alongam a coluna, quadris e pernas e aliviam-lhe a tensão corporal. O terapeuta pode também fazer-lhe uma massagem nos ombros, mãos e pés. Na terapia de *Waterbalancing*, antes do fim da sessão o paciente recebe uma presilha para colocar no nariz e, depois de cada inspiração, é empurrado para debaixo d'água. Então expira soprando lentamente, formando uma longa série de bolhas, enquanto o terapeuta coordena o processo de expiração do paciente com movimentos efetuados sob a água, os quais consistem em delicados puxões e empurrões.

Mas não é imprescindível tomar massagens aquáticas para conhecer a doce rendição. Uma banheira de água morna, velas e música relaxante surtirão esse efeito.

Flutuar nos espaços vazios

O domínio, em qualquer grau, da entrega ao prazer depende inteiramente de permitir a si mesmo gozar de momentos atemporais, de apenas ser. O tempo todo temos tanta coisa para fazer — gente a quem dar atenção, compromissos a honrar e obrigações a cumprir. Acostumamo-nos ao ritmo acelerado e, quando tiramos uma folga, geralmente realizamos atividades convencionais: ir ao cinema, sair para jantar, assistir a um *show* ou passear à tarde.

Naturalmente que essas atividades são prazerosas. Mas só ser é algo diferente. Não é tão importante o lugar aonde se vai, mas sim a criação de um espaço vazio no qual relaxar, dar-se um momento de atemporalidade, em que a única coisa que importa é estar em paz. Em vez de distrair-se, você se empenha apenas em render-se. Então, o que quer que esteja se passando dentro de você pode ser levado para a superfície de sua mente. Deixe-se imergir dela e derivar por alguns instantes em estado de repouso alerta e, depois, deixe-se mergulhar. Você não tem uma preocupação sequer, pois decidiu tirar suas preocupações da cabeça, do peito e das entranhas temporariamente.

Quando se esvazia a mente de qualquer pensamento e se libera o corpo das contrações que o medo provoca, chega-se a um lugar em que nada de antigo acontece. Nesse instante, transcendem-se as histórias pessoais e aumenta-se a probabilidade de que algo novo e prazeroso surja de algum lugar do fundo do ser. Fritz Perls, fundador da gestalt-terapia, chamava a essa experiência de "o vácuo fértil". É nesses espaços vazios de renúncia a toda a resistência que se pode encontrar o verdadeiro artista que há em cada um de nós, além de nossas ricas reservas interiores de criatividade e originalidade.

Exercícios

Lembre-se: a chave para a entrega total está na respiração. Começaremos nossos exercícios com os três tipos básicos de respiração. Quando se pratica o controle da respiração, deve-se ter em mente que o objetivo é respirar conscientemente por apenas um ou dois minutos de cada vez. A respiração é um ato involuntário, como deve ser. Os exercícios propõem simplesmente fornecer-lhe meios de alterar sua energia por alguns instantes de cada vez.

O tempo que se reserva para a respiração — seja este um parêntese de dois minutos ou duas horas — equivale a um tempo de cura. É como apertar o botão "religar" ["reset"] de um aparelho e zerar o contador. Todos os exercícios a seguir são oportunidades de praticar o prazer primordial, de render-se ao momento e apenas existir.

1. A respiração depuradora: bem-vindo ao presente

Este tipo de respiração o leva ao momento presente e o deixa mais consciente do que acontece no seu corpo. O objetivo é desacelerar a respiração tornando mais longas as inspirações e expirações. Ela é depuradora porque remove dióxido de carbono e outros resíduos metabólicos dos pulmões e cria espaço para mais oxigênio. O oxigênio extra revitaliza as pessoas em diversos níveis, e o trabalho de exercitar os músculos respiratórios aumenta a elasticidade dos pulmões e relaxa e desperta o tronco, massageando os músculos do pescoço, dos ombros, do peito, das costas, das costelas, do abdômen, da pelve e todos os órgãos internos.

Sente-se confortavelmente numa cadeira e ponha os pés no chão. Levante o rosto e deixe o queixo paralelo ao chão. Inspire profunda e lentamente pelo nariz o máximo que puder. Sinta o peito levantar-se à medida que os pulmões forem se expandindo. Quando chegar ao limite máximo, expire o máximo que puder em ritmo constante, mantendo os lábios ligeiramente entreabertos. "Puxe" o abdômen levemente para dentro quando expelir a última porção de ar remanescente dos pulmões. Continue expirando até sentir que não existe mais ar a remover e a inspiração acontecer espontânea e naturalmente.

Sinta os músculos do tronco se moverem como um fole; entre em sintonia com as sensações de tensão, enquanto certas partes do corpo procuram ajustar-se ao ritmo da respiração, mas ainda estão tensas. Imagine que tem a capacidade de tirar essa tensão de seu corpo a cada expiração, como se ela fosse uma nuvem escura e poluída que você pudesse empurrar para fora de seu organismo. Com as bochechas cheias de ar, sopre para longe essa nuvem que ameaça as suas entranhas.

Se perceber que está levantando os ombros para inspirar mais profundamente, procure relaxá-los nas inspirações subseqüentes. Se seu pescoço ficar tenso, tente inspirar uma breve golfada de ar pela boca quando chegar ao máximo da inspiração nasal. Agora pare de ler e respire dessa maneira três ou quatro vezes consecutivas.

Em seguida, pare um instante para observar como está bem mais relaxado e mais consciente do seu corpo. Você pode liberar endorfinas deliberadamente ao longo do dia para contrabalançar o *stress* e estimular uma breve reação do sistema parassimpático pela respiração profunda. Pratique a respiração depuradora algumas vezes, certificando-se de manter a expiração duas vezes mais longa que a inspiração. E agora, como se sente?

2. O suspiro profundo: um passo além

Esse tipo de respiração o ajudará a entregar-se e a ter mais contato com suas próprias emoções, seus sentidos e seus impulsos sexuais. Ele é, inclusive, particularmente indicado durante o sexo, se praticado por alguns instantes, com o intuito de aumentar a excitação e a entrega sexuais.

Inspire e expire suspirando pela boca. Mantenha o pescoço relaxado. Sinta a região cervical alongar-se e as omoplatas se abrirem à inspiração e voltarem à posição normal na expiração. Solte a expiração com um "ah" bem aspirado, como se faz quando se quer limpar os óculos.

Agora respire assim três vezes seguidas. Se ficar com muita vontade de bocejar, boceje. Trata-se apenas do mecanismo homeostático do corpo, entrando em ação para corrigir o equilíbrio entre oxigênio e dióxido de carbono. Se ficar tonto, feche a boca e inspire e expire lentamente pelo nariz. Procure gozar da sensação de flutuar pelos poucos segundos em que dura.

3. A respiração energizante: o acúmulo de excitação

O objetivo desse tipo de respiração é criar energia. Ele carrega bioeletricamente o sistema e fortalece a sensação de vitalidade. No início, você talvez não se sinta inteiramente à vontade com a sensação de flutuar ou com a experiência da energia fluindo por seu corpo como se fosse eletricidade. Mas, se praticar, verá que ele é como um estimulante instantâneo do sistema nervoso central. Como qualquer tipo de mecanismo que incrementa a energia, seus efeitos às vezes são fortíssimos, e você deve procurar disciplinar seu uso.

Esse tipo de respiração é como um arquejar profundo. Quando estiver pronto, abra bem a boca, "puxe" o ar para dentro do peito e solte-o de uma só vez com um grande "ah". Relaxe e observe como se sente. Se gostar da sensação, repita o processo cinco vezes em rápida sucessão.

É bem provável que você se sinta um pouco tonto e até meio "alto". Se esse for o caso, inspire e expire pelo nariz e deixe-se relaxar com a sensação de flutuar — ela é apenas a sensação de energia ilimitada fluindo por seu corpo. Apesar de o formigamento da boca e dos dedos — e algumas vezes até de seu enrijecimento — ser normal, pois se trata de uma reação à súbita mudança no equilíbrio da relação entre o oxigênio e o dióxido de carbono, não é produtivo fomentar essas sensações. Se você fechar a boca e voltar a respirar normalmente pelo nariz, essas sensações cederão. Observe se sente uma onda repentina de energia e hiperatenção logo que praticar este tipo de respiração.

Mas não abuse. Apesar de você estar brincando com algo tão natural quanto o ar, não é recomendável chegar ao ponto em que se começa a hiperventilar e o corpo fica rígido. Se isso acontecer, respire com um saco de papel ou mesmo a gola da roupa no rosto, pois assim levará mais dióxido de carbono aos pulmões e corrigirá o déficit.

Em seguida, alguns outros meios de gozar do prazer primordial da rendição, várias vezes durante o dia.

1. Comece a instituir alguns rápidos intervalos periódicos ao longo do dia. Bastam 30 segundos de cada vez para praticar a respiração depuradora e energizar-se liberando endorfinas.

2. Empregue a técnica dos "parênteses" quando estiver tenso. Pôr as coisas de lado por alguns instantes para depois retomá-las não significa necessariamente procrastinação. Além disso, a técnica é muito útil. Se estiver tenso e tiver de tomar uma decisão difícil ou de cumprir uma tarefa desagradável, ponha tudo na gaveta por alguns minutos e permita-se relaxar. Pratique a respiração depuradora algumas vezes. Imagine-se em algum lugar bem bonito, rodeado pela natureza, num belo dia de sol. Perca-se aí por alguns instantes. Ao voltar, verá que pode abordar a questão com renovado vigor e uma visão mais clara do curso a tomar.

3. Institua o "tempo de descompressão". Relaxe depois de um dia estressante, passando algum tempo sozinho. Se viver com alguém ou com a família e quiser dar a eles qualidade, em vez de quantidade, em termos de tempo, estará fazendo-lhes um grande favor se primeiro passar algum tempo a sós, em descompressão, depois de um dia tenso. Meia hora pode fazer de você uma pessoa mais amiga e mais disponível. Mas mesmo cinco ou dez minutos de vez em quando já surtem efeito: eles podem ser tudo de que você precisa para repor suas energias. Feche os olhos, respire profundamente e deixe a mente derivar. Se seu trabalho não envolver muita atividade física, relaxe fazendo algo ativo como uma caminhada ou exercícios físicos.

4. Fique "de molho" num gostoso banho de banheira. Acenda uma vela e apague as luzes. Feche os olhos, pratique por alguns instantes a respiração depuradora e livre-se da correria, das chateações e impasses do dia. Dê asas à imaginação e sinta as tensões se dissiparem. Flutue. Sinta-se respirar; sinta dedos, olhos, bochechas, maxilares e abdômen relaxarem.

5. Flutue numa piscina térmica. Se tiver uma máscara de mergulho e um respirador e puder ir a uma piscina térmica, faça o seguinte: dê uma volta a nado na piscina para adaptar-se à temperatura da água. Quando estiver pronto para a experiência, flutue por um ou dois minutos com o rosto na água, respirando pelo *snorkel* e mexendo lentamente os braços e as pernas. Em seguida, deixe tudo girar. Faça cinco séries da respiração depuradora através do *snorkel*. Sinta seu corpo derivar na água, boiando leve quando os pulmões se encherem e afundando lentamente quando você expele o ar. Se quiser, faça este exercício em sistema de rodízio com um parceiro: enquanto um pratica, o outro supervisiona.

6. Deixe a mente derivar por alguns momentos. De vez em quando, tire um minuto para olhar o céu, respirar profundamente e ver as nuvens. Observe peixes num aquário. Vá a um lugar cheio de verde e fique admirando a luz atravessando as folhas e o vento na grama. À noite, procure ver a lua e as estrelas e respirar o ar noturno. Balance-se numa balança ou numa cadeira de balanço, deite-se numa rede ou pendure-se numa barra *chinning*. Relaxe. Sinta-se em paz. Simplesmente seja.

Capítulo 6

O Alívio:
A Transformação do Sofrimento em Prazer

Como Aliviar, Liberar e Resolver o Sofrimento e Ganhar Sabedoria com a Experiência

Com um sorriso nos lábios, de minha
dor teci uma canção (...).

Aline Kilmer

O alívio do sofrimento é um prazer muito forte e fundamental. Qualquer tipo de sofrimento prende a atenção, constrange e bloqueia a energia e estreita o mundo. Em suas piores manifestações, enfraquece e acama as pessoas, que tentam em vão pensar em outra coisa. Que imenso júbilo quando, afinal, chega o abençoado alívio. Quer se trate de uma cura física — como a recuperação de uma gripe ou a volta ao normal de um músculo distendido — ou emocional — como receber boas notícias quando se esperavam más notícias —, o fim de um desconforto de qualquer tipo faz as pessoas sentirem-se expansivas, maravilhosas e cheias de energia.

Porém, mesmo quando se trata desse tipo elementar de prazer, ainda podemos recuar. Certas pessoas simplesmente não sabem como reconfortar-se ou deixar-se reconfortar pelos outros — talvez nunca tenham tido essa experiência — e aí não se abrem muito, não se deixam afagar por dóceis carícias. Outras rejeitam a oferta de amor e carinho porque desconfiam, acham que eles não podem ser incondicionais. Outras, ainda, parecem ter uma necessidade infinita de consolo e, a despeito do que recebam, parecem sempre carentes — obviamente, nesse caso, elas não percebem todo o carinho que ganham.

Se não soubermos como aliviar nossos próprios sofrimentos substituindo-os pelos prazeres que mais naturalmente nos acalmam, provavelmente dependeremos das drogas ou do álcool para operar o milagre do alívio. Quero deixar claro que não sou contra lenitivos. Quando tenho uma dor de cabeça, não penso duas vezes em tomar uma aspirina. Mas há uma diferença entre uma dor aguda que pode ser medicada com efeitos colaterais mínimos e uma dor crônica que exige doses cada vez maiores de produtos químicos potencialmente letais. O álcool é um lenitivo e um grande problema para as pessoas que não conhecem meios eficazes e mais vitais de aliviar o próprio sofrimento.

Outro fator que pode impedir-nos de obter um verdadeiro alívio do sofrimento é que as pessoas viciadas em adrenalina, que usam a raiva e o medo como fonte de energia e motivação, geralmente são também viciadas em sofrimento. Elas são impelidas por seu mal-estar e seus maus sentimentos. Em geral, sentem-se muito mais seguras apagando velhos e conhecidos incêndios — os quais são reacesos quando precisam — do que usufruir do desconhecido e da expansividade de se sentir absolutamente bem por um longo período. Certa mulher, meio de brincadeira, disse-me um dia: "Acho que só fico feliz quando estou péssima." E depois, com toda a seriedade, concluiu: "Não sei o que seria de mim se tudo corresse bem."

Se você se apegar ao sofrimento e não buscar o verdadeiro alívio, existem inúmeros meios de extrair um mínimo de prazer a partir do seu sofrimento. Uma espécie bastante limitadora de prazer é a gratificação em bancar a vítima. As pessoas que se vêem como vítimas tendem a acreditar que sofrem por causa do que lhe fizeram ou fazem. Se o outro fosse diferente, elas estariam bem.

Aqueles que se identificam muito com o papel de vítima jamais podem realmente abrir mão de suas insatisfações porque teriam de abrir mão da imagem que fazem de si mesmos. Teriam de ver-se como pessoas inteiramente capazes de enfrentar seus problemas e resolvê-los ou de aceitar as coisas — e até apreciá-las — como são. E isso elas não querem. Assim, embora aquele que banque o mártir possa arrancar um mínimo de prazer de uma má situação, um dos piores inconvenientes disso é que, para manter o minguado prazer do sacrifício é preciso ficar apegado ao problema para sempre.

Algumas pessoas também têm uma espécie de amor masoquista pelo sofrimento. Não é que elas tenham prazer sexual com seus problemas. Em vez disso, elas tendem a romantizar o sofrimento, como se ele tornasse importantes os detalhes de sua vida. Essas pessoas não estão realmente desejosas de abrir mão de seus medos e ansiedades nem de sua culpa, sua vergonha ou seus ressentimentos latentes porque no fundo acreditam que, se o fizessem, seriam de algum modo diminuídas.

Conheço um bom número de pessoas que acham que se não forem movidas pela insatisfação, não terão aquilo que as faz dar o melhor de si. Infelizmente, as pessoas que contam com as emoções negativas para motivar-se podem cair doentes pelo *stress*. Um jornalista, especializado em denúncias de corrupção, disse-me saber que sua constante indignação e hostilidade eram prejudiciais à sua saúde, mas achava que, de outro modo, perderia seu espírito combativo e seria complacente com a injustiça que existe no mundo.

Para os que crêem que uma vida sem sofrimento é superficial, sem sentido, indolente e monótona, um lembrete: o sofrimento nunca está tão longe. Supere um e outro estará à sua espera na próxima esquina. O sofrimento é parte natural da vida. Independentemente de ter origem física (uma topada, por exemplo) ou emocional (a perda de um amor, por exemplo), todos nós passaremos por ele em algum momento de nossa vida. Na verdade, o sofrimento é muito útil, alertando-nos muitas vezes para algo que exige atenção. Se estivermos dispostos a lidar com ele, poderemos retificar uma situação adversa e chegar a bom termo ao atravessá-la.

Porém, como somos extremistas, se não formos viciados no sofrimento, geralmente somos o extremo oposto: temos fobia a ele. Se não romantizarmos a dor e não a usarmos para transformar nossa vida num épico, faremos tudo para evitá-la. Os que têm fobia ao sofrimento negam os maus sentimentos e ficam insensíveis às suas sensações mais íntimas. Existem pessoas que tomam tranqüilizantes junto com o suco de laranja matinal para poder aparar as arestas do dia. Entretanto, evitar o sofrimento é um estilo de vida que pode implicar uma séria responsabilidade. Ao recusá-lo, as pessoas fazem com que o que está errado persista, pois a negação permite-lhes conformar-se com as condições que continuam a prejudicá-las.

Livrar-se do sofrimento

Um jovem casal procurou-me certa vez em meio a uma crise, considerando seriamente a separação. Patrick e Marla nem se olhavam. Sentados, um em cada ponta do sofá, contavam-me todas as suas mágoas. Marla tinha raiva de Patrick por ele não dar ao filho que ela tinha de um casamento anterior a devida atenção. Ela estava magoada por ele passar tanto tempo trabalhando e tão pouco a seu lado. Estava irritada por ele a menosprezar e estar sempre tentando ensinar-lhe alguma coisa. Ao contrário, dizia ele, era ela quem sempre tentava dar-lhe lições. Nada que ele fizesse estava bom; ela é quem o criticava e lhe estorvava a vida, e ele estava até com medo de ficar perto dela.

Quando começamos a investigar o passado deles, ficou claro que nenhum dos dois tinha tido a sorte de contar com uma aceitação incondicional quando eram crianças. Ambos tinham um pai ausente: o dele era um bem-sucedido empresário que estava sempre longe; e o dela, um homem passivo que abdicou de seu papel em favor da mãe.

Patrick nascera com um defeito no pé que exigira diversas cirurgias na infância, o que fez a mãe tornar-se excessivamente controladora e protetora. A mãe de Marla, por sua vez, era muito tímida; queixava-se, mas jamais fizera qualquer coisa contra suas insatisfações. Marla jurara jamais deixar que a explorassem como haviam feito com a mãe. De certa forma, ambos haviam passado a infância treinando para o papel que agora desempenhavam um em relação ao outro. Patrick havia aprendido a esconder-se de uma mulher presente demais; Marla havia aprendido a ter raiva e rancor de um homem eternamente ausente. Porém, enquanto ele aprendera a evitar o sofrimento de ter um pai esquivo, ela — usando a mãe inepta como modelo negativo — estava determinada a lutar ferozmente.

Finalmente, achei que já tinha ouvido suficientemente as palavras ríspidas que eles diziam um para o outro. Eles não tinham dificuldade para falar de seus problemas e, como tinham feito um bocado de terapia, não sentiam dificuldade para continuar discutindo por horas a fio suas mágoas e desapontamentos. Além disso, eles já tinham conversado tanto sobre esse assunto que se sentiam perfeitamente à vontade diante de um impasse.

Disse a eles que eles já tinham falado comigo por tempo suficiente. Agora, eu queria ouvi-los falar um com o outro e estava interessada especificamente em saber o que achavam bom em seu relacionamento. Pedi-lhes que respirassem profundamente algumas vezes, já que estavam muito tensos e contraídos, e dissessem o que mais amavam e admiravam um no outro.

Isso eles absolutamente não queriam fazer. Marla disse que não havia praticamente mais nada que gostasse nele. Patrick disse que não se sentiria à vontade se ela dissesse alguma coisa boa em relação a ele porque sabia que seria falso. Na falta de outra coisa, o desprezo dela era sincero e ele o admirava. Grata, tomei o comentário dele como se fosse um reconhecimento e dei o processo de terapia por bem iniciado. Disse-lhes também que, se não conseguissem identificar mais razões positivas para continuarem juntos, não achava que pudesse ajudá-los, pois precisavam de pelo menos alguns bons sentimentos que justificassem o esforço de investigar e superar seu sofrimento. Por fim, acrescentei que eu mesma precisava ter uma noção do que havia de bom naquela relação para poder achar que valia a pena o trabalho.

Marla admitiu que eu tinha razão e resolveu fazer-me a vontade contando a Patrick o que ela mais havia amado nele um dia: sua capacidade de fazê-la rir, sua gentileza para com o filho dela no início e suas pequenas surpresas. E estava tão entregue à tarefa que conseguiu acrescentar umas poucas coisas do presente. De repente, Patrick dobrou o corpo, escondeu o rosto nas mãos e começou a soluçar convulsivamente. De um salto, Marla correu para confortá-lo com um abraço. Eu estava perplexa. Jamais vira esse exercício funcionar tão bem. Não é preciso dizer que estava empolgada.

Entre soluços, Patrick disse o quanto lamentava que eles tivessem se amado tanto e que as coisas estivessem assim: aquela era a primeira vez em meses que ela lhe falara com amor. Então, Marla começou a chorar e a dizer-lhe o quanto se sentia só e quanta falta ele lhe fazia. Ele levantou o rosto e, olhos vermelhos e inchados, declarou que ainda a amava e que ela era tudo para ele. Sorrindo, ela disse-lhe que também o amava ainda. E foi assim que a primeira sessão terminou. Agora que sabíamos que havia algo de valioso a salvar, poderíamos começar a trabalhar para isso.

Essa história realça duas fontes primárias de alimento, as que mais podem amenizar o sofrimento e trazer o alívio.

O toque afetuoso e as palavras de conforto

Uma das maiores alegrias que podemos ter na vida é conseguir que nos amenizem o sofrimento. Um bebê que tem medo se conforta ao calor do contato humano, de alguém que o embale e o abrace, dizendo palavras doces e protetoras.

Seja físico ou emocional, o sofrimento — quando realmente nos magoa — atinge-nos em pontos extremamente profundos. Nesses pontos, independentemente de nossa idade cronológica, ainda somos criancinhas muito pequenas.

Independentemente do sexo, quando sofremos, queremos ter alguém grande e forte que nos abrace e nos acaricie e diga que tudo vai dar certo. O toque carinhoso e as palavras — ou sons — de conforto são os mais poderosos antídotos naturais contra o sofrimento.

O toque afetuoso é um nutriente essencial à sobrevivência e desenvolvimento do ser humano em seus primeiros anos e continua, ao longo de toda a sua vida, a ter um tremendo poder de cura. Sem o calor do contato físico, as chances de um recém-nascido sobreviver e crescer são mínimas. Hoje sabe-se que quando os bebês de orfanatos definham é em grande parte porque não foram tocados e carregados com freqüência.

Mas o valor do toque para os bebês e as crianças pode estar muito além de tudo que já se imaginou. A escritora americana Jean Leidloff, numa expedição à América do Sul, ficou tão impressionada com a constância da alegria dos guias índios da viagem que resolveu voltar à região amazônica várias vezes para estudá-los, principalmente no que diz respeito à forma como criam seus filhos. Ao que tudo indicava, havia uma total ausência de infelicidade entre os representantes desse povo tão amável; eles gostavam do trabalho e, embora menores e menos musculosos que seus patrões brancos, eram capazes de carregar fardos mais pesados por distâncias maiores. Pareciam apreciar os desafios de sua tarefa e riam e brincavam ao longo do caminho no terreno acidentado.

O que Leidloff descobriu ao estudar esses índios é que os bebês, até começarem a engatinhar, eram constantemente carregados nos braços pelos pais ou qualquer outra pessoa que estivesse por perto ao longo do dia. Baseada nessas observações e respaldada por diversas pesquisas clínicas sobre "privação materna", ela concluiu que a falta de segurança, conforto e afeto, que é comum em nossa cultura demonstra que a maior parte de nós é provavelmente vítima de privação precoce de contato.

Estudos mais recentes sobre bebês prematuros — quando o peso é uma variável crucial para as chances de sobrevivência — também salientam o valor do toque. Numa importante série de experiências, os prematuros que foram massageados por uma equipe de voluntários, três vezes ao dia, durante dez dias, pesavam quase 50% a mais do que os que não haviam sido massageados. Os bebês acariciados demonstraram-se mais alertas e responsáveis, mais calmos e menos irritáveis, tinham melhor metabolismo e tendiam a deixar o hospital seis dias antes do que os que não haviam sido acariciados.

Com efeito, o amor que você recebeu há muito tempo quando era criança continua até hoje a manter sua bateria carregada. Em um longo estudo iniciado em 1951, as mães de quatrocentas crianças do jardim de infância responderam em detalhes, juntamente com seus maridos, como era o tempo que dedicavam ao filho. Em 1987, das crianças do estudo, hoje adultos de mais de 40 anos, 94 foram identificadas e questionadas acerca de sua vida atual. O resultado mostrou que aquelas cujas mães e pais eram calorosos e generosos em termos de afeto físico tendiam a ter casamentos felizes, bons amigos e atividades profissionais satisfatórias, ao passo que aquelas com pais frios, exigentes ou distantes tendiam a ter depressões e a não gozar de bem-estar emocional.

O afeto físico foi um fator mais crítico que o fato de provirem de uma família rica ou pobre ou de seus pais serem divorciados ou viverem juntos. Pense bem! O determinante mais significativo na previsão de felicidade foi o fato de seus pais terem sido carinhosos com eles 35 ou quarenta anos antes.

O calor do contato físico jamais perde seu poder de nutrir-nos e manter-nos. Já se demonstrou que o toque que conforta é capaz de reduzir drasticamente a freqüência cardíaca de uma pessoa que sofreu um trauma. A massagem, quando usada para tratar um grupo de pacientes que sofriam de ansiedade crônica, reduziu substancialmente sua sensação de aflição, sua freqüência cardíaca e tensão muscular, além da probabilidade de virem a necessitar de medicação. Talvez uma das razões de as pessoas casadas viverem mais que as solteiras seja o seu maior acesso à força de vida transmitida pelo toque afetuoso.

Mas se você, como eu, não contou com o calor do amor quando criança, não significa que estejamos condenados a uma vida de infelicidade quando adultos. Os que tiveram pais afetuosos certamente tiveram uma vantagem por ter modelos positivos, pessoas que os apreciavam e lhes apresentaram modos de vida que alimentam o espírito. Os outros têm de aprender, quando adultos, a dar e a receber conforto.

Se não dispomos de consolo na infância, ele em geral não nos vem naturalmente. Temos de aprender a confortar as pessoas a quem amamos quando elas sofrerem, ao invés de torturá-las. Temos de aprender a aceitar afeto e consolo, quando estivermos deprimidos, das pessoas que quiserem nos ajudar. Além disso, o mais importante é aprendermos a confortar-nos e consolar-nos a nós mesmos. Sem dúvida não queremos dificultar nossa vida quando ela está difícil, mas, muitas vezes, é isso que fazemos. As crianças que crescem num regime de pouco calor humano têm de reaprender esse prazer extremamente básico de confortar e ser confortado quando são adultas.

Inicialmente, Marla e Patrick não sabiam como confortar um ao outro. Quando olhei seus rostos aflitos e seus peitos contraídos, vi duas criancinhas angustiadas, lidando com seu problema da única forma que sabiam, e isso os estava afastando cada vez mais. Marla disse querê-lo mais perto e, no entanto, suas queixas intermináveis só o afastavam. Ele disse que queria que ela o deixasse em paz e, no entanto, ao ignorá-la, piorava o comportamento dela. Eles estavam se castigando, e o sofrimento os fazia continuar a ser defensivos um com o outro. Ao fazê-los dizer palavras amáveis, parte do sofrimento aliviou-se e revelaram-se o verdadeiro amor e a boa vontade que havia logo abaixo da superfície.

O prazer da liberação do sofrimento

Quando Patrick, ao soluçar, escondeu o rosto entre as mãos, estava liberando uma angústia de vários meses, que lhe havia apertado o coração e o sufocara. A mágoa, a culpa e a tristeza não tinham ido embora porque não se havia lidado adequadamente com elas. Nenhum dos dois sabia o que fazer com toda aquela decepção, aqueles mal-entendidos e, principalmente, com aquela frustrante incompetência para resolvê-los. O sofrimento é muitas vezes energia represada, fazendo com que a pessoa infeliz fique como uma panela de pressão. Liberá-lo provoca bem-estar, principalmente quando se sabe como canalizar essa liberação de forma que ela não só não prejudique mas também promova um certo bem.

A explosão fez um bem enorme a Patrick. Ele havia aprendido quando criança a não se comportar como um "bebê chorão" em relação ao sofrimento que vivera por causa do pé e tinha transportado esse estoicismo para o relacionamento com Marla, sentindo como se tivesse de esconder dela o pesar que sentia. De fato, a liberação desse pesar não só o livrou de uma enorme mágoa, mas também mostrou a Marla que ele realmente a amava, algo de que ela começava a duvidar seriamente. Só então ela se sentiu segura o suficiente para chorar e descarregar parte da sua mágoa e da angústia que sentia. Abraçando-se e dizendo coisas gentis um ao outro, chorando e falando sobre seu sofrimento, eles conseguiram sentir o amor. Por trás da couraça que usavam para se proteger, como um peitoral de armadura medieval, havia a ternura e o carinho que levara os dois a aproximar-se.

Tendemos a pensar em sofrimento físico como aquele em que existem ferimentos ou doenças, e em sofrimento emocional como sentimento que causa mágoa. Mas, na verdade, geralmente os dois andam juntos. A maior parte do sofrimento físico tem componentes emocionais porque a coisa mais natural do mundo é ficar preocupado ou com medo quando se acha que é possível ferir-se ou cair doente. O sofrimento emocional é sempre físico — ele sempre se concentra em alguma parte do corpo. Quando o coração fica apertado de tanta decepção ou as entranhas se contraem com a culpa, o sofrimento não é menos físico do que quando sentimos pontadas no coração ou dor no estômago.

Todas as emoções dolorosas precisam ser expressas para serem liberadas. Se você está magoado, decepcionado ou triste, cria-se uma pressão interna que o leva a ter vontade de chorar. Patrick certamente havia guardado muita mágoa e tristeza para que houvesse uma explosão como aquela, uma verdadeira torrente de lágrimas. Mas quando se está ansioso ou amedrontado, a vontade maior é de gritar por socorro. Quase se pode ouvir o grito por trás do tom geralmente estridente de certos ansiosos crônicos. Quando se sente culpa ou vergonha, a vontade é de gemer enquanto se repreende a si mesmo. Quando se é afrontado ou se está irado, a vontade é berrar de raiva.

Se você não se exprimir – que literalmente significa pôr o sentimento para fora do corpo – você provavelmente irá se deprimir, empurrando as emoções para dentro e sentindo-se carregado. Se apenas guardar seus sentimentos, surge a pressão e, por fim, ao menor estímulo, você se transformará num Vesúvio. Por outro lado, liberar a pressão continuamente, onde e quando bem se deseja, tampouco funciona. Não se pode simplesmente sair por aí pondo qualquer coisa para fora só porque aquilo vai representar um alívio momentâneo porque isso pode fazer muito mal – e às vezes a dor de palavras cruéis pode durar toda uma vida.

Geralmente, o que mais ajuda é aprender como exprimir o sofrimento de um modo que não faça ninguém sofrer. Você pode escrever cartas desaforadas e, depois, rasgá-las, esmurrar um travesseiro, gritar e berrar de raiva entre as quatro paredes de seu quarto ou fazer uma longa corrida para esfriar a cabeça. E aí, quando tiver se acalmado, poderá abordar a questão com mais paciência e mais inteligência.

O prazer da resolução de um sofrimento

Hoje muitos terapeutas acham que pode ter havido uma ênfase excessiva na expressão do próprio sofrimento. Incentivávamos os pacientes a pôr para fora a raiva e a mágoa que sentiam por causa de pessoas, do passado ou do presente, que os faziam sofrer. Achávamos que o meio de as pessoas se libertarem de seu passado era gritar ou encorajar a raiva por ofensas das quais jamais haviam conseguido libertar-se. O que descobrimos é que, sem uma compreensão satisfatória, o sofrimento jamais acabava. A explosão emocional simplesmente descarregava um pouco do sofrimento que transbordava, de forma que a pessoa podia manter sua aflição em banho-maria até que ela voltasse a fervilhar.

Por mais alívio que possamos sentir ao gritar e lamentar-nos, quando estamos sós, sobre o motivo de nossa insatisfação, ele não é suficiente. É preciso chegar a um acordo com o sofrimento de alguma maneira produtiva, que não nos mantenha na impotência. O ideal é que queiramos aprender com o sofrimento e tentemos fazer algo de válido com a experiência.

Se no alívio do sofrimento os prazeres de primeiro nível surgem com o toque afetuoso, as palavras de conforto e a liberação da emoção acumulada, os de segundo nível, mais satisfatórios, surgem com a resolução do sofrimento e a compreensão mais nítida de todo o quadro. Por exemplo, digamos que você esteja convencido de que, embora tenham feito coisas que o magoaram, seus pais na verdade não tinham essa intenção – simplesmente não sabiam de que outra maneira agir. Essa percepção irá possibilitar-lhe perdoá-los por sua inépcia. Fazendo isso, você libera a mágoa que o faz sentir-se uma vítima, deixando-o confiar mais no amor.

Quando pararam com as denúncias e começaram a acariciar-se, Marla e Patrick viram que o que vinham fazendo os levara a mostrar o pior de si. A expressão de censura que Marla trazia no rosto afastava Patrick, e os desaparecimentos dele a faziam chantageá-lo quando ele se dignava aparecer. Vendo como estavam pondo as coisas a perder, eles se dispuseram a trilhar um caminho longo e, na verdade, muito prazeroso que leva a aprender uma maneira nova e melhor de lidar com suas diferenças.

Em música, diz-se que um acorde é harmônico — ou "resolvido" — quando ele passa de um tom dissonante a outro consonante. O mesmo se aplica ao emocional. Você se sente resolvido quando todo atrito ou discordância que tiver com alguma coisa ou alguém puder ser convertido na satisfação de atingir um grau maior de paz e harmonia.

O maior dos prazeres do sofrimento: transformar o pesar em sabedoria

O sofrimento faz parte da vida. É um sinal que nos exige atenção e nos alerta quanto a algo que precisa ser tratado. Se atravessarmos todos esses processos — de sentir e enfrentar o sofrimento, ao invés de evitá-lo; de nos nutrirmos da segurança e do conforto do contato humano para chegarmos bem ao fim da jornada; de liberarmos com segurança a angústia que nos distorce o pensamento e nos faz agir movidos pelo ódio; e de chegar por fim a uma resolução pacífica — poderemos atingir um dos maiores prazeres que o sofrimento pode nos dar: o prazer de terceiro nível, de sermos mais sábios à medida que envelhecemos.

O sofrimento é um grande professor, se você prestar atenção às aulas. Um provérbio diz que a única coisa pior que um tolo é um tolo velho, e isso certamente é verdade. Aqueles que não extraem lições dos caprichos da vida no curso da jornada chegam ao fim de seus dias mais ignorantes do que quando começaram. Pelo menos, quando crianças, tinham intatos todos os instintos. Os tolos velhos geralmente têm tão pouco contato com sua autenticidade e seu íntimo que não conseguem mais nem sequer confiar em sua própria percepção.

A sabedoria consiste em ver o quadro por inteiro e, ao mesmo tempo, não fazer das coisas mais do que elas realmente precisam ser. A sabedoria provém da disposição de enfrentar as questões difíceis e chegar por fim a uma clareza íntima e a uma certeza do verdadeiro saber. A sabedoria obtida do aprendizado com a experiência do sofrimento é uma das maiores recompensas da maturidade.

Os exercícios subseqüentes destinam-se a fazê-lo investigar por si mesmo as complexidades presentes nos prazeres muito gratificantes do alívio, liberação e resolução do sofrimento.

Exercícios

1. Por escrito ou conversando com um amigo, responda sinceramente a esta pergunta: "Estou disposto a abrir mão do sofrimento que imponho a mim mesmo?" A busca de uma resposta não deve ser vista como brincadeira. Um certo sofrimento é inevitável. Todos tivemos de suportar dores físicas ou crises emocionais e, sem dúvida, enquanto vivermos, continuaremos a encontrar o sofrimento. Mas será que não multiplicamos nossas aflições graças a nossa inépcia no modo de reagir a elas?

Responda sinceramente: você sofre mais do que deveria? Você duplica o sofrimento, evitando enfrentar os fatos e falar sobre eles? Você usa a sua própria insatisfação para chamar a atenção ou angariar uma solidariedade que, de outra forma, não conseguiria obter? Você tem dificuldade para aceitar ser confortado ou deixar-se incentivar e inspirar por palavras amáveis e abraços afetuosos? Você se critica e se julga severamente; critica os outros, morre de medo quando fica doente, preocupa-se demais com o futuro, se arrepende do passado e espera o pior?

Pense no lado bom das coisas e diga: você está pronto para renunciar ao ressentimento e à raiva como motivação de seus atos? E, mais importante: você conhece algum sábio que possa servir de modelo para você?

2. Pratique o controle da respiração, periodicamente, ao longo do dia para aliviar e liberar o sofrimento. Já que todo sofrimento é físico, a melhor forma de lidar com qualquer sentimento desagradável é fazer as áreas do corpo que estiverem tensas e contraídas respirar.

Comece praticando um pouco de respiração depuradora. Lembre-se de inspirar longamente pelo nariz, primeiro enchendo o abdômen e, depois, subindo, à medida que sua caixa torácica se expande, para finalmente levantar o peito e a região cervical quando a inspiração atingir o máximo. Então expire pela boca entreaberta pelo dobro do tempo da inspiração. Observe que primeiro o peito deve baixar, depois, a caixa torácica se estreitar e, finalmente, a barriga se achatar e encolher à medida que o ar for sendo expelido dos pulmões.

De olhos fechados, procure detectar qualquer aperto, sensação ou emoção desagradável em seu corpo. Em caso afirmativo, tente fazer essa área "respirar", sentindo-a expandir-se a cada inspiração e expelindo a tensão com cada expiração.

3. Treine como desafogar os sentimentos de modo seguro. A sós, pratique a respiração depuradora, mas, em vez de simplesmente expelir o ar, vocalize a longa expiração: cante, gema, resmungue ou até choramingue, se o que sente lhe der essa vontade. Tente emitir um som bem grave, de modo que possa senti-lo reverberar em seu tenso peito e músculos do pescoço. Mantenha o som até ficar sem ar. Variando a altura e o tom, você descobrirá qual o faz sentir-se melhor.

Se o seu som lhe der vontade de chorar, evite resistir e chore à vontade. Se ele lhe der raiva e você tiver vontade, grite, bata no sofá ou vá à uma academia e esmurre o saco de pancadas de boxe. Procure descarregar a emoção e chegar a um estado mais tranqüilo e relaxante.

4. Alongue-se por um ou dois minutos, várias vezes ao dia, sempre que puder. Você não pode ampliar sua capacidade de prazer sem alongar o corpo. Quanto maiores a repressão e o sacrifício, mais contraído o corpo e maior o sofrimento. Não deixar o corpo se abrir e se alongar talvez seja uma das principais razões para o fenômeno da redução da altura que geralmente acompanha o envelhecimento.

Não adianta fazer alguns alongamentos uma ou duas vezes por semana. Para ter os músculos flexíveis, é preciso exercitar-se diariamente, várias vezes ao dia, nem que seja por apenas alguns minutos de cada vez.

A seguir, apresento uma série muito simples de alongamentos que só lhe custará uns cinco minutos e pode ser praticada a qualquer momento e em qualquer lugar. Ela ajuda a relaxar as quatro áreas onde a tensão geralmente se acumula: pescoço e ombros, maxilares, peito e diafragma. Sentado, inspire longamente (respiração depuradora), deixe a cabeça cair para trás e o queixo apontar para o teto e expire, expelindo a tensão para cima. Então, inspire enquanto deixa a cabeça cair para a frente e o queixo tocar o peito. Expire jogando o ar para baixo. Depois, inspire enquanto traz a cabeça de volta para cima, deixando o queixo paralelo ao chão, e olhe por cima do ombro direito o máximo que puder. Expire. Repita a seqüência virando a cabeça por sobre o ombro esquerdo. Em seguida, com a cabeça voltada para a frente, inspire e apenas olhe para o ombro direito com o olho direito. Sinta o lado esquerdo do pescoço alongar-se. Coloque a mão direita por alguns instantes sobre o lado esquerdo da cabeça para alongar o pescoço ainda mais. Expire. Continue com a cabeça voltada para a frente, inspire e olhe o ombro esquerdo com o olho esquerdo. Sinta o lado direito do pescoço alongar-se. Ponha a mão esquerda sobre o lado direito da cabeça para alongar ainda mais o pescoço. Expire.

Inspire enquanto entrelaça os dedos e os coloca atrás da cabeça. Deixe-a cair para a frente e faça o peso das mãos alongarem a coluna cervical. Vire a cabeça de um lado para o outro e sinta a tensão se dissipar enquanto você expira.

Relaxe os maxilares e levante os ombros em direção às orelhas. Deixe-os voltar lentamente à posição normal. Repita algumas vezes. Então faça círculos girando ombros e cotovelos, primeiro para fora e, depois, para dentro, três vezes. Lembre-se de inspirar até encher o peito e de expelir a maior quantidade de ar possível, por meio de expirações longas e controladas.

Deixe que a própria respiração "solte" o diafragma e o abdômen. Boceje. Em seguida, dobre o tronco para a frente e ponha a cabeça entre os joelhos, braços sobre a cabeça e mãos caindo em direção aos pés. Sinta o peso da cabeça alongar naturalmente as costas. Fique nessa posição por alguns segundos e sinta a coluna alongar-se e relaxar completamente. Volte a sentar-se com as costas eretas, sacuda ligeiramente os braços e as pernas e mexa os dedos dos pés e das mãos. Respire profundamente.

Alongar-se de pé também é ótimo para aliviar a tensão. Coloque os pés paralelos, a uma distância equivalente à que vai de um ombro a outro, e distribua o peso do corpo uniformemente, isto é, tanto na parte anterior quanto na posterior da sola de cada pé. Levante os braços sobre a cabeça e segure o pulso direito com a mão esquerda. Inspire profundamente e, ao expirar, levante um pouco mais o braço direito. "Estique" lentamente a cintura, alongando todo o lado direito do corpo. Em seguida, faça o mesmo com o lado oposto, segurando o pulso esquerdo com a mão direita. Sinta a respiração expandir-se até atingir a cintura.

Ficar de cócoras é muito bom para aliviar a tensão que se acumula na região lombar, local em que a maioria das pessoas sente muito *stress*. Ponha os pés a cerca de 60 centímetros um do outro e agache-se. Procure manter os calcanhares — e não apenas a parte da frente dos pés — no chão. Se não conseguir, ponha um livro sob os calcanhares: isso os ajudará a relaxar. Uma vez agachado, mantenha-se nessa posição e apóie-se abraçando os joelhos ou segurando-se num móvel qualquer. Inspire e expire, aliviando a tensão das costas, quadris e pelve.

5. Veja a massagem como terapia. Quando os músculos se contraem, apertam os ossos e órgãos que estão sob eles. Por isso, é maravilhoso ser massageado: o toque os "solta". Se tiver um companheiro, verá o quanto o relacionamento físico se enriquece se vocês massagearem um ao outro, usando inclusive óleos perfumados para fazer as mãos deslizarem mais fácil e sensualmente na pele.

Melhor ainda se quiser agendar uma massagem periodicamente, com um massoterapeuta experiente: seu corpo ficará mais tonificado e, ao mesmo tempo, infinitamente mais relaxado. Principalmente se não tiver uma dose diária de toques, abraços e carícias, a decisão de incluir a massagem em sua rotina fará uma grande diferença em sua vida.

6. Experimente usar "aparelhos" para se massagear. Esses aparelhos consistem em objetos engenhosos que permitem a automassagem. Mas eles não são úteis apenas quando você não dispõe de alguém para massageá-lo: prestam-se também a cultivar a capacidade de auto-suficiência e autonutrição. Eles lhe permitirão aliviar tensões e, inclusive, sintomas de dor.

Deite-se no chão com uma bola de tênis sob as costas. Você saberá que ela está no ponto em que deveria ao sentir que o peso de seu corpo sobre a bola massageia uma área dolorida. Também pode usar um "*ma roller*", uma espécie de carretel de madeira, para massagear as costas. O princípio é o mesmo da bola de tênis, mas esse objeto é feito de tal modo que, ao se rolar sobre ele, massageiam-se os músculos de ambos os lados da coluna, dos ombros à região lombar. O vibrador também é uma opção: faça-o rolar para cima e para baixo deitando-se sobre ele, evitando assim o esforço de segurá-lo.

Os havaianos usam um bastão polido chamado *lomi kua*, que é feito de pau de goiabeira e tem cerca de 2,5 centímetros de diâmetro e 60 centímetros de comprimento. Ele tem forma de V, sendo que um dos lados é maior que o outro. Segurando o lado maior do V com ambas as mãos, pode-se pressionar a ponta polida e arredondada do lado menor sobre o ponto dolorido nas costas. Assim, empurrando-se o lado maior, o menor comprime o músculo, exercendo o efeito de uma massagem profunda. Desse modo, a pessoa consegue dissipar tensões em suas próprias costas.

Outra alternativa são os Bongers, um par de varetas metálicas achatadas e flexíveis, do tamanho de baquetas, que têm uma bola de borracha do tamanho de um pequeno punho cerrado na ponta. Podem-se usá-los para bater levemente sobre os músculos, como um baterista ao tocar seu instrumento. Ou, como um gorila que quer demarcar seu território, você pode bater leve e ritmadamente sobre o peito.

7. Peça para ser confortado e consolado. Quando estiver preocupado ou aflito, peça a alguém querido que o abrace e conforte. Você pode até dizer-lhe quais as palavras que quer ouvir para se sentir melhor — nem todos sabem instintivamente o que você mais precisa ouvir. Só não peça a alguém para ir de encontro aos próprios sentimentos para reconfortá-lo porque isso é apenas um convite à traição. Mas se você lhe pedir algo mais simples — como "Pronto, já passou" ou "Vai dar tudo certo"—, ficará surpreso em ver que, mesmo tendo dito à pessoa o que queria ouvir, terá uma imensa sensação de alívio. Respire profundamente, relaxe, sinta o quanto está reconfortado e deixe-se alimentar e fortalecer pelo apoio emocional.

8. Dê conforto e consolo aos outros. Às vezes, a melhor maneira de aprender a receber conforto é dá-lo. Veja se não tem sido mesquinho com seu carinho e seu afeto: apenas uns tapinhas nas costas podem não ser o bastante para um amigo. Ou veja se, em vez de simplesmente confortar as pessoas que o procuram na aflição, tende a dizer-lhes o que fazer para resolver seus problemas. Uma pessoa aflita só quer consolo, e não soluções — e, se você lhe der soluções, é provável que ela fique ressentida por não ter de você o verdadeiro afeto. Se alguém o procurar buscando isso, você pode até perguntar-lhe o que poderia fazer ou dizer para melhor consolá-lo.

9. Treine como dar a si mesmo conforto e consolo. Certas pessoas dificultam ainda mais a própria vida quando as coisas não vão bem. Mas é preciso lembrar-nos que podemos gerar muito mais energia para corrigir uma situação se formos solidários e gentis conosco. Assim, em vez de imaginar o pior, procure despertar seu lado mais otimista. Se esperar que as coisas dêem errado, tente passar um tempo equivalente imaginando como as coisas poderiam dar certo.

10. Por escrito ou conversando com um amigo, responda: "Qual a tristeza que passei que me deixou mais sábio?" Pense em algo triste ou infeliz que lhe tenha acontecido e pergunte-se qual a lição que aprendeu com isso. Se a situação realmente o tiver deixado mais sábio, não existirá nenhum resquício de amargura, de ressentimento, de autopiedade ou resignação. A sabedoria irá permitir-lhe observar o fato com um certo distanciamento e ser grato por tê-lo atravessado e por ser, no fim, uma pessoa melhor.

Capítulo 7

Os Prazeres Elementares: O Brincar, o Riso, o Movimento, a Vocalização

Como Ficar Mais Leve

Os anjos podem voar porque não se levam a sério.

C. K. Chesterton

Você provavelmente conhece algumas pessoas com quem é só possível conviver em doses homeopáticas porque elas são "pesadas". Pode ser na própria aparência — expressão azeda e linguagem corporal que demonstra descontentamento não são coisas agradáveis de se ver — ou no comportamento — porque reclamam demais: das pessoas mais próximas, do que está errado em suas vidas ou até de você. Dá vontade de dizer: "Pelo amor de Deus, seja mais leve! Você está vendo as coisas pelo pior dos ângulos. Veja como isso lhe faz mal; faz mal a mim só de estar com você."

Mas, então, como você reagiria se alguém de quem você gosta lhe dissesse o mesmo caso fosse você o "pesado"? Você agradeceria ou ficaria chateado? Você permitiria que essa pessoa o ajudasse a sair dessa? Ser leve está relacionando com o flutuar, com a alegria, com a diversão e com não levar as coisas tão a sério. Os prazeres elementares — essenciais à leveza — são estes: o brincar, o riso, o movimento e a expressão vocal.

O brincar

Brincar é realizar uma atividade simplesmente pelo prazer da diversão, só pelo estímulo e pela empolgação que ela proporciona. Quando se brinca, fica-se inteiramente absorto no que se está fazendo aqui e agora — e tudo que se faz com espírito de brincadeira faz as pessoas entrarem num fluxo agradável, mesmo que seja seu trabalho. A pessoa "curte" o que está fazendo e continua pela alegria de continuar.

As pessoas que vivem da criatividade sabem que devem trabalhar com espírito de brincadeira para ativar a imaginação e entrar em contato com a originalidade. Então, o que você escreve ou desenha, por exemplo, parece surgir através de você, surpreendendo e encantando até a você mesmo. Colocando criatividade naquilo que você faz para viver fica difícil distinguir entre trabalho e brincadeira.

O único obstáculo que surge quando se tenta soltar o artista que há em cada um é o crítico. Todos nós temos um crítico interior que duvida do valor daquilo que criamos. O artista e o crítico são gêmeos siameses — convide um e vêm os dois. Se você está brincando e se divertindo para fazer suas idéias fluírem, o crítico diz que você está perdendo tempo sem realizar nada de útil.

Se estiver desenhando qualquer coisa na agenda, ele lhe diz que você não é bom nisso e não deveria sequer tentar. Porém, se conseguir não dar ouvidos ao tagarelar negativo desse seu lado pessimista e traiçoeiro, pode acabar criando ou descobrindo algo que o empolgue. E, naturalmente, é provável que o que o emociona emocione outras pessoas também.

Quando o artista sofre, é principalmente por causa dos obstáculos emocionais impostos pelo crítico que há dentro dele. Mas, quando acredita no processo criativo e resolve entregar-se a ele, a sensação de euforia que sobrevém é, segundo alguns artistas, ainda melhor que o próprio sexo.

Entretanto, o brincar não precisa necessariamente ser criativo — ele pode ser simplesmente diversão. Com efeito, quando se trata de lazer, a preferência geral parece recair nos momentos em que não se faz nada de especial — apenas brincar com os filhos, conversar com um vizinho ou ler um livro sob uma árvore.

Já foi feita até mesmo uma pesquisa científica para descobrir que espécie de brincadeira faz as pessoas mais felizes. O dr. Csikszentmihalyi, da Universidade de Chicago, estabeleceu uma maneira de verificar o que as pessoas realmente estão fazendo quando se sentem mais felizes. Os participantes da pesquisa receberam um aparelho tipo "bip", programado para tocar oito vezes por dia, a intervalos aleatórios, e, além disso, um caderno para anotar, a cada sinal, o que estavam fazendo, com quem se encontravam e qual o grau de alegria ou tristeza que sentiam naquele momento. O que se descobriu foi que, quando as pessoas usufruíam seus momentos de lazer, estavam mais felizes. Não havia nada de especial nesses momentos — os pesquisados sentiam-se melhor quando estavam entregues a prazeres simples, como conversar com os amigos, cuidar do jardim ou fazer algo com as mãos.

Jamais subestime o valor do brincar

Quando a vi pela primeira vez, percebi instantaneamente que Annie era uma jovem muito infeliz. Embora fosse alta e magra, com longos cabelos castanhos e feições suficientemente agradáveis, era tensa demais para ser considerada atraente. Franzia o cenho e os olhos e tinha uma postura muito rígida. Sentou-se no divã com as mãos postas e olhava para a parede atrás de mim enquanto falava. Era talvez uns 15 anos mais nova que eu, mas eu me senti uma menina junto dela.

Annie contou-me que se preocupava com tudo e que jamais fazia qualquer coisa sem antes descobrir qual o verdadeiro motivo. Na verdade, se ela tivesse de pensar apenas duas vezes sobre as coisas, estaria tudo bem. Ela sempre repisava todos os seus atos e pensava em todos os prováveis riscos de cada situação, de forma que nada que fazia era espontâneo. Simplesmente não confiava na própria capacidade de acertar.

Não foi surpresa descobrir que seus pais eram tão soturnos quanto ela própria. A única pessoa diferente na família era a irmã caçula, que mandara a cautela para o espaço havia muito tempo e saíra de casa aos 17 anos. Infelizmente, a irmã havia atravessado dificuldades e se envolvido com drogas, reforçando a idéia de Annie e seus pais de que este é um mundo hostil onde não se pode bobear.

Annie era solitária. Tinha poucos amigos e raramente saía. Trabalhava como executiva de atendimento numa grande agência de publicidade e sentia-se tão isolada no trabalho quanto fora dele. Sua vida era árida. Ganhava bem, mas quase nunca ia a lugar nenhum para se divertir. Disse-me que viera à terapia porque queria compreender melhor por que era assim e saber se havia algum meio de levar uma vida normal, ter um marido, filhos e um lar. Percebi que ela duvidava disso e que viera a meu consultório para comprovar suas piores suspeitas.

Foi duro trabalhar com ela no início porque era o tipo de pessoa difícil de se deixar convencer. Achava que a conversa que sempre tínhamos no início das sessões era perder um tempo precioso. Disse que a terapia era cara demais para isso. Queria ir direto às preocupações trazidas por cada novo dia. De vez em quando eu a fazia lembrar do valor da conversa na criação de laços afetivos e de como a sua capacidade de ser amigável em relação a mim poderia ajudá-la a fazer amizade com outras pessoas. Embora impaciente, concordou em pôr em prática algumas de minhas sugestões.

Trabalhamos juntas por muito tempo. O maior grau de satisfação que tem com sua vida hoje em dia se deve à sua vontade de mudar e a uma série de diferentes aspectos do trabalho que realizamos: o que conversamos, sua disposição de praticar o controle da respiração e o crescimento de sua certeza de conseguir ter um contato mais à vontade com o mundo. Mas Annie deu o grande salto quando se dispôs a tentar brincar mais.

Ela disse certo dia que havia dado uma olhada no catálogo de cursos de uma faculdade local e vira alguns que achara interessantes. Um dos que citou me surpreendeu: confecção de máscaras. Disse-me que sempre fora fascinada por máscaras, mas nunca havia feito um curso de arte e não se sentiria bem num ambiente bagunçado. Tive a impressão de que tínhamos finalmente encontrado o ouro.

Sugeri que devia inscrever-se imediatamente. Disse-lhe que parecia haver perdido a capacidade de brincar muito cedo e que esse curso talvez a ajudasse a recuperá-la. Ela ponderou sobre a possibilidade e acabou dizendo que não sabia se poderia dispor de cinco semanas inteiras, mas iria matricular-se e freqüentar ao menos algumas vezes.

Esse curso foi o início de uma guinada na vida de Annie. Pela primeira vez, pôs a mão na massa e se entregou àquilo que chamava de "atividade em que graças a Deus não se precisa pensar", moldando máscaras de papel machê que, depois, pintava com cores alegres. Conheceu pessoas agradáveis, inclusive um homem com quem namorou algum tempo. Pela primeira vez em seis meses eu conheci a verdadeira Annie, a que era capaz de contar piadas engraçadíssimas. Era irônico que o fato de criar máscaras que podia ter nas mãos lhe tivesse permitido abandonar o frio olhar que mascarava seu verdadeiro rosto. Fiquei admirada em ver o quanto Annie ficara bonita.

Como demonstra essa história, brincar não é frívolo como se pensa que seja, mas sim uma pequena área da vida em que se pode escapar do mundo sério e cheio de responsabilidades e entrar no lúdico mundo do jogo e da fantasia. No verdadeiro brincar há vitalidade, entusiasmo, empolgação e uma enorme reserva de criatividade a que se pode recorrer. Da mesma forma que as crianças que brincam de casinha estão treinando para a vida adulta, e os gatinhos que brincam com folhas secas estão treinando para caçar ratos, brincando podemos encontrar o combustível para a descoberta de novos talentos. Brincando, podemos ensaiar, cheios de energia, valiosas capacidades antes mesmo que elas se tornem necessárias para nós. Brincando, nos regalamos com a vida.

O riso

Uma boa gargalhada — daquelas de fazer tremer a barriga — é um dos maiores prazeres físicos. Todo o corpo se sacode e vibra, alterando profundamente os ritmos respiratórios. A inspiração é longa e fruto de reflexo, e a expiração é geralmente vocalizada em tom alto. Seja estridente ou grave, um grito ou um uivo, todo o corpo participa enérgica e ativamente da expressão da alegria.

Todos sabemos muito bem que uma boa risada pode induzir a um estado de relaxamento e bem-estar. O fato de podermos até molhar as calças de tanto rir prova até que ponto o riso pode soltar todos os músculos do corpo. Mas isso também foi provado em laboratório. O riso alegre não apenas reduz a tensão muscular, mas pode resultar em redução substancial da pressão sangüínea e da freqüência cardíaca em repouso.

A risada sincera pode também energizar-nos. Dar uma boa risada produz um estado de excitação fisiológica que incentiva a troca de oxigênio-dióxido de carbono. O riso aumenta a atividade muscular, que, por sua vez, estimula o sistema cardiovascular. Quando rimos, a percentagem de hormônios do *stress* no sangue — como a adrenalina, a epinefrina e a norepinefrina — decresce. O riso pode até fortalecer o sistema imunológico pela liberação de endorfinas e outros neurotransmissores e do aumento do total de células T — que combatem as doenças — no sangue.

Algumas pessoas dizem que compartilhar do mesmo senso de humor foi o que mais as atraiu em seus parceiros. Não é raro ver casais que se dão bem dizerem que costumam rir juntos e que o fato de poderem ver o lado engraçado de uma situação os ajudou nas horas difíceis. Conseguir fazer uma piada ou dizer algo tolo em meio a uma situação estressante nos faz lembrar que as coisas provavelmente não são tão terríveis quanto parecem.

Mesmo em caso de discórdia, é útil conseguir dizer algo que realce o absurdo do que está acontecendo. Mas tenha cuidado. O sarcasmo em meio à hostilidade raramente é divertido e pode arranjar-lhe mais inimigos. Apenas o humor construtivo — que faz todos rirem de si mesmos — pode pôr fim a uma briga.

O riso é tão bom para as pessoas que se tornou objeto de estudos sérios e até ganhou um nome científico: gelotologia. Os pesquisadores da área comprovaram definitivamente que, quando o assunto é vida longa e saudável, quem ri se vai por último.

O movimento energético

Há muitos anos, comprei um presente de aniversário para meu marido numa grande loja de departamentos. Levei-o à seção de embrulhos para presentes, que ficava num cantinho do último andar do prédio. Levei meu pacote, examinei as caixas para presente penduradas na parede — coloridas, cheias de laços de fita — e escolhi a que queria. Não tinha mais o que fazer, a não ser ficar sentada no banco e esperar ao lado de um casal de adolescentes que parecia tão entediado quanto eu mesma. Não tinha um livro, um jornal, e não havia nada que pudesse olhar para me distrair. Tudo que me restava era sentar e devanear enquanto olhava as paredes pardas ao meu redor.

Alguns minutos depois, chegou uma mãe com um pacote para enrolar, acompanhada dos três filhos. Eram belas crianças, a mais velha tinha uns 6 anos e os dois garotos deveriam ter 3 e 4. Eles começaram a brincar, correndo perto do balcão de embrulhos, um atrás do outro, tocando-se e rindo animadamente. Eram tão lindos de ver que o jovem casal e eu não conseguíamos tirar os olhos deles. Mas a mãe ficou aborrecida. Foi até o corredor onde eles brincavam, gritou para que a filha se comportasse, deu uma palmada no bumbum do garoto maior e um sacolejo no menor, com cara zangada.

Os adolescentes desviaram o olhar, novamente entediados, e agora ainda mais desejosos de sair dali. Eu suspirei e apertei o botão de espera novamente. Mas, enquanto observava os garotos tentarem se comportar, voltei a me interessar. O menor tapava a boca com as mãos para conter o riso. O maior, sentado numa cadeira, contorcia-se, talvez porque o traseiro estivesse ardendo. A garota estava ao lado da mãe, de braços cruzados, fazendo caretas para os outros dois. Fiquei feliz ao ver que o espírito deles não tinha sido massacrado pela lição que a mãe lhes dera para que aprendessem a se comportar em público. Mas não consegui deixar de me perguntar qual teria sido o mal em deixá-los brincar naquele cubículo sem graça — não estavam incomodando ninguém e dificilmente se machucariam.

A psiquiatra suíça Alice Miller, num brilhante estudo sobre as práticas da cultura ocidental na criação infantil nos últimos quatrocentos anos, mostrou como o que foi considerado por séculos uma "boa educação" na verdade destinava-se a coibir a natural exuberância infantil diante da vida. Miller apresentou inúmeros exemplos extraídos de manuais europeus de educação infantil dos séculos XVIII, XIX e XX, a maioria dos quais escrita por médicos ou religiosos alemães. Ali as surras, castigos e humilhações eram expressamente recomendados para suprimir a curiosidade, a energia e a excitação física, além de todas as emoções fortes.

Miller inclusive foi além, examinando as implicações políticas da maneira como uma sociedade cria seus jovens. Pelo estudo de casos, ela pôde demonstrar uma possível relação entre práticas disciplinares rígidas durante a infância e o fato de tantos alemães abraçarem o nazismo na idade adulta. Toda criança precisa mais de pais empáticos que pais autoritários e controladores. Para Miller, a criação tipicamente rígida das crianças alemãs, que premiava a obediência acima de outras qualidades, as predispôs a serem passivas diante de autoridades cruéis, obedecendo cegamente a ordens grotescas de homicídio em massa se partissem daqueles que, reconhecidamente, detinham o comando.

Hoje em dia existem poucos remanescentes do autoritarismo que massacra o espírito advogado pelos moralistas do século XIX, mas muitos de nossos pais e avós estiveram sujeitos a ele e recorreram a práticas cruéis — embora menos radicais — ao criar seus filhos. Os que foram criados dentro do *ethos* do castigo, sendo espancados ou castigados quando crianças por terem demasiada energia, aprenderam a desconfiar da espontaneidade e a associar a expressividade ao risco.

A tendência a suprimir a vitalidade infantil pela inibição de sua atividade física existe ainda hoje. Os críticos dos programas que prevêem o uso de medicamentos no tratamento da hiperatividade em escolas primárias suspeitam que algumas das crianças diagnosticadas nas escolas como hiperativas podem estar dentro da faixa de normalidade — só que têm energia demais para o gosto dos pais ou professores.

As vantagens de gozar do movimento

As recompensas trazidas pela atividade física enérgica — aquilo que normalmente se chama "exercício físico" — têm sido muito bem documentadas ao longo dos últimos anos. Praticando atividade cardiovascular durante 30 minutos, três vezes por semana, não só se acrescentam anos ao total de vida, mas anos de boa qualidade, diga-se de passagem. As pessoas ganham mais energia e mais "pique", o coração se fortalece, trabalhando com maior eficácia, e a pressão sangüínea decresce. A circulação e o metabolismo melhoram, e a resistência ao câncer e outras doenças potencialmente fatais aumenta.

Todas essas estatísticas de testes médicos se traduzem em bons sentimentos para quem tem atividade física regular — as pessoas se sentem mais saudáveis, alertas, com mais alegria de viver e melhor disposição física e mental. Exercitando-se regularmente da forma que mais lhe agrade, seu estado de espírito melhora, sua autoconfiança aumenta, a depressão e a ansiedade diminuem e sua capacidade de lidar com o *stress* e enfrentar os desafios redobra.

Porém, se não encontrar uma atividade que lhe dê prazer, você provavelmente não conseguirá torná-la parte de sua rotina. Conheço muita gente que entra numa academia ou clube de ginástica, abandona o curso depois de ir três ou quatro vezes e não consegue descobrir o que é que faz os freqüentadores se viciarem nos exercícios com tanto prazer.

Existem muitas formas de aumentar sua cota de energia. Pratique esportes, pedale, corra, nade, caminhe, dance, suba escadas ou faça amor com entusiasmo. Para ter certeza de que o que está fazendo tem efeito sobre seu sistema cardiovascular, basta fazê-lo com energia: seu coração bate com força para bombear o sangue, e você respira mais rápida e profundamente que de hábito, sua e age com ritmo.

Você também pode aumentar sua vitalidade e seu bem-estar praticando ioga, tai chi chuan, chi kung ou alongamentos como os que sugiro no Capítulo 6.

Mas se acha difícil descobrir sozinho o prazer de movimentar-se, pode entrar numa terapia voltada especificamente para o movimento. A técnica Alexander, o método Feldenkrais e a terapia da dança são três técnicas de exercícios corporais já bastante desenvolvidas que ajudam as pessoas a reaprender a movimentar-se de forma mais relaxada e prazerosa. A técnica Alexander concentra-se no desenvolvimento da conscientização sensorial — a percepção das sensações de movimento no corpo, principalmente entre a cabeça, o pescoço e as costas, de forma que o alinhamento corporal melhora naturalmente e a atividade física fica mais livre, mais leve e mais satisfatória.

O método Feldenkrais também se destina a permitir maior prazer nos movimentos corporais. Os exercícios exigem a prática de pequenos movimentos de padrões pouco familiares para dar consciência a hábitos motores inconscientes e limitadores, trazendo de volta os prazeres do equilíbrio, vitalidade e espontaneidade de movimento. A terapia da dança muitas vezes estimula as pessoas a descobrir seus "verdadeiros" movimentos, ações que expressam de forma mais lírica ou simbólica seus atuais sentimentos ou situações de vida.

Em cada modalidade, o objetivo é ganhar maior conscientização cinética em relação à sensação do corpo, mover-se e aperfeiçoar a capacidade de ter prazer numa atividade espontânea e expressiva.

O domínio físico

Outra maneira de sentir prazer na atividade física é estabelecer uma meta para si mesmo — desenvolver a habilidade ou a maestria em algo como dança ou atletismo — e então acompanhar seu próprio aperfeiçoamento ao longo do tempo. Aprender a nadar representou para mim esse aprendizado.

A água sempre me inspirou paixão e terror. Tenho uma vaga lembrança de ter sido resgatada numa praia e posta de barriga para baixo até expelir água pela boca. Teria uns 4 ou 5 anos. Meu pai, que na minha lembrança me observa ansioso, jura que isso nunca aconteceu. Também tenho lembranças de vários verões em Washington Baths, um balneário em Coney Island, onde — desde 8 anos até o início da adolescência — tinha de renovar a coragem para pular na parte funda da piscina a cada veraneio. Quando pulava, tocava o pé no fundo, tomava impulso para chegar à superfície e saía espalhando água para todos os lados até chegar aos degraus da parte rasa. Então, com o coração aos pulos, voltava ao outro lado e fazia tudo de novo.

Muitos anos depois, quando já morava em San Francisco e sofria de dores lombares, entrei numa academia que tinha uma piscina e me exercitava dando braçadas várias vezes por semana. Não havia melhorado muito nesses anos e um dia, enquanto nadava de um lado para outro da piscina exibindo meu estilo "cachorrinho", percebi que havia um senhor me observando com grande interesse. Quando passei perto dele, sacudiu a cabeça e disse, com um muxoxo de desaprovação: "Você se esforça tanto, mas não vai a lugar nenhum."

No início, fiquei muito chateada e sem graça. Mas não podia negar que ele tinha razão, e não só quanto a minha forma de nadar. Ele não sabia, mas estava falando de minha própria vida. Naquele momento, jurei que iria aprender a deslizar pela água com habilidade e sem esforço até que "ir longe facilmente" fosse a nova metáfora da minha vida. Comecei a levar o nado a sério e a relaxar e mover-me com mais graça e ritmo na água.

Um dos maiores momentos de minha vida foi um verão que passei no Havaí com meu marido e um grupo de amigos. Nadamos da baía de Kealakakua até mais de 1,5 quilômetro da praia para acercar-nos de um cardume de golfinhos que víramos. Dizer que meu coração disparou é eufemismo. Quando eu não podia mais ver o fundo do mar com a máscara e a água ficou escura, meu coração quase saiu do peito. Diversas vezes, tive de parar para recolocar o respiradouro e perdi de vista os amigos. Sentia-me como uma rolha no mar aberto. Mas continuei nadando, lembrando-me de respirar lentamente e manter a calma que cultivara na piscina. O esforço valeu a pena.

No fim, acabamos encontrando os golfinhos — ou talvez eles nos tenham encontrado. Surpreenderam-nos pelas costas. Passaram a uns 3 metros abaixo de nós, em algo como uma procissão em câmara lenta, em duplas e trios, os filhotes ao lado das mães. Ficamos paralisados enquanto o desfile de imensos animais cinzentos lenta e deliberadamente se apresentou a nós sob a água. Quando o cardume todo passou, eles deram meia-volta e começaram a brincar conosco. Dessa vez, nadaram em todas as direções, examinando-nos com o mesmo interesse e o mesmo espírito com que os examinávamos.

Depois de alguns minutos de puro delírio, desapareceram para tornar a aparecer a uns 15 metros, dessa vez saltando no ar. Estavam se exibindo para nós! Pulavam fora da água, saltando em espiral, e davam de ré com a maior parte do corpo à mostra para em seguida mergulhar elegantemente. Estávamos sendo agraciados com uma incrível demonstração de generosidade interespécies. Sem dúvida, essas criaturas selvagens e naturalmente brincalhonas estavam fazendo aquele espetáculo para nós.

Àquela altura, já tínhamos tirado as máscaras e bancávamos a platéia para eles, gritando "ehhh" e "ahhh" como se estivéssemos assistindo a um *show* de pirotecnia. E então, de repente, o espetáculo acabou. Rimos e nos abraçamos e, satisfeitíssimos, demos início ao longo caminho de volta à praia.

A partir daí, minha relação com a natação assumiu um caráter diferente. Conheci a coragem na água. Antes tinha medo, mas consegui. Respirei, relaxei, disse a mim mesma que conseguiria e consegui. De algum modo, essa experiência teve um notável efeito sobre a maneira como meu corpo se sente quando nado agora. Estou mais leve na água; sinto-me mais como se estivesse voando pelos ares que movendo-me através de um meio mais denso. Deslizo entre uma braçada e outra, e meus movimentos me dão maior impulso. Mas o mais especial de tudo é que meu corpo agora parece saber algo que antes não sabia: trago no coração e nos ossos a certeza de saber que não vou afundar — nem na água nem na vida.

A vocalização

Quando observávamos atentos a ginástica dos golfinhos, era a coisa mais natural do mundo que gritássemos e os aplaudíssemos. Um dos mais raros momentos em toda aquela experiência foi a algazarra alegre que, espontaneamente, irrompeu de nós enquanto apreciávamos sua deslumbrante despedida.

Gritar de júbilo é para o prazer o que chorar é para o sofrimento. Expressar um sentimento por meio do som, seja de alegria ou de tristeza, vai além da simples expressão verbal e racional. Alexander Lowen, o pai de uma psicoterapia corporal conhecida como bioenergética, disse que, para serem liberadas de maneira catártica, as emoções devem passar pela garganta sob a forma de som.

Em outras palavras, chorar em silêncio não vai liberar a tristeza. Aí a emoção apenas vaza, e esse tipo de vazão realmente não promove muito alívio. Para que o pesar seja realmente terapêutico, a pessoa que chora deve soluçar — emitir sons. É isso que é um bom choro. A importância de exercitar as cordas vocais na liberação da tensão e das emoções dolorosas é também a razão por que entoar certos sons e ritmos é necessário em determinadas práticas de cura, principalmente para lidar com a frustração e a raiva.

Na verdade, a expressão da alegria pode ser tão libertadora e relaxante quanto a de sentimentos negativos; talvez até mais, já que dizer "oba!" é geralmente muito mais energizante que dizer "não". As pessoas alegres cantarolam e assoviam enquanto cumprem suas obrigações do dia-a-dia. Assoviam porque estão alegres ou estão alegres porque assoviam? Provavelmente, ambas as possibilidades são verdade.

Um gemido de êxtase quando se toca o ponto certo entre seus ombros, ou quando você saboreia uma comida maravilhosa, ou toma um gole de um vinho delicioso ou aspira o aroma de uma gardênia torna a experiência ainda mais rara justamente porque você deixou escapar um som de apreciação.

O mesmo vale para o sexo. Uma das maiores queixas que ouço daqueles que não estão satisfeitos com seus parceiros é que eles não emitem som algum durante o sexo, nem mesmo no orgasmo. As mulheres costumam interpretar o orgasmo silencioso num homem como um sinal de recuo emocional: significa que ele não se abre com ela e não se permite ser como realmente é. Os homens em geral interpretam a recíproca de forma um pouco diferente: não acham que a mulher esteja se esquivando emocionalmente dele, mas sim fisicamente, o que significa que ela tem medo do sexo.

Se há ou não uma diferença de gênero em relação ao significado que está por trás do orgasmo silencioso é uma especulação interessante. Provavelmente o silêncio representa ambas as coisas, qualquer que seja o sexo — as pessoas se esquivam física e emocionalmente, e talvez não apenas de seus parceiros, mas de si mesmas também. Mas, independentemente de como se interprete a questão, estar com um parceiro que mal sussurra alguma coisa ao fazer amor pode ser muito frustrante para um amante cheio de luxúria que anseia por ouvir sons de prazer. Fica a impressão de que, se o parceiro vocalizasse qualquer som e se entregasse mais à experiência, o sexo seria melhor para ambos.

Além da sorte de ter uma vida sexual cheia de grunhidos sinceros e gemidos melodiosos, há muitas outras maneiras de expressar vocalmente o prazer que podem enriquecer a vida cotidiana. Cantar é uma forma especialmente satisfatória de auto-expressão, particularmente se for a plenos pulmões. Cante no chuveiro ou no carro, acompanhando seu cantor preferido, e seu dia começará com uma nota agradável. A poesia é algo sensual para se recitar, não só por causa do ritmo do metro, mas também pela sensação de cada sílaba, à medida que elas vibram em sua língua e ecoam em seus ouvidos. Leia o seu verso preferido para um amigo e talvez vocês se tornem ainda mais próximos. Solte gritos de alegria ao aplaudir um músico e talvez aprecie ainda mais o espetáculo. Solte um gemido de prazer quando alguém o abraçar e o abraço talvez fique mais afetuoso. Sem dúvida, todos os prazeres podem intensificar-se por meio da emissão de sons que exprimem alegria.

Exercícios

Aqui estão algumas maneiras de explorar seu espírito lúdico. Nenhuma delas irá tomar-lhe mais que cinco ou dez minutos. Se quiser demorar ainda mais que isso, tanto melhor.

O brincar e a criatividade

1. Dê vida e alento ao artista que existe em você. Reserve alguns minutos todos os dias para verificar a quantas anda sua criatividade espontânea. Primeiro, concentre sua energia pelo controle da respiração. Pratique três séries de respiração depuradora — longas inspirações pelo nariz até encher o peito e expirações completas pela boca ligeiramente entreaberta. Observe seu corpo. Veja se existe alguma tensão, emoção ou desconforto e, se assim for, areje essas áreas contraídas alongando-as. Agora, rabisque um desenho ou escreva um poema rápido — só para manter as rodas de sua criatividade azeitadas. Se quiser, nada impede que você se dê mais oportunidade de expressar-se artisticamente e passe um dia inteiro escrevendo, pintando ou fazendo música.

2. Desenhe a si mesmo exatamente como estiver agora. Use um lápis, caneta, *crayon* ou hidrocor e papel — pegue o que estiver mais à mão. O retrato pode ser simbólico: deixe que sua mão se mova automaticamente, criando as figuras e usando as cores que parecerem melhores. O retrato pode ser literal: desenhe a si mesmo, cercado pelas pessoas mais importantes para você neste momento, ou sozinho, no lugar em que se encontra. Então analise o que colocou no papel e veja o que diz sobre você e sobre o momento em que vive. Gostou do que fez? Gostaria de passar mais dez minutos desenhando?

3. Escreva alguns parágrafos sobre o seguinte tema: "Se tivesse coragem, eu ..." Seu ensaio pode ser simbólico ou literal, de fato ou de ficção. Você pode se contar uma história e torná-la engraçada, pungente, triste ou inspirada.

O mais importante é deixar o crítico que existe em você de fora do processo. Os críticos são desmancha-prazeres. Nada inibe mais a expressão criativa do que prender-se a algum padrão de excelência fixo que elimine a possibilidade de surpresa e de verdadeira inovação.

Como disse Jack Kerouac a propósito de escrever, "O que primeiro se pensa é o que de melhor se pensa". Converse consigo mesmo e escreva o que ouve o mais rápido que puder, como se estivesse ditando. Ou deixe que surja uma imagem na mente e simplesmente a descreva no papel. Não leia enquanto estiver escrevendo. Não apague nada; só acrescente o que lhe vier depois, como se estivesse conversando com um amigo. Quando terminar, deixe o papel de lado por dez minutos. Então volte e leia o que escreveu em voz alta. Que tal? Que lhe parece ao sair de sua boca? Como se sente diante do que escreveu? Agora, se quiser fazer alguma modificação para que soe melhor, está autorizado.

4. Um exercício especial para procrastinadores: digamos que você precise fazer algo no trabalho, mas vem adiando isso ou porque detesta fazê-lo ou porque, no fundo, acha que não vai conseguir fazê-lo suficientemente bem. É o chato do crítico interior de novo! Eis aqui uma forma de aumentar a possibilidade de terminar uma tarefa adiada: veja-a como uma oportunidade de brincar.

Pratique a respiração depuradora por alguns instantes, solte uns suspiros e diga a si mesmo que vai divertir-se com aquilo. Então simplesmente faça o que tem de fazer, mesmo que seja pegar o trabalho e transformar numa frota de aviõezinhos de papel voando para todos os lados da sala. Independentemente do que fizer — e por mais tolo que seja no começo — a coisa pode transformar-se inesperadamente em algo muito bom. E aí você acaba tendo nas mãos algo bem prático, que tem um verdadeiro potencial, e nem sabe de onde aquilo veio — só sabe que, milagrosamente, veio de você mesmo.

5. Um exercício especial para amantes: marquem uma data e saiam para representar alter-egos maravilhosos e amantes da diversão. Pode ser Sophia e Marcello, Natasha e Boris, Fifi e Pierre, Cleópatra e Marco Antônio — qualquer personagem. Brinquem, riam, divirtam-se e sejam romanticamente provocadores. Se entrarem em discussão, procurem desanuviar-se e agir conforme os alter-egos escolhidos.

6. Encontre seus próprios meios de expressão artística. Escreva um poema, conte uma piada, dance ao som de uma música no rádio, cante bem alto para um amigo, brinque de casinha com uma criança, dê um presente a um vizinho doente, desenhe um cartão para dar a um parente ou namore seu amante/cônjuge.

Riso

7. Patrocine seus comediantes favoritos: alugue ou compre suas fitas cassete ou de vídeo. Quando descobriu que sofria do coração, Norman Cousins conseguiu, ao que tudo indica, rir até ficar bom alugando vídeos dos irmãos Marx. Ele morreu com mais de 90 anos, ganhando uns bons 15 por levar a vida menos a sério. Qual o comediante cujo humor consegue fazer isso por você? Tenha seus filmes à mão para quando quiser dar umas boas risadas.

8. Crie uma pasta com seus quadrinhos favoritos. Leia as tirinhas que saem diariamente nos jornais. Sempre que alguma delas lhe agradar especialmente, recorte-a e guarde-a. Cole-as em papel ofício, copie-as e mande-as para parentes e amigos quando escrever para eles. Recorte as que achar que agradarão particularmente a seu parceiro e deixe-as na mesa ou no travesseiro dele.

9. A meditação risonha. Este excelente exercício, criado originalmente por um médico holandês para ajudar doentes crônicos, passou a ser usado posteriormente também para inspirar os participantes de congressos e convenções, já que funciona tão bem.

Pratique-o de manhã. Comece praticando a respiração depuradora, depois solte alguns bocejos e faça alguns alongamentos. Em seguida, sorria e comece a rir — a princípio, lentamente, mantendo o pescoço relaxado, e intensificando até chegar a uma boa gargalhada. Concentre-se inteiramente na sensação que o riso lhe provoca e tente entregar-se a ela até conseguir divertir-se realmente. Depois de alguns minutos, pare de rir, fique imóvel e observe sua respiração sem controlá-la. Verifique se não se sente mais leve e energizado.

Movimento

10. Pratique regularmente — pelo menos três vezes por semana — as atividades físicas de que mais gosta. Procure diversificar para divertir-se. Jogue boliche, faça aulas de *step* ou de dança de salão, experimente Pilates, levantamento de peso, natação, caminhada na cidade ou em trilhas no campo, jogue frescobol, basquete, tênis, handebol ou golfe. Ou pratique ioga, tai-chi, aikidô, tae-kwon-dô ou karatê. Mexa-se mais.

11. Escolha em qual atividade você vai desenvolver maestria. Qualquer que seja ela, estabeleça como meta ficar cada vez melhor em sua prática. Faça aulas ou contrate um instrutor particular por algum tempo para aprender como aperfeiçoar seu domínio da prática escolhida. Depois exercite-se sozinho, estabelecendo pequenos objetivos para si mesmo e observando seu progresso. Mesmo que passem semanas sem melhoras perceptíveis, se persistir, sem dúvida você ficará mais hábil e se sentirá bem por haver conseguido atingir a meta que determinou.

Vocalização

12. Expresse-se. Cante no chuveiro ou no carro. Reúna-se com os amigos e toquem e cantem juntos velhas canções. Vá a competições esportivas em que possa torcer bem alto pelo seu time. Leia poesia para seu parceiro. Treine fazer declarações curtas, simples e doces como: "Você é fantástico!", "Que legal!", "Estou ótimo!"

Agora que exploramos os mais fundamentais dentre os prazeres, podemos passar aos prazeres psicológicos da mente e das emoções. Entretanto, para gozar plenamente de prazeres mais complexos, precisamos assimilar o básico e comum, que está no âmago de todo prazer: o de liberar-se e apenas ser, de aliviar o sofrimento e de fazer valer nossa capacidade de ser leve, de brincar, rir, mexer o corpo e emitir sons.

PARTE 3

Os Prazeres Psicológicos

ଓଃ

Capítulo 8

Prazeres Mentais: A Mente Importa

Como Ter Bons Pensamentos

Realidade! Que conceito!

Robin Williams

A maioria das pessoas precisa de muito estímulo mental para sentir-se vivas e alertas. Na infância, algumas de nossas maiores recompensas decorrem da curiosidade. As crianças pequenas gostam de fazer perguntas, investigar situações a partir de novos pontos de vista, colher novas informações, aperfeiçoar suas capacidades, montar quebra-cabeças e fazer descobertas.

Quando chegamos à idade adulta, porém, boa parte da diversão provém do raciocínio. Aprendemos como e o que pensar e, embora possamos gostar de ver-nos como intelectualmente independentes, estamos todos sujeitos a padrões de raciocínio dos quais muitas vezes não estamos nem um pouco conscientes. Podemos adotar meios rígidos de compreender as coisas e uma filosofia do tipo "já estou decidido, não me confunda com os fatos". Podemos nos restringir a áreas de interesse limitadas e não nos aventurar em novos domínios de saber — como as pessoas que se julgam tecnologicamente analfabetas e se recusam a aprender a programar o videocassete ou a usar um computador. E podemos também nos entediar até a alma — particularmente se dermos ouvidos às mesmas velhas vozes que nos ficam martelando na cabeça.

As pessoas que precisam de mais estímulo mental do que se permitem ter através de meios positivos e agradáveis, podem criar o hábito de completar sua cota de excitação mental por meio de melodramas e jogos mentais que conseguem criar em suas vidas. Para alguém torturado pelos próprios pensamentos, a coisa mais difícil de abandonar é a dependência da adrenalina que entra em jogo quando se vive a vida como se fosse um drama.

O medo do tédio está entre as razões mais citadas pelos que abusam de drogas, principalmente álcool e cocaína, para não abandonar o vício. Eles têm medo de que a vida seja chata demais sem o seu tóxico preferido. A verdade é que será mesmo — a menos que cultivem novos interesses que lhes despertem a curiosidade, aprendam coisas novas e descubram novos recessos de sua própria mente sem recorrer a drogas para chegar lá.

Para estarmos mentalmente alertas e positivos, todos precisamos aprender a usar a capacidade mental de gerar prazeres que possam nutrir e inspirar nossa vida.

Prazeres da mente

Existem muitas formas de desfrutar a vida da mente. Ler, aprender coisas novas e solucionar enigmas de qualquer espécie são atividades muito gratificantes. A apreciação estética proporciona outros prazeres, podendo estimular uma representação mental da beleza, do equilíbrio, da simetria ou da ironia, por exemplo. Existem também os prazeres da tranqüilidade da mente, como os que sentimos na meditação ou numa caminhada pela jardim, quando não se está pensando e se está em paz. Veremos a estética enquanto prazer sensual no Capítulo 10, e a tranqüilidade da mente enquanto prazer espiritual no Capítulo 12.

Os prazeres mentais que investigaremos aqui são de dois tipos: os que se baseiam na realidade e os que se baseiam na fantasia – ou seja, o que imaginamos quando sonhamos acordados e adormecidos. Quando a mente é estimulada a expandir-se em ambas as áreas, o efeito sobre sua qualidade de vida pode ser muito grande.

A felicidade depende de bons pensamentos

A maneira como você interpreta os fatos de sua vida pode determinar sua alegria ou depressão, energia ou esgotamento. Com efeito, realizar ou não seus sonhos é, em última análise, mais uma questão de como você explica a si mesmo as decepções e perdas em sua vida do que do fato de lhe acontecerem coisas ruins.

O dr. Martin E. P. Seligman, professor de psicologia da Universidade da Pensilvânia e pesquisador há mais de trinta anos da psicologia da motivação e do sucesso, descobriu provas conclusivas que demonstram que o pessimismo e o otimismo não são simplesmente pensar que o copo está meio vazio ou meio cheio. Trata-se do tipo de profecias ou previsões que se realizam. As pessoas que raciocinam de modo pessimista tendem a interpretar as adversidades como desastres, a deprimir-se e a desistir mais facilmente do que as que tendem ao otimismo. De fato, os experimentos demonstraram que os otimistas não só se saem muito melhor na escola, no trabalho e no esporte, mas também têm maior probabilidade de vencer quando se candidatam a cargos eletivos. Descobriu-se ainda que, de modo geral, os otimistas são mais saudáveis, envelhecem melhor e vivem mais que os pessimistas.

Seligman descobriu que a diferença entre os padrões pessimistas e otimistas de raciocínio está relacionada à maneira como as pessoas explicam a si mesmas o que lhes acontece e como elas acham que aquilo irá afetá-las no futuro. Diante de uma situação adversa, é mais provável que o pessimista pense que o mau acontecimento é permanente – que irá durar para sempre;

que é universal — que terá impacto sobre todos os aspectos de sua vida; e que é pessoal — que é culpa dele e que, se fosse mais inteligente, mais bonito, mais talentoso, mais alto, mais baixo, mais jovem, mais magro ou mais digno de amor, aquela coisa terrível não teria acontecido.

Os otimistas têm um "estilo de explicar" inteiramente diverso. Eles tendem mais a entender a situação adversa como temporária, de efeito limitado e desvinculada de seu valor ou capacidade pessoal. Num estudo, os otimistas mantiveram a vantagem no desempenho, mesmo tendo sido pouco realistas em suas expectativas, vendo as coisas através de lentes cor-de-rosa, e mesmo que os pessimistas realmente tivessem visto as coisas com maior precisão. Os otimistas têm maiores probabilidades de superar uma situação difícil do que os pessimistas, que vêem a situação com mais clareza. Ainda há alguma dúvida de que isso se deve à maior vitalidade disponível para aqueles que se deixam energizar por sua fé, esperança e sonhos e se inspiram para agir?

"Melancholy Baby"

No dia em que a conheci, Risa — uma mulher atraente, de trinta e poucos anos, dona de grandes e tristes olhos castanhos — disse-me que se sentia como se estivesse "num trem que se arrastava para lugar nenhum". Cabelos escuros num corte curto indefinido, vestido estampado que realçava sua figura esguia, sentava-se com as mãos postas no colo, como uma colegial.

Com voz macia, Risa continuou falando — disse-me que tinha um bom emprego numa seguradora, mas achava que não cresceria na empresa tanto quanto poderia. Nunca fora casada e desejava muito ter um relacionamento, mas raramente saía com alguém. E, apesar de já ter tido alguns namorados, a coisa nunca durara mais que seis meses. As amizades, por outro lado, eram mais duradouras. Tinha vários bons amigos, homens e mulheres, com os quais gostava de ir à *vernissages*, aos concertos e as festas para solteiros. Mas achava que os anos estavam passando e morria de medo de estragar sua vida e acabar como uma velha solteirona.

Perguntei-me em voz alta como alguém tão atraente, gentil e ansiosa por um relacionamento feito ela poderia estar sem nenhum grande interesse amoroso. Risa deu de ombros e sacudiu a cabeça com ar perdido. Os amigos gostavam dela. Sabia que tinha muito a oferecer. Só que ninguém parecia acreditar nisso. Então perguntei-lhe sobre seu trabalho — o que achava que seria seu passo seguinte nessa área –, mas ela disse que não queria continuar trabalhando com seguros. Era apenas um emprego que encontrara; não se importava muito em se sobressair. Apenas não sabia o que mais gostaria de fazer.

Risa era filha única e, aos 13 anos, perdera a mãe num estúpido acidente de carro. A relação com o pai era muito íntima e cheia de afeto. Mas, enquanto falava dele, eu chegava a ouvir como estimulavam um no outro uma postura fatalista — o que chamei de "nunca se sabe que tragédia o amanhã pode trazer; portanto, procure tirar o máximo do que tem hoje". Risa riu ao me ouvir formular sua filosofia de vida de modo tão sucinto. Havia julgado que a maneira de pensar que adotara junto com o pai era muito positiva, considerando o triste desenlace em sua vida familiar. Talvez, na superfície, não tenha parecido pessimismo. Mas, a meu ver, a acomodação amarga não é exatamente um ponto de vista positivo.

Exteriormente, Risa havia adquirido uma postura calma e tranqüila, mas, por dentro, sofria de uma depressão a fogo lento que era como uma infecção crônica. Na verdade, ela jamais tinha sofrido realmente o luto da perda da mãe porque estivera ocupada demais em atender às necessidades do pai, consolando-o e cuidando dele, assumindo o papel que fora dela. Risa desenvolvera uma postura docemente reservada. Mas não tinha nenhum espírito de desafio lúdico. Não corria riscos em termos de criatividade no trabalho e se mostrava tímida diante de homens dinâmicos.

Enquanto trabalhávamos para que lidasse melhor com os sentimentos de luto pela morte da mãe, Risa começou a perceber os padrões de raciocínio que mantinham seu moral baixo. Havia uma voz dentro dela que solapava as oportunidades que vinham a seu encontro, tanto em termos de trabalho quanto de amor. Com efeito, quando qualquer coisa a excitava, ela muitas vezes dizia a si mesma que algo de ruim poderia decorrer disso, e o repentino impulso de energia logo se transformava em agitação ou nervosismo.

Diálogos e narrativas interiores

O dia todo mantemos diálogos mentais, dos quais apenas uma parte mínima é pronunciada em voz alta. Narramos a nós mesmos os fatos enquanto se desenrolam, e o andamento que damos a essa narrativa depende em grande medida de o nosso estilo de explicar as coisas ser positivo ou negativo.

Conforme demonstraram os terapeutas australianos Michael White e David Epston, entrelaçamos essas narrativas e as interpretamos criando uma história a partir delas — uma espécie de autobiografia em construção, que tem um início no passado, o meio no presente e um fim em algum ponto no futuro. Tudo que ocorre nós explicamos a nós mesmos e às pessoas em quem confiamos — de um modo que se encaixa na história maior.

Entretanto, a menos que a contemos em voz alta, é difícil ter consciência de todos os diferentes temas da história que relatamos a nós mesmos. Muitas pessoas descobrem que nem sabem o que pensam a respeito de determinada coisa até se pegarem falando sobre ela a outrem. Somente quando as pessoas se expressam perante um amigo ou terapeuta, ou quando anotam suas observações num diário é que podem começar a analisar os próprios pensamentos.

É difícil também estarmos conscientes de todas as histórias que nos contamos porque em geral há uma cacofonia: várias vozes nos falam e, freqüentemente, todas de uma só vez. É como se fôssemos um rádio sintonizado entre estações e captando cinco apresentadores, cada um fazendo uma interpretação diferente do mesmo fato.

Por dentro, não somos a personalidade singular, coerente, que tentamos projetar por fora. Vozes opostas lutam dentro de nós: o pudico e o devasso, o que quer agradar e o rebelde, o que se entrega à busca espiritual e o vingativo, o medroso e o corajoso. Geralmente, um deles é mais forte e nos faz agir conforme seus ditames enquanto o outro fica de fora, olhando. Às vezes, queremos agir conforme uma voz interior insistente que tentamos ignorar e não conseguimos. Quando finalmente o fazemos, amigos e parentes podem dizer que não estão nos reconhecendo, mas somos nós mesmos — apenas uma parte de nós que eles ainda não haviam conhecido.

Algumas vozes nos falam com doçura e nos fazem sentir bem — como é o caso daquela parte de nós que nos dá coragem, a qual chamo de "aliado interior". Essa é a voz que se comporta como um bom pai ou mãe, confortando-nos quando estamos magoados e animando-nos quando enfrentamos uma adversidade. Infelizmente, essa voz às vezes é fraca e, no caso de algumas pessoas, muda.

Algumas vozes nos metem medo e fazem o coração disparar — como a da "adivinha dos maus presságios", que está sempre lendo o futuro e nos dizendo como será mau. Duas das mais importantes vozes interiores a conhecer, pois elas podem ser companheiras constantes, são as do "crítico interior" e a da "vítima interior". Essas duas vozes geralmente dialogam. Enquanto uma nos empurra para baixo e põe defeitos em tudo que fazemos, a outra suporta o ímpeto do ataque e sente-se insegura ou, na pior das hipóteses, atormentada. Um diálogo crítico-vítima mais violento pode esgotar sua energia e fazê-lo sentir-se deprimido e cheio de autocompaixão, ansioso e impotente ou irado e disposto a brigar.

Independentemente de estarmos conscientes ou não desses diálogos interiores, eles determinam nossas emoções e níveis de *stress* mais do que o que está acontecendo a nossa volta. Com efeito, é principalmente quando não estamos conscientes delas que essas vozes mais podem afetar nossas reações emocionais e fisiológicas.

Abraham Lincoln disse certa vez: "A maioria das pessoas é feliz na medida em que se decide a sê-lo." O fato é que você pode pensar positiva ou negativamente. Se pensar negativamente, irá liberar adrenalina e, provavelmente, ficará ansioso e obcecado, pensando a mesma coisa vezes sem conta e duvidando de si mesmo. Pode ficar paranóico, interpretando incessantemente com suspeita os fatos de sua vida e tentando ler os "sinais". Pode até pesar toda interação com os outros em termos de seu desempenho, tentando imaginar o que deve fazer em seguida.

Ou pode adotar um comentário que lhe caia melhor, levante seu moral e lhe dê algo de positivo para fazer a respeito. Você pode narrar as atividades do dia como interessantes, desafiadoras, divertidas ou frutíferas. Pode agradecer pelo progresso realizado e incentivar-se a prosseguir. A maneira como resolver falar consigo mesmo determinará o seu estado de espírito e afetará sua saúde e seu sistema imunológico. A maneira como fala consigo mesmo influenciará o modo como fala com os outros — principalmente as pessoas mais próximas e queridas, a quem tendemos a maltratar da mesma forma que maltratamos a nós mesmos. A maneira como fala consigo mesmo geralmente determina se você irá correr riscos e ter uma vida rica ou apostar na comodidade e desistir do jogo no início.

A verdade não é necessariamente verdadeira; a realidade não é necessariamente real

Por mais lógicos que sejamos, nosso raciocínio não nos fornece necessariamente um reflexo preciso da verdade. Podemos pensar que existe uma realidade objetiva. Podemos crer que uma de nossas vozes interiores detém a explicação certa, ao passo que as demais estão erradas — e que só precisamos discernir umas das outras. O fato é que, assim que a realidade objetiva começa a fazer sentido, isso é um sinal de que ela já é subjetiva.

O famoso Princípio da Incerteza de Heisenberg aplica-se tanto à observação de nossa vida interior quanto à observação dos planetas que orbitam em torno do Sol ou de um elétron em sua órbita em torno do núcleo de um átomo: o observador muda a coisa observada. O que procuramos determina aparentemente o que encontramos, quer estejamos falando de um astrônomo que observa as estrelas ou de uma pessoa comum em busca de sua alma. Não se pode saber o que realmente está acontecendo porque vemos tudo através das lentes de nossas velhas histórias, explicações costumeiras e diálogos interiores habituais.

A disposição mental não só determina aquilo que se procura, mas também a forma como se recorda aquilo que se encontra. Estudos na área da memória demonstraram sucessivas vezes que a disposição mental não apenas influencia a primeira impressão que se tem de um evento, mas, com o tempo, a memória se altera para acomodar a disposição mental. Mostraram-se rapidamente aos participantes de um estudo figuras um tanto indefinidas e, em seguida, pediu-se a eles que desenhassem o que haviam visto. Havia duas descrições diferentes para o conjunto de figuras, e metade do grupo recebeu uma; a outra metade recebeu a restante. Por exemplo, uma figura era descrita como lua crescente para um grupo e como feijão para o outro. Quando desenharam o que haviam visto, os que receberam a figura descrita como lua crescente fizeram uma figura mais parecida com um crescente, enquanto os do grupo do feijão fizeram uma figura mais parecida com um grão de feijão.

Algum tempo depois, pediu-se aos participantes que desenhassem a figura novamente e, na maioria dos casos, as figuras ficaram ainda mais parecidas com luas crescentes e feijões, a depender de como haviam sido descritas. As recordações dos participantes não eram como relatos congelados do passado — com o tempo, evoluíram ativamente para acomodar-se ao rumo que lhes fora experimentalmente induzido.

Refiro-me a essa experiência quando trabalho com casais que descrevem uma briga e cada um tem uma lembrança diferente do que ocorreu. Depois da segunda ou terceira descrição, quando cada um está tentando convencer o outro de que ele é que está errado, eu lembro a ambos que não há como recordar com precisão uma situação. A disposição mental que apresentavam no momento da briga estabeleceu recordações diferentes do que realmente ocorreu; pensar no fato depois apenas faz os traços gravados nessas recordações evoluírem mais ainda conforme o rumo imposto por cada um.

Aconselho aos casais que tentam resolver suas brigas procurando reconstituir o que "realmente" aconteceu que desistam. Digo-lhes que jamais se pode conseguir isso indo para trás. Só se pode ir adiante a partir desse momento. O que querem fazer a respeito agora? Quais os acordos que podem estabelecer para a próxima vez em que a mesma situação se repetir? Porque ela vai se repetir, com certeza.

As histórias que tecemos ao longo do tempo sobre nossa vida, as vozes interiores a que damos ouvidos e o sentido que damos a isso tudo são os hábitos de raciocínio. A "realidade" é uma interpretação que fazemos do que nos ocorre que nos leva a agir de modo coerente com nossas expectativas — para o bem ou para o mal. É por isso que, se não gostarmos de nossa realidade, poderemos construir uma nova contando-nos uma história melhor, que possa inspirar um desígnio potencialmente mais gratificante para a ação.

Questionando velhas histórias

Quando começamos a analisar sua vida atual, Risa me disse que ela e o pai geralmente jantavam juntos três vezes por semana. Perguntei-lhe se gostava de ver o pai com tanta freqüência e, a princípio, respondeu-me que sim. Mas, depois, admitiu que isso a fazia abrir mão de diversos outros compromissos e aulas, dos quais desistia para não ficar longe dele. Disse-me também que não ficava no seu novo apartamento tanto tempo quanto gostaria. Mas se sentia culpada só de pensar em ficar menos tempo com o pai porque ele realmente dependia dos momentos que passavam juntos. Quando lhe perguntei o que ele tinha a dizer sobre isso, ela respondeu que, para proteger os sentimentos dele, jamais havia levantado a questão e jamais o faria.

Disse-lhe que o que ela chamava de devoção filial também poderia ser visto como menosprezo pela capacidade paterna, pois não lhe permitia o crédito de ser uma pessoa forte. A princípio, ofendida com a idéia, Risa acabou se dispondo a considerar a possibilidade de ele não ser tão carente quanto ela imaginava. Uma noite, quando estavam tirando a mesa depois do jantar na casa dele, ela lhe falou sobre o que havíamos conversado. Ele disse que achava que era ela e não ele que precisava de contato constante e que estava preocupado, achando que ela se tornara muito dependente dele.

Risa quase não acreditou no que ouviu. Por quase vinte anos, ela e o pai haviam agido conforme roteiros opostos. O pai disse que achava que ela precisava estar com ele várias vezes por semana e que não havia saído com outras pessoas tanto quanto gostaria porque não queria magoá-la. E que achava seu cuidado com os sentimentos dele excessivo, a ponto de às vezes tratá-lo como se fosse um bebê. Risa saiu chocada da casa dele e foi para sua casa chorar "até secar as lágrimas". Disse-me que todos aqueles anos haviam sido jogados fora em conjeturas e mal-entendidos.

Eu lhe respondi que, na verdade, talvez ela e o pai tivessem ambos interpretado a situação de acordo com suas próprias necessidades e que o fato de não falar a respeito permitiu que levassem o mal-entendido adiante. Não era uma questão de quem tinha percebido melhor a situação. Talvez ambos estivessem com medo demais para aventurar-se a enfrentar o mundo e então, usaram um ao outro como desculpa para não sair de casa. De qualquer forma, estava na hora de ambos passarem a ver suas vidas sob uma nova luz.

Imagine uma realidade agradável

Uma das coisas que acho muito desagradável é quando alguém diz: "Bom, estava ótimo, mas agora temos de voltar à vida real." Detesto ver "bons momentos" serem colocados em oposição a "realidade". Há várias realidades possíveis. A forma como explicamos as coisas cria um tipo de realidade, ao passo que outra explicação do mesmo fato cria uma realidade totalmente diferente — como Risa e seu pai, um acreditando que apaziguava as maiores mágoas do outro.

Se a realidade é algo que construímos com nossos hábitos mentais, por que não praticar a expansão com nossos pensamentos e construir a realidade do jeito que queremos? Por que não interpretar os fatos sob a melhor luz possível? Essa é certamente a melhor posição a adotar, tendo em vista todos os dados que demonstram que o ângulo certo pode impelir-nos a trilhar entusiasmados um caminho produtivo, cheio de possibilidades e oportunidades.

O pensamento positivo não é nada mais que a promoção de bons pensamentos e atividades carregadas de energia para interpretar o mundo da forma mais criativa e interessante. O pensamento gera ação. Um pensamento empolgante pode arremessá-lo como um homem-bala: ele o lança para o alto e, ao cair no chão, você não se fere — já sai correndo. Por outro lado, um pensamento depressivo só faz afundá-lo ainda mais na lama.

Mas uma advertência: nem todos apreciam os que pensam positivamente. Meu marido, às gargalhadas, acusou-me de ser capaz de achar algo de bom num desastre de trem. Uma amiga querida, também terapeuta, certa vez repreendeu-me desesperada: "Ah, por favor, nem tudo que acontece conosco é bom!"

Não creio que tudo que nos aconteça seja bom. Desastres de trens não são coisas boas. Mas, uma vez que aconteça algo de mau, podemos nos deixar arrastar para o fundo pelo mal que ocorreu ou procurar o que podemos tirar de bom da experiência. Como se diz popularmente, não teríamos flores, não fosse o adubo que as faz brotar.

Que os desastres de trem sejam evitados a todo custo. Mas, depois que o seu trem descarrilou, o que você pode aprender com isso? Que conhecimento adquiriu que antes não tinha? Como você pode crescer como pessoa a partir daí? Como pode evitar que volte a acontecer?

Um dos instrumentos mais importantes na construção de uma realidade mais positiva está na capacidade de gerar uma visão positiva do futuro. Ao ver o que deseja com os olhos da mente, você se liga ao seu senso de objetivo e se fortalece para atingir verdadeiros objetivos. Ter uma visão do ponto aonde quer chegar na vida é como ter um projeto para construir uma casa. Se o único que você tem não lhe agrada, vai acabar com uma casa de que tampouco gosta. Se gosta da planta, gostará da casa.

Além disso, como digo aos preocupados de plantão, talvez a vida não seja longa o suficiente para todas as suas piores fantasias se tornarem realidade. Na maioria das vezes, essa idéia, por mais estranha que pareça, é muito reconfortante.

Todos precisamos estar alertas quanto a quaisquer tendências a rodar filmes catastróficos na cabeça e reconhecer que temos uma opção quanto ao que pensamos. Mas não é recomendável lutar contra a tendência a fazer esses filmes, nem mesmo reprimi-las, porque isso apenas criaria resistência e tensão no corpo. Não é produtivo lutar contra si mesmo — o resultado é sempre um grande desgaste de energia para manter a paralisia.

Veja o mal que está nas coisas, se essa for a sua tendência. Mas dedique a mesma quantidade de tempo a criar quadros agradáveis também. Principalmente, procure dar vida a eles e relaxar ao pensar neles.

Existem inúmeras maneiras de desfrutar da sua mente. Você pode gostar de estudar. Pode analisar detalhadamente as situações, fazer perguntas honestas e desafiar-se a manter a mente aberta mais tempo, evitando partir logo para as conclusões mais óbvias. Pode inclusive determinar-se a uma interpretação mais positiva dos dados. Pode decidir criar bons quadros e inspirar-se. E pode abrigar sua ambivalência, seus dilemas e mistérios com maior leveza — até poder atingir alguma clareza, uma introvisão ou aquele raro "orgasmo" mental conhecido como epifania.

Os devaneios e o poder da imaginação

No pensamento negativo, nosso lado que antevê o pior fica repassando imagens de desfechos desagradáveis, que não são nada mais que fantasias que esperamos que não aconteçam. No entanto, se você partir do princípio de que pensar é realmente um ensaio mental para a ação, não faz muito sentido ficar ensaiando o tempo todo as piores fantasias. Pesquisas demonstram que os quadros que pintamos com a mente na verdade estimulam o cérebro a predispor determinados músculos a contrair-se. Quando temos pensamentos negativos, o cérebro nos leva, sem que nos demos conta, a agir de forma coerente com eles.

Numa série de experiências clássicas, colocaram-se eletrodos em várias partes do corpo dos participantes, os quais estavam conectados a uma impressora de polígrafo. Quando lhes pediram que imaginassem estar batendo com um martelo num prego, os músculos do braço que estariam em ação no ato real de martelar o prego eram acionados pela fantasia. Quando lhes pediram que imaginassem estar correndo, os músculos das pernas eram acionados. Não é, portanto, um disparate pensar que os maus pensamentos provavelmente induzam mais a um movimento de recuo do que a movimentos novos e para a frente.

Assisti certa vez a um especial de TV sobre esportes arriscados que mostrava um grupo de atletas descendo por uma estrada numa montanha íngreme, deitados de costas num tobogã de rodas. Voavam a mais de 100 quilômetros por hora, com a cabeça perigosamente próxima do concreto da pista. Quando perguntaram a um deles qual o fator mais importante para manter o controle, ele respondeu sem hesitar: "Não olhar para onde não se quer ir! Se fizer isso, em questão de segundos você vai bater lá." Aí está uma lição para todos nós. Certamente, é um bom argumento para os pessimistas contumazes darem tempo igual, pelo menos, a pensamentos otimistas.

Os devaneios agradáveis são os reflexos mais puros de nossas mais verdadeiras preferências e de nossos mais sinceros desejos. O funcionário acanhado que sonha em ir ao chefe e pedir um aumento e a secretária que fantasia escrever um roteiro de cinema e ganhar um Oscar estão simplesmente ensaiando mentalmente os atos que seu instinto de vida lhes pede que realizem.

As fantasias são uma fonte de criatividade agradável e valiosa. Albert Einstein alegava haver descoberto a teoria da relatividade vendo-se numa fantasia em que viajava num raio de luz que se curvava no espaço. Escultores, poetas, músicos, matemáticos e pioneiros de todas as áreas da ciência relatam que grande parte de sua inspiração para novos projetos e descobertas veio das imagens espontâneas que se apresentam quando estamos caminhando, nadando, dirigindo, tomando banho, ouvindo música ou deitados, principalmente logo antes de dormir ou logo depois de acordar.

A imaginação também é, ao que tudo indica, uma imensa fonte de energia de cura. Os sobreviventes de campos de concentração, prisões de guerra e seqüestros — situações em que as pessoas são confinadas e sofrem longas provações, privações e toda sorte de degradação — muitas vezes creditam sua sobrevivência à capacidade de manter a imaginação estimulada por imagens agradáveis.

Os cativos que têm lembranças positivas, praticam jogos mentais criativos e estabelecem metas detalhadas para si mesmos no futuro não são tão negativamente afetados pela experiência quanto seriam se não fizessem nada disso. Terry Anderson, refém de um grupo terrorista por quase sete anos, construiu mentalmente uma fazenda de gado e pensou em cada detalhe da administração — número e perfil dos empregados, número de vacas e extensão de terra, variação de preços do leite — como forma de manter-se alerta e vivo.

Victor Frankl, o psiquiatra que sofreu por três anos os horrores de Auschwitz e outros campos de concentração, descreveu o grande papel que teve a riqueza da vida interior em sua sobrevivência. Ele não sabia o que tinha acontecido a sua mulher e sua família, mas estava mentalmente com ambas em toda oportunidade de que dispunha. E, embora estivessem separados, o relacionamento dele com a mulher continuou a evoluir, já que ele passava horas conversando ou fazendo amor mentalmente com ela. Frankl certamente conhecia alguns fatos desagradáveis para ficar ruminando. Certamente tinha muito com que se preocupar quanto ao que poderia ocorrer a ele e à mulher. Mas, para sobreviver, ele deu a si mesmo esperança, amor e, pelo menos na imaginação, uma razão para viver.

Sonhos

Geralmente se pensa que os sonhos representam mensagens simbólicas importantes de regiões da mente ainda por descobrir. Freud os chamou de "a real estrada para o inconsciente", e a maioria das psicoterapias aceita o valor do estudo dos sonhos como meio de acesso a sentimentos, desejos e motivações que os pacientes podem ainda não conhecer ou reconhecer totalmente. Mas os sonhos representam um recurso que poucas formas de terapia já exploraram integralmente.

A maioria das pessoas sente-se até certo ponto no controle das imagens que lhes surgem durante os devaneios, mas poucas acreditam ter algum controle sobre as imagens que lhes surgem nos sonhos. No entanto, uma série de experiências fascinantes, conduzidas no Centro de Pesquisa do Sono da Universidade de Stanford, indica que certas pessoas são capazes de "sonhos lúcidos" — de ficar conscientes nos sonhos enquanto estão adormecidas e de dirigir o eu onírico da forma desejada.

O psicólogo Stephen LaBerge, trabalhando com pessoas que conseguem cumprir uma tarefa previamente combinada num sonho, como contar, cantar ou olhar para as próprias mãos enquanto adormecidas — fez algumas descobertas importantes. Os sonhos em geral — e os sonhos lúcidos em particular — apresentam uma vivacidade de idéias e um nível de atividade de ondas cerebrais que corresponde mais à percepção da vigília do que às imagens associadas à imaginação ou à memória. De certa forma, portanto, os sonhos são mais reais para nós que os devaneios. Nestes sabemos que estamos fantasiando, porém geralmente não sabemos que estamos sonhando quando estamos adormecidos, a menos que tenhamos um momento de lucidez.

Essas descobertas indicam novas possibilidades além do modelo tradicional, que vê os sonhos como simples oportunidades de decodificar anseios sombrios e forças primitivas. É possível ficar consciente num sonho sem despertar, avaliar questões e fazer opções positivas em assuntos que apresentam dificuldade quando estamos acordados. Fortalecer-se nos sonhos pode contribuir para atingir o fortalecimento de atributos desejáveis quando se está desperto.

Eis aqui o exemplo de uma mulher que trabalhou na terapia um sonho recorrente de uma forma que lhe deu mais autoconfiança e motivação positiva na vida. Leslie era uma jovem determinada de 28 anos, casada há dois anos com um homem a quem amava e com um emprego muito promissor. Mas estava preocupada com o hábito de comer demais à noite. Como a aparência era importante para ela, acordava às cinco da manhã para fazer ginástica. Da academia, ia para o trabalho e lá ficava até tarde. Voltava para casa e simplesmente comia até a hora de dormir. O excesso de controle na manhã reforçava a falta de controle da noite e vice-versa — excedia-se durante a noite e, então, castigava-se comportando-se da melhor forma possível o dia todo.

Nosso trabalho na terapia concentrou-se no extremismo de Leslie, do excesso de atividade ao de comida. Ela sabia que alguns de seus hábitos provinham de sua luta na infância: a mais velha dentre as três filhas de uma mãe alcoólatra e um pai ríspido. Desde que se conhecia por gente, ela achava que, se não mantivesse tudo sob controle, se sentiria desamparada.

Ao longo dos meses, Leslie travou conhecimento com o "guarda durão" que tinha na mente, o que lhe gritava ordens durante o dia, mas geralmente tirava folga à noite. Aí então surgia o comilão, fuçava a geladeira e comia até não conseguir se mexer. Grande parte de nosso trabalho — seu dever de casa durante a semana — consistia em aprender como encontrar uma disciplina mais moderada, a qual ela pudesse adotar com maior prazer.

Mas foi o trabalho com os sonhos que surtiu os efeitos mais impressionantes. Um dia ela me disse que algumas noites antes tivera o seu sonho recorrente. Ela o descreveu assim: "Estou andando à noite por uma rua muito escura e percebo um estranho com cara de mau a me seguir. Tenho medo, mas pressinto que, se der a entender que sei que ele está ali, ele me atacará. Então caminho depressa, sem olhar para trás, e rezo para que meu fingimento me leve a um porto seguro. Porém a certa altura, meu perseguidor, com um sorriso ameaçador nos lábios, começa a encurralar-me. Sou forçada a enfrentar o malfeitor e tento gritar por socorro. Mas nada acontece. Minha boca está muda de pavor e só consigo soltar soluços e gemidos abafados. Meu perseguidor se aproxima ainda mais, zombando abertamente de mim e rindo de minhas tentativas vãs. Sinto-me completamente impotente e acordo em pânico."

Pedi-lhe que criasse no consultório um diálogo, em voz alta, entre a Leslie do sonho e seu perseguidor, assumindo os papéis de ambos. O perseguidor acabou se revelando não só como a violência latente que existe no mundo, mas também como seu próprio ressentimento pela infância difícil e um profundo ceticismo que acreditava que nem tudo podia dar certo no final. Então, pedi-lhe que "sonhasse" de novo, mas que daquela vez procurasse gritar — o que ela fez com tanta força que os vizinhos vieram bater à minha porta para saber se estava tudo bem. Nesse instante, ela teve um ataque de riso que me contagiou. A sessão terminou com as duas às gargalhadas.

Menos de uma semana depois, Leslie sonhou novamente, mas disse que dessa vez soluçou por alguns segundos e, depois, deu um grito que fez o marido pular da cama de um salto. Acordou com o coração disparado, mas em êxtase. O marido disse-lhe que o grito lhe tirara alguns anos de vida, mas, como se tratava de um marco psicológico para ela, estava feliz.

Com o tempo, o sonho continuou a evoluir. Uma vez, ela sonhou que se virava e enfrentava o perseguidor, perguntando-lhe o que desejava dela. Ele gaguejava e parecia não saber o que dizer. No último sonho desse tipo, ele a seguia até sua casa, onde havia uma festa, e ela o convidava a entrar para conhecer as pessoas. Descobriram então que ele não era tão mau assim — era só um cara que vinha de um bairro não muito bom (como também ela) e que na verdade não era má pessoa. Já se passaram alguns anos e hoje Leslie se sente mais no comando da própria vida e, ao mesmo tempo, mais relaxada, principalmente no que se refere à comida.

Não temos de aceitar as imagens de nossos sonhos se acordamos com lembranças das quais não gostamos. Se os sonhos são reflexos de nossos sentimentos mais profundos, talvez sejamos capazes de influir sobre eles enviando imagens mais positivas para a mente mais indesejada, que é a do estado onírico. Experimente você mesmo. Mesmo que não consiga dormir, deite-se e imagine uma forma de mudar e reverter o mau desfecho. Transforme-o em algo que lhe dê satisfação. É como uma sugestão pós-hipnótica dada a uma mente aberta e relaxada, só que nesse caso você é também o hipnotizado que desenvolve sua capacidade de reprogramar-se positivamente.

Exercícios

1. Faça o controle da respiração antes de todos estes experimentos. Pratique por alguns instantes a respiração depuradora para romper com sua disposição mental e estimular a mente a ficar mais relaxada e alerta. Verifique se existe no seu corpo algum indício de tensão e emoção. Areje essas áreas alongando-as. Suspire pela boca se sentir que alguma emoção está vindo à tona e deixe-se realmente senti-las.

2. Mude algumas velhas histórias. Na sua opinião, quais as três épocas mais difíceis de sua vida? Tome cada uma separadamente e responda: "Qual o valor que eu consegui extrair dessa experiência?" "De que forma ela me conduziu ao melhor rumo?" "Como ela pôde aprofundar-me como pessoa?" Tente reinterpretar esses fatos como influências positivas ou potencialmente positivas.

Procure perceber se está tendo dificuldade em admitir que tirou alguma coisa boa de algo ruim, como se esse reconhecimento fosse um sacrilégio ou um perdão excessivo aos que o magoaram.

3. Pratique o pensamento positivo, transformando um problema numa oportunidade. Este é um bom exercício para fazer com um amigo, embora também possa ser feito por escrito. Pense em algo que esteja acontecendo em sua vida agora e que você considere um problema. Primeiro, detalhe todas as questões relevantes e conte o problema a seu amigo ou escreva-o no papel.

Se estiver conversando com um amigo, peça-lhe que apenas o ouça e que resista à tentação de lhe dar conselhos. Quando acabar de contar ou anotar o problema, respire profundamente algumas vezes e volte a contar a história, só que dessa vez descreva detalhadamente cada questão não como um problema, mas em termos das oportunidades ou desafios que lhe traz. Permita-se fazer brincadeiras com a situação e inventar oportunidades ou desafios bobos. Talvez descubra, pensando melhor, que afinal não são tão bobos assim.

Se resistir ou não encontrar palavras, pergunte-se: "De que me adianta a visão negativa para analisar isso?" "O que é que eu teria de abandonar para adotar uma visão mais produtiva?"

4. Experimente mudar seus diálogos interiores. Respire profundamente por alguns instantes e escolha um assunto seu que lhe traga algum conflito. Você pode fazer isso em voz alta, para si mesmo ou para um amigo, ou por escrito, em forma de diálogo entre dois personagens dentro de você, como o protagonista e o antagonista de uma peça.

Feche os olhos e fique do lado de um dos personagens, assumindo completamente aquele ponto de vista. Defenda seus argumentos falando em voz alta com o outro personagem. Deixe que metade de você seja o ator e a outra metade, a platéia. Não censure nada; apenas escute o que diz. Depois troque de lado e comprometa-se inteiramente com o ponto de vista oposto.

Um lado pode ser o seu crítico, e o outro, sua vítima; ou seu lado sério e seu lado brincalhão. Seja como for, observe qual deles lhe dá mais energia e qual lhe parece mais familiar.

Quando achar que não tem mais o que dizer, tente explorar novos territórios e expandir cada ponto de vista. O crítico pode ser menos rígido e cáustico e ainda manter padrões de excelência? A vítima pode continuar sendo sensível e profunda e fazer opções que superem e integrem os momentos difíceis como experiências válidas?

Só como uma ficção conveniente, imagine que vive dentro de você um espírito que o guia. O que esse seu aliado lhe diz? O que acha de ter esse espírito para guiá-lo e ampará-lo?

5. Explore seus devaneios e sua imaginação. Escolha um local tranqüilo, sem TV, rádio ou outras distrações. Deite-se de costas e relaxe, respire profundamente e olhe ao redor. Ao fazer isso, convide uma imagem a se apresentar à sua mente; imagine algo maravilhoso. Talvez tenha conquistado algo com que sonhou a vida inteira, como o afeto e a generosidade de uma pessoa, algum tipo de reconhecimento ou uma defesa contra algo que lhe pareça excessivo ou inadequado. Pode ficar de olhos abertos ou fechados, contanto que esteja desperto e alerta.

Procure deixar essa imagem mental ainda mais viva e nítida — ponha mais cores e detalhes nela. De vez em quando, solte alguns suspiros profundos, inspirando e expirando pela boca, e relaxe. Deixe a mente divagar para onde quiser e divirta-se com o cineminha em sua própria cabeça.

6. Tente promover um sonho lúcido. Se tiver um sonho recorrente em que o cenário mude, mas a situação ruim para você continue mais ou menos a mesma, junte-se a um amigo ou vários para falar de sonhos. Talvez todos tenham um sonho a contar.

Se estiver com um amigo apenas, pratique a respiração depuradora e, de olhos fechados, conte seu último sonho como se estivesse diante de um filme a que só você pudesse assistir. Torne-o mais atual e vívido descrevendo-o no presente do indicativo, como se não estivesse apenas sonhando de novo, mas revivendo-o. Imagine que esse sonho represente uma parte de sua vida e lhe traga uma introvisão, se conseguir decifrar o código.

Depois de contar o sonho até o fim, respire profundamente, observe se existem tensões ou emoções e relaxe. Em seguida, crie um diálogo entre os dois principais personagens do sonho. Parta do princípio de que eles podem representar não apenas você e a outra pessoa, mas também duas partes opostas de você mesmo. O que gostaria de dizer e não diz? Que fim gostaria de dar a essa recriação e em que ele difere do fim do sonho real?

Se no sonho houver alguma mensagem existencial para você — como a moral de uma parábola ou a legenda de uma foto de jornal — o que acha que seu eu mais profundo está tentando dizer-lhe? Tente dizê-la simplesmente numa frase. Por exemplo, uma pessoa que estava sempre correndo atrás de aviões e trens nos sonhos porque se perdia no caminho para os aeroportos e estações descreve assim a moral de seu sonhos: "Informe-se e conheça o roteiro antes de começar a viagem se quiser ter mais chance de chegar ao destino." A mensagem que ela tirou daí é que estava andando em círculos e precisava de um plano melhor para chegar aonde queria na vida.

Suspire profundamente e, como numa sugestão pós-hipnótica feita a alguém em estado de completo relaxamento, peça a seu eu onírico que aja de determinada forma da próxima vez que tiver esse tipo de sonho. Peça ao criador de sonhos que existe dentro de você que reprise logo o sonho em questão.

Você também pode tentar promover um sonho lúcido fazendo a si mesmo, logo antes de dormir, a sugestão de incluir uma determinada imagem em qualquer sonho que tiver naquela noite. A imagem pode ser você contando, correndo, jogando bola ou visitando um determinado amigo. Deite-se e, de olhos fechados, crie uma imagem agradável que queira que apareça em sonhos. Pratique a respiração depuradora por alguns instantes e relaxe enquanto mantém essa imagem na mente por um certo tempo. Continue praticando esse exercício até que ele funcione.

Se acordar de manhã e lembrar de um sonho cujo final não tenha gostado, volte a dormir para mudá-lo. Sonhe novamente com o final que gostaria que tivesse. Quando estiver satisfeito com o desfecho da situação do sonho, desperte-se.

7. Escreva sua visão do futuro de forma que ela o ligue a seu senso de objetivo e estimule a energia de suas convicções. Se pudesse construir o futuro exatamente do jeito que gostaria, o que faria? De que forma essa visão o inspira a agir? Se ela não o inspirar e energizar, tente criar uma visão positiva que provoque seu entusiasmo.

Um maior domínio sobre nosso modo de pensar, além das imagens mentais, diálogos e narrativas interiores que nos enchem a cabeça, tem influência direta sobre como nos sentimos. Um maior domínio sobre nossa vida mental dá-nos acesso ao reservatório de prazeres disponíveis para nós em nossas emoções positivas.

Capítulo 9

Prazeres Emocionais: Variações Sobre um Tema Amoroso

Como Ter Bons Sentimentos

A auto-aceitação, em seu sentido transformador (...) é difícil, precisa, sutil; não podemos realizar esse trabalho sozinhos. Precisamos de ajuda.
Um homem e uma mulher que vivam juntos, unidos pelos laços do afeto, da atração física ou emocional, dos interesses comuns ou da paixão sexual (...), podem ajudar um ao outro a conhecer-se enquanto seres de duas naturezas que contêm as sementes de uma misteriosa possível união?
Creio que essa ajuda seja possível entre duas pessoas. Ela é o amor.

Jacob Needleman

Joyce, uma animada mulher de trinta e poucos anos, olhos castanhos e cabelos louros longos e encaracolados, tentava decidir se terminava o namoro com Jeff, que conhecia havia um ano. Ele era carinhoso com ela e a havia feito pensar em casamento. Pouco antes ela havia conhecido Brad, um homem egocêntrico e de humor instável, que a atraíra muito. No consultório, ela pesava as qualidades de ambos. Jeff gostava de caminhadas tanto quanto ela, e juntos formavam uma péssima, mas unida, dupla no tênis. Brad, muito introvertido, era um talentoso compositor, e ela achava que poderia ajudá-lo a promover a carreira dele.

Algo crucial parecia-me faltar nos cálculos que ela fazia. Quanto mais falava, mais percebi sua ausência. Quando finalmente lhe fiz a pergunta que me saltava aos olhos — a saber, se amava algum dos dois —, ela ficou boquiaberta, olhando-me como se de repente eu tivesse começado a falar grego. Finalmente respondeu, num misto de ironia e desespero: "Acho que não sei o que é o amor. Sei muito mais sobre sexo que sobre amor."

Joyce não é a única a confundir o amor. Quanto sabemos realmente sobre algo que supostamente "faz o mundo girar"? Todos querem o amor. Queremos nos apaixonar, amar, ser amados e manter o amor vivo num relacionamento. O conceito do amor é essencial para o nosso código moral: amar ao próximo como a si mesmo. Porém, quantos de nós compreendem inteiramente e se sentem realizados em termos daquilo que todos concordam ser o supremo prazer do coração?

Eu tinha na agenda um grupo sobre relacionamentos, alguns dias depois da sessão com Joyce. Havia umas 25 pessoas sentadas em círculo na sala, a maioria entre 30 e 40 anos. Resolvi fazer uma pequena sondagem acerca do que elas pensavam sobre o amor.

Comecei perguntando-lhes o que era o amor, sentir se estavam amando naquele momento de suas vidas e se gostariam de amar mais. Um homem jovem de barba e olhar intenso, sentado na minha frente, disse: "Nunca tive o amor que preciso e acho que jamais terei." Uma mulher de ar esperto sentada à minha esquerda, um pouco mais velha, disse: "Acabo de finalizar um projeto que adorei executar no trabalho e foi um sucesso total. Sinto-me exuberante e gostaria que essa sensação perdurasse porque ela me faz acreditar que posso fazer qualquer coisa. Isso não é uma espécie de amor?" Outra mulher, à minha direita, disse: "Tenho várias amigas com as quais compartilho apoio e carinho. Sabemos que podemos contar umas com as outras. Gostaria de ter isso com um homem." Um jovem sentado um pouco adiante disse que era feliz por ter tanto amor em sua vida. Amava a mulher — virou-se, sorriu para a jovem a seu lado e segurou-lhe a mão — e a filhinha que tinham; amava também os pais, embora quisesse que eles o aceitassem mais. "Mas gostaria que minha mulher e eu estivéssemos apaixonados do jeito que estávamos antes do casamento, quando ficávamos excitados só de pensar um no outro." A moça concordou com a cabeça e acrescentou: "Gosto da paixão, mas é a intimidade que me faz sentir o amor. Para mim o amor é compartilhar com honestidade."

Cada uma daquelas pessoas se concentrara num aspecto diferente do amor. O rapaz que primeiro falara descrevera o amor como uma necessidade e aludira ao fato de sentir-se privado dele. A profissional bem-sucedida descrevera a emoção do amor: o coração cheio de entusiasmo, satisfação e orgulho no trabalho, uma forma de amor a si mesma. A que falara em seguida tocara na questão do vínculo do amor, a forte sensação de união entre as pessoas que se querem muito bem, como a que existe entre pais e filhos, entre irmãos e entre amigos. O jovem que falara depois dela referira-se ao laço na relação que tinha com sua mulher, sua filha e seus pais, mas estava especialmente preocupado com a maneira de manter a paixão num relacionamento de muitos anos. A mulher dele mencionara a intimidade e um tipo particular de interação.

Acrescentarei um outro tipo de amor que vale a pena explorar — o tipo a que particularmente aludira o casal em seu anseio de paixão e intimidade. Trata-se da ânsia de encontrar o verdadeiro amor — o que é partilhado por pessoas que desfrutam de intimidade emocional e física — e, talvez mais importante ainda, da capacidade de mantê-lo.

A verdade é que desejamos amor em todas essas áreas e, se o tivermos, chegaremos ao topo. Sem dúvida, realizar-se no amor é uma bênção. No entanto, quando é difícil encontrá-lo ou mantê-lo, sentimos sempre a tentação de culpar a situação, o parceiro ou as mulheres e os homens em geral. Mas precisamos ter em mente que sempre que o amor não nos realiza em algum de seus aspectos, talvez o fato se deva mais a nossa ansiedade de prazer do que ao azar ou às limitações do parceiro.

A raiva e o medo crônico podem deixar o peito tenso, transformando-o numa armadura. Nessas condições, quando os sentimentos despertados pelo amor fazem o coração crescer, pode haver uma sensação de desconforto por causa das sensações expansivas, que desencadeiam a ansiedade. À medida que o coração começa a apertar em resposta ao medo, a mente dá à negação do amor uma voz: a que critica a tudo e a todos. Qualquer que seja o grau de negação que possamos ter aprendido para não acontecer todo o amor a que temos direito, com coragem e consciência é possível abrir mais o coração e honrar a capacidade de conhecer e compartilhar os prazeres do amor. Podemos fazê-lo conhecendo melhor todas as diferentes espécies de amor, principalmente do ponto de vista da sua manifestação em nós.

O amor como necessidade

O amor é um nutriente tão essencial quanto o leite materno. Já falamos sobre os estudos que comprovam o quanto o toque e o contato físico são fundamentais para os bebês e as crianças pequenas. Outra pesquisa, voltada para o egoísmo e o narcisismo, cada vez maiores em nossa cultura, concentrou-se num período que é aparentemente crítico no desenvolvimento infantil. Ela demonstrou que, até mais ou menos os dois anos e meio, os bebês precisam sentir-se especiais, como se fossem os seres mais importantes do mundo. Se essas necessidades "narcisistas" forem satisfeitas e a criança se sentir amada e aceita em sua singularidade, terá uma noção mais verdadeira de si mesma enquanto pessoa e maior empatia em relação aos outros. Mas se essas necessidades não forem atendidas e a criança tiver de esconder seu verdadeiro eu para ser amada, pode ficar confusa quanto a seus próprios sentimentos, egocêntrica por estar sempre carente de aprovação e menos capaz de entender os sentimentos alheios e de demonstrar solidariedade.

As pessoas que não foram abraçadas, tocadas, embaladas, mimadas e aprovadas em seus primeiros anos de vida não irão sentir-se tão seguras quanto as que o foram. Se a necessidade de carinho físico e aprovação emocional não for satisfeita, o vazio pode durar para sempre. Algumas pessoas tentam suprir seu desejo de amor tornando-se ricas e poderosas ou por meio de comida, drogas ou da eterna devoção aos outros. Mas não existe fama e riqueza, ou outro tipo de compensação, que possa preencher o vazio deixado pela ausência do verdadeiro amor.

Felizmente, há esperança para todos nós. As pesquisas mostram que as experiências que faltaram na infância podem ser compensadas em qualquer idade. Os que se viram privados de amor quando crianças têm sua maior chance de encontrar amor e felicidade ao lado de alguém que goste de demonstrar carinho fisicamente. Em termos ideais, essa pessoa sabe não apenas dar, mas também ensinar o outro a aceitar o amor e a retribuí-lo, algo que as crianças carentes de amor normalmente não aprendem a fazer com seus pais.

Voltando àquele pequeno grupo que mencionei anteriormente, o rapaz desiludido na verdade teve a sorte de encontrar uma mulher assim. Peter havia sido criado por pais que simplesmente não ligavam para ele. Não se lembrava de nenhum abraço recebido deles. O mesmo podia dizer em relação aos dois irmãos mais velhos e à irmã mais nova. Tampouco lembrava-se de alguma manifestação de interesse por parte dos pais que não tivesse sido expressa em tom de voz zangado. Quando começou a sair com Carol, porém, Peter ficou impressionado com sua capacidade de afeto e carinho.

Várias vezes ele recuou no relacionamento por causa de mal-entendidos ou por interpretar Carol como exigente. Mas reconhecia que podia estar dando para trás porque aquela era a relação mais íntima que jamais tivera com qualquer pessoa, e isso não o deixava inteiramente à vontade. Assim, embora estivesse claro que Carol tinha suas limitações — gênio difícil e uma necessidade aparentemente insaciável de discutir a relação —, Peter sabia perfeitamente que aquela era a primeira vez que estava ao lado de alguém que poderia fazer seu coração derreter com apenas um sorriso.

Quando conheci Carol, imediatamente gostei dela. Era simpática, olhava as pessoas nos olhos e parecia realmente interessada nos pontos de vista de Peter, mesmo quando discordavam. Ela admitia ter um apetite maior que o dele para verbalizar as coisas, mas respeitava as diferenças existentes entre ambos e estava disposta a não ser tão intransigente em relação ao que ele chamava de "crônicas do relacionamento".

Enquanto Peter não precisava assegurar-se verbalmente das coisas tanto quanto Carol, o que ele precisava e de que gostava particularmente era o tempo que passavam juntos, um nos braços do outro, conversando ou em silêncio. Ele, que jamais recebera esse tipo de carinho físico de alguém, agora estava absorto nele. Era como se tivesse funcionado a vida inteira com pilhas prestes a perder a carga e o amor de Carol o enchesse de energia. Ele disse-lhe que era grato porque, graças a ela, podia sentir o amor que tinha por ela em seu coração — realmente senti-lo. E, porque ela não o criticava por sua inépcia no amor, mas era doce e carinhosa, ele sentia que ela o havia ajudado a aprender a amar.

Para Peter, sentir o amor como algo físico representou uma introvisão especialmente importante. Trata-se de algo que não é muito fácil para a maioria das pessoas. Geralmente temos uma mistura de sentimentos quando amamos alguém, inclusive ansiedade, decepções ou ressentimentos, e o amor fica enterrado embaixo deles. Porém, a capacidade de sintonia com a sensação física do amor — o calor da energia que irradia do peito e nos faz sentir expansivos — é crucial para todos os que desejam motivar-se para agir por amor ou partilhar essa emoção com outra pessoa.

O amor como emoção

Quando pergunto às pessoas em terapia o que estão sentindo, elas geralmente não têm problemas em descrever seu sofrimento emocional. Podem dizer que sentem raiva, ressentimento, ansiedade, vergonha, culpa ou depressão. Entretanto, quando se sentem bem, dizem apenas que estão OK ou mesmo que não estão sentindo nada, como se apenas o sofrimento contasse.

Para mim está claro que pouca gente realmente entende o que quer dizer emoção positiva. Mal posso me conter quando vejo um autor respeitado escrever que o amor não é uma emoção, mas um exercício da vontade, um ato altruísta de nutrir o crescimento do outro que nada tem que ver com sentimento. A promoção da visão do amor exclusivamente como obrigação ou abnegação apenas reforça as piores expectativas dos que têm fobia por compromissos.

Não acho que se trate de um mal-entendido apenas sobre a emoção do amor. A meu ver, existe aí uma falta de familiaridade com o que representa a emoção em geral. Muitas pessoas cresceram em lares onde as emoções eram escondidas e proibidas. Outras viram seus reais sentimentos serem invalidados por pais que insistiam em que os filhos não deviam sentir o que sentiam ou querer o que queriam. Algumas foram criadas em famílias nas quais uma surra era vista como um ato de amor. Qualquer um que tenha crescido assim provavelmente ficará confuso em relação a seus sentimentos, perderá sua bússola interior e sofrerá de uma espécie de "dislexia emocional" — a incapacidade de identificar ou formular claramente aquilo que sente.

Entretanto, descobriu-se que a capacidade de estar consciente dos próprios sentimentos e de deixar-se guiar por eles é um fator crítico para as pessoas desabrocharem na vida. Baseado numa bateria de estudos psicológicos, o dr. Daniel Goleman defendeu muito bem a "inteligência emocional" — a valiosa capacidade de deixar-se informar pelos próprios sentimentos para pensar com clareza e agir com sabedoria.

Talvez prefiramos crer que podemos entender as coisas apenas pela lógica, observando fria e duramente os fatos, mas, para Goleman, esse tipo de raciocínio é hiper-racional. As experiências emocionais aguçam a memória e a intuição e geram empatia pelos outros — trunfos importantes para boas opções. Ele demonstra que as pessoas de alto QI mas pouca capacidade de ler suas próprias emoções e as alheias podem na verdade sair-se pior no trabalho e nos relacionamentos que as de QI mais baixo, mas de maior conscientização em termos de sentimentos, sejam os seus ou de outros.

As pesquisas demonstram ainda que uma das qualidades mais importantes da inteligência emocional é a capacidade de entrar em sintonia com os sinais viscerais dos sentimentos quando eles se manifestam. As pessoas que têm a capacidade de monitorar as sensações em seu corpo a cada momento podem aprender a controlar seus estados de espírito, dominar suas emoções em favor de seus objetivos e estabelecer interação construtiva e satisfatória com outras pessoas. Fazendo assim, provavelmente serão recompensadas com sentimentos agradáveis no peito, vindos de um coração relaxado, caloroso e aberto.

A sensação da emoção: os verdadeiros sentimentos, de amor ou não

Qualquer emoção autêntica pode ser percebida como uma sensação em alguma parte do corpo. Se disser que sente algo, mas não sabe dizer em que parte do corpo, ou não está em contato com ele ou não é um sentimento, mas um pensamento. Fazemos isso o tempo todo — por exemplo, dizemos que temos medo de algo quando na verdade não temos mais. Estamos apenas repetindo uma velha história, uma velha forma de pensar a nosso respeito que já não é verdade.

Por outro lado, quando a emoção é genuína, pode-se senti-la no corpo, em especial no centro emocional, entre o rosto e a pelve. Todas as emoções nos induzem a fazer algo ou a expressar-nos. Se você, por causa do treinamento recebido na família, não se permite sentir totalmente o que está sentindo, resistirá a esse jorro de energia anestesiando a parte do corpo em questão.

Todos aprendemos a reprimir os sentimentos contraindo os músculos ativados e respirando superficialmente para não dissipar a contração. Se o sentimento reprimido for crônico, algo que venhamos prendendo há muito tempo, a sensação adapta-se à tensão constante e aquela área fica adormecida. Mas quando começamos a respirar profundamente e a redespertar o tronco, relaxando-o e possibilitando-lhe a ação, toda a energia emocional represada logo se fará sentir como tensão muscular em áreas bem delimitadas, principalmente se houver uma sensação de agitação subjacente. Assim, podemos sentir se estamos segurando alguma coisa dentro de nós e, se continuarmos a respirar profundamente e a alongar a área tensa por meio da inspiração, a tensão começará a dissipar-se.

Usando a experiência de muitos anos trabalhando a respiração com os pacientes e perguntando-lhes o que sentiam e onde, notei que existe uma admirável correspondência entre o tipo de emoção e o local do corpo em que ela se aloja. O que observei é compatível com as observações feitas por Wilhelm Reich há mais de setenta anos.

A tensão nos maxilares está relacionada com a determinação de controlar as emoções ou — quando os lábios se apertam, deixando os dentes à mostra, e os ombros e as costas se elevam — à raiva. Um nó na garganta muitas vezes é um sinal de tristeza. Quando a garganta fica seca ou contraída, é geralmente a sensação de medo. Tristeza, mágoa e decepção geralmente são percebidas como um peso no peito, ao passo que a ansiedade é muitas vezes sentida como uma faixa apertada em torno dele. A culpa e a obrigação muitas vezes surgem como um nó nas vísceras ou no diafragma. A vergonha pode ser sentida como uma contração nos genitais ou no ânus.

Já que todas essas emoções consistem numa ativação de energia à qual resistimos e que tentamos controlar por meio de uma contração, elas não são agradáveis: exigem isometria muscular e conflito mental. A resistência afeta o raciocínio. Ficamos autocríticos e pessimistas, o que só nos faz sentir pior. Por mais dolorosos que sejam esses sentimentos, quando nos decidimos a senti-los e expressá-los, a energia aprisionada sob a forma de tensão é liberada; o corpo se expande como se nos tivessem soltado.

Porém o amor é o sentimento mais expansivo e agradável que podemos ter. Ele é sempre sentido como calor, leveza e abertura no peito. Às vezes, o coração que ama bate mais rápido, ativado tanto pela adrenalina quanto por endorfinas, e nos sentimos fantásticos, entusiasmados e abertos. Em outras ocasiões, ele fica completamente relaxado, à vontade e aquecido. Isso se deve ao sistema parassimpático: não é um tipo de amor tão passional, mas ainda assim é muito gratificante. Quando existe amor no coração, sentimo-nos radiantes. A energia do amor sempre representa segurança, bem-estar e vitalidade.

Todas as emoções positivas são variações do amor. É sempre extremamente gratificante entregar-se a qualquer tipo de sentimento amoroso — seja de apreço, gratidão, orgulho, esperança, fé, devoção e, até mesmo, aquele sentimento injustamente execrado, a paixão. Sempre que agimos por amor — sendo generosos, corajosos ou compassivos —, sentindo essa emoção realmente nos mover, estamos diante do maior estímulo que pode existir. Sentimo-nos atraídos para o que amamos e nos sentimos bem em nossa própria pele. O coração irradia energia. Sentimo-nos flutuar. No nível mais elevado das emoções positivas — o dos prazeres emocionais de terceiro nível — estão eventuais explosões de encantamento, enlevo, júbilo, exultação e êxtase.

O amor cura

É fato científico: sentir a emoção do amor é saudável. As pesquisas apresentam uma grande quantidade de dados que provam que quando as pessoas se sentem amadas, pensam num ente querido, expressam reconhecimento, agem com caridade, cultivam amizades, elevam suas defesas imunológicas e contribuem para viver uma vida mais longa e saudável.

Em outro estudo, no qual se investigaram os efeitos dos estados emocionais da compaixão e da raiva sobre o sistema imunológico, os pesquisadores do Institute for HeartMath, em Boulder Creek, na Califórnia, fizeram testes com a saliva dos participantes para detectar a quantidade de imunoglobulina, cuja elevação está associada a uma menor incidência de doenças. Eles descobriram que, quando os participantes se concentravam intencionalmente em sentimentos de compaixão por cinco minutos, a quantidade da substância pesquisada aumentava. Quando se concentravam em sentimentos de raiva pelos mesmos cinco minutos, não só inibiam substancialmente sua imunidade, mas, em alguns casos, mantinham-se mais vulneráveis por até cinco horas depois da experiência.

Os mesmos pesquisadores demonstraram ainda que os sentimentos sinceros de amor e apreço levam os ritmos cardíacos a apresentar um padrão estável e regular. Isso não apenas contribui para a saúde do coração, mas também para o equilíbrio do sistema nervoso. Amor, carinho, esperança, fé e compaixão são, além de modos de sentir e agir, como alimento para o coração. Um médico homeopata que conheço tem em sua sala um quadro com os dizeres: "Um coração alegre é como o melhor remédio."

O amor como um vínculo

Quando alguém o acompanha pelas diferentes etapas de sua vida, compartilhando amor enquanto constrói uma história junto com você, forma-se um vínculo que é como se fosse gravado em sua fisiologia. Um vínculo é uma relação emocional profunda com alguém que você considera de sua família, independentemente de vocês estarem ligados pelo sangue ou pela amizade. Quando necessário, você lhe dá apoio e essa pessoa lhe retribui na mesma moeda.

O vínculo é o único compromisso verdadeiro. Hoje em dia fala-se muito em disposição para assumir compromissos. Você pode jurar ou prometer estar ao lado de alguém. Pode inclusive fazê-lo numa igreja. Mas, como disse certa vez Samuel Goldwyn, "um contrato oral não vale o papel em que é escrito". Não é o compromisso verbal que conta e, atualmente, o pedaço de papel que chamamos de certidão de casamento tampouco vale muita coisa. A única coisa que mantém as pessoas juntas é a construção de um vínculo sólido.

Por que alguém haveria de resistir à idéia de compartilhar um vínculo com outro ser humano? Provavelmente, um dos maiores medos por trás dessa resistência está no fato de que, compartilhando um vínculo, você se expõe ao sofrimento. Se jamais amar alguém profundamente, sem dúvida jamais terá de passar pela tragédia de perdê-lo. Não há como negar o fato de que estamos sempre correndo o risco de perder as pessoas a quem amamos. Elas podem abandonar-nos ou morrer. Mesmo quando se tem a sorte de ter um casamento maravilhoso e duradouro, um dos dois provavelmente sobreviverá ao outro. Mas a morte é um fato da vida, chegue você ao fim tendo desfrutado de uma relação amorosa profunda com alguém ou não.

Outra razão para as pessoas às vezes evitarem sentir o amor é que os sentimentos que fazem o peito expandir-se podem dar medo aos que sofrem de ansiedade de prazer. Se tiverem o hábito de resistir ao entusiasmo, os sentimentos ligados ao amor podem fazê-los contrair-se e achar algo que criticar no alvo potencial de seu amor. Sem dúvida, é triste pensar que alguém possa rejeitar o amor porque não consegue tolerar sentir-se tão bem, mas isso acontece muito.

Um outro medo despertado pelo compartilhar de um vínculo amoroso que precisa ser abordado está na crença de que é preciso provar o amor renunciando às necessidades pessoais. Provar é não amar. Provar tem que ver com desempenho; é o que se faz por fora. Amar tem que ver com experiência; é o que se sente por dentro. Quando as pessoas se sentem obrigadas diante daqueles a quem amam, o nó que sentem nas vísceras pode apagar o sentimento do amor, deixando o vínculo mais fraco, em vez de fortalecê-lo.

Por outro lado, quando você sente amor no coração e está motivado a dar a partir de sentimentos genuínos, a doação transforma-se num raro prazer. Os amantes gostam de presentear-se, vestir-se para agradar um ao outro, dar apoio e ser gentis — não porque isso seja uma exigência, mas porque a sensação de expressar o carinho é boa. Uma mulher pergunta ao parceiro sobre o que acha antes de aceitar um convite endereçado aos dois, não porque seja obrigada a fazê-lo, mas porque este é um sinal de respeito. Um homem que deseja outra mulher e decide não consumar seu desejo age assim, não porque sua parceira iria fazer um escândalo se descobrisse, mas porque ele se sente bem em ser sincero com ela.

Talvez, na verdade, não se trate de nos doarmos ao outro porque o amemos, mas ao invés disso, nós o amemos porque nos entregamos a ele. Antoine de Saint Exupéry, escritor e aviador francês, expressa esse sentimento em *O pequeno príncipe*. Ele descreve o momento da descoberta, quando o pequeno príncipe percebe o que torna tão especial sua única rosa no pequeno asteróide, apesar de ela, na verdade, não ser diferente das que existem aos milhares na Terra. Graças à raposa, o pequeno príncipe de repente entende que o que faz sua rosa tão especial é o fato de haver cuidado dela — regou-a e protegeu-a e matou lagartas por ela. "Porque foi a ela que eu ouvi, quando resmungava, gabava-se ou mesmo quando ficava em silêncio." Agora que o pequeno príncipe compreende, a raposa lhe conta um segredo muito simples: "É apenas com o coração que se pode ver direito; o que é essencial é invisível aos olhos. (...) É o tempo que você gastou com sua rosa que a torna tão importante."

A paixão: apaixonar-se

Apaixonar-se é um dos prazeres mais fortes da vida. Você de repente fica encantado por alguém que lhe parece um ser humano espetacular, raríssimo. Você quer falar dessa pessoa a todos os seus amigos e, ao fazê-lo, não consegue parar de sorrir. Fica empolgado só de pensar no próximo encontro.

Eu posso lembrar do instante em que me apaixonei pelo homem que viria a ser meu marido. Para mim, nossos primeiros encontros foram relativamente mornos. Ele já parecia estar um tanto enamorado, e eu não estava inteiramente à vontade com aquilo (com certeza, resquícios de minha ansiedade de prazer). Mas um sábado que passamos juntos foi maravilhoso: andamos de bicicleta o dia todo, cantando músicas antigas bem cafonas um para o outro. No fim do dia, fomos jantar. O restaurante estava lotado e, enquanto esperávamos uma mesa, ele se aproximou com um grande sorriso e um olhar cálido e me deu um beijo no nariz. Havia qualquer coisa naquele gesto simples — talvez tivesse algo que ver com o carinho com que me olhara — que era o auge de toda a ternura que eu vinha sentindo por aquele homem desde o dia em que o conhecera. Simplesmente derreti. Meus joelhos tremiam, soltei um gemido e agarrei um botão da jaqueta com tanta força — acho que para fazê-lo de muleta — que o arranquei. Chocada, abri a mão e ambos ficamos olhando aquele botão revelador, ali, na palma. Então ele jogou a cabeça para trás e caiu na risada. Havia entendido claramente o que acontecera.

Quando se está apaixonado, o coração salta só de pensar no outro. Você se sente acender.

O fato é que, bioquimicamente, o organismo realmente se acende. Michael Leibowitz, um psiquiatra que vem pesquisando a fisiologia do amor, demonstrou que as fases iniciais desse sentimento podem induzir a mais forte reação do sistema límbico — a parte do cérebro conhecida como centro do prazer. Esse tipo de amor, ao que parece, é um estimulante ainda mais poderoso que as anfetaminas ou qualquer tipo de mania.

A pesquisa demonstra que a paixão — caracterizada basicamente por uma atração muito forte — aciona um poderoso neurotransmissor conhecido por feniletilamina. Ele faz o cérebro funcionar mais rápido e provoca sensações de contentamento, euforia e exaltação. Graças à feniletilamina, os apaixonados podem ficar horas um nos braços do outro sem perder o interesse, dançar até as três da manhã e fazer amor até o dia raiar porque estão literalmente sob efeito do amor.

Porém, a pesquisa coletou evidências conclusivas de que esse nível de empolgação, considerado a fase da paixão, geralmente dura entre três dias e dois anos e meio, no máximo. Se os apaixonados conseguem atravessar a fase da atração e estabelecer um vínculo, a química muda — não só entre os dois, mas dentro de cada um também. A química predominante do cérebro nesse instante são as endorfinas, que acalmam a mente, produzindo uma sensação de segurança e um decréscimo na ansiedade. Conforme se evidenciou, a paixão é como tomar um excitante, ao passo que o laço amoroso é mais como estar sob o efeito de um tranqüilizante. O dilema é que, se o vínculo, por um lado, traz a sensação de segurança e conforto, a fase da paixão num relacionamento, por outro, é muito mais excitante.

A paixão, no início de um relacionamento amoroso, geralmente o faz sentir-se como se tivesse encontrado o rei ou a rainha dos seus sonhos, o único ser humano que o completa perfeitamente. A uma certa altura, porém, o mito da perfeição é desfeito — naturalmente. Simplesmente o que é perfeito para você não é necessariamente perfeito para seu amor. Então o êxtase da ilusão inevitavelmente dá lugar ao desespero da desilusão. Se estiver procurando um Xangrilá e só encontrar a porta de sua própria casa, talvez resolva partir para outra, em busca de mais uns meses de magia. Se resolver ficar, mesmo que ambos estejam se magoando, pode ser que, na verdade, estejam sendo inconscientemente coniventes na adoção de um meio negativo de manter a paixão no relacionamento.

A paixão negativa: quando se gera intensidade destrutiva num relacionamento "fazendo cenas"

Um fator crítico para a manutenção da paixão no amor muitas vezes consiste na existência, por um lado, de fortes sentimentos que atraem os dois amantes e, por outro, de forças igualmente poderosas que os mantêm afastados. A paixão floresce quando existe a mistura exata de desejo e premência, obstáculos e separações forçadas a superar. Quando os amantes não podem ficar juntos, seja pela distância ou pelas circunstâncias, seu desejo insatisfeito se torna uma força poderosa, que aumenta a intensidade de seus sentimentos. Todos os grandes amantes míticos foram tragicamente separados. Romeu e Julieta, Lancelote e Guinevere, Tristão e Isolda — esses casais não chegaram a estabelecer exatamente uma família. Existe algo nas forças que impõem a separação que aumenta natural, orgânica e magicamente o magnetismo entre os amantes.

As vítimas do Cupido de hoje em dia podem trocar telefonemas calorosos, nos quais sussurram juras de amor eterno de uma forma que simplesmente não teria o mesmo impacto se fossem proferidas no sofá da sala — principalmente se o sofá pertence a ambos. E, se tiverem um caso extraconjugal e só puderem encontrar-se em segredo, o medo de serem descobertos e os elementos do risco e do perigo acrescentam a adrenalina que atiça a chama de seu desejo.

Mas as pessoas que se alimentam do amor romântico também se comprometem. Quando não existem circunstâncias externas que as separem de seus amores, elas muitas vezes promovem inconscientemente uma tempestade em seus relacionamentos, criando melodramas. Já vi muitos casais reacenderem a paixão no relacionamento "fechando o tempo".

Duas pessoas "fecham o tempo" fazendo uma cena emocionalmente carregada, na qual ambos se tornam alvo de sentimentos extremamente negativos. Gritam, batem portas e dizem coisas terríveis que, depois, acabam lamentando. Podem ameaçar ir embora e, em seguida, atirar-se contra os móveis, aos prantos e pedindo perdão. Para a força gerada ser ainda maior, eles podem fazer tudo isso na presença de terceiros. Inicialmente, o conflito afasta o casal, mas depois torna mais intensa a paixão e, finalmente, age como um afrodisíaco que os põe um nos braços do outro, loucos para fazer amor.

Já vi casais manterem por anos relacionamentos que se esvaíam com o pathos dos testes, das provocações e dos comentários ferinos que gradativamente chegavam ao cúmulo das recriminações cortantes, até um dos dois sangrar emocionalmente. Então, a certa altura, a cena descambava para lacrimosas reafirmações de devoção eterna. Infelizmente, esse tipo de enredo rouba mais energia do que dá e acaba sucateando o que existe de bom no relacionamento para alimentar uma compulsão histriônica. Criando problemas, pode-se manter a paixão por certo tempo, mas se a novela não abrandar, o casal pode acabar pondo o relacionamento a perder.

Eis a grande questão: é possível manter a paixão num relacionamento amoroso sem todo esse barulho e toda essa fúria? A resposta sincera é: não é fácil.

Se um relacionamento consegue atravessar a fase da ilusão e recuperar-se da fase da desilusão e o casal se dá bem, sua relação pode facilmente transformar-se naquele tipo de amor maduro que é confortável, mas não é nada que acelere a pulsação. Porém permanece o fato de que, se a excitação acaba, vai fazer falta. Todo mundo sabe que existem meios de se manter um certo grau de romance dentro de uma relação longa — encontros românticos, uma noite num hotel, sem os filhos, ou uma *lingerie sexy*. Mas tudo isso são abordagens superficiais de uma questão muito complexa.

Existe um meio muito mais profundo de gerar uma paixão verdadeira num relacionamento de muitos anos. Mas para isso é preciso que saibamos redefinir a intimidade.

O que é, afinal, a intimidade?

A maneira como tradicionalmente se entende a intimidade influi imensamente na grande dificuldade de comunicação entre homens e mulheres. Se considerarmos a intimidade como compartilhar fraquezas e vulnerabilidades, entenderemos por que as mulheres são mais dispostas a essa troca que os homens. Elas foram ensinadas a pensar que ser fraca e vulnerável é bom; ser sensível, chorar e perder no xadrez é feminino. Com a assimilação desse tipo de fragilidade, a intimidade é algo que está sintonizado com o ego das mulheres — está em harmonia com a maneira como aprenderam a ser fêmeas.

Mas demonstrar fraqueza está em distonia com o ego dos homens. É antitético em relação aos padrões culturais de masculinidade; contrário ao que se presume que seja ser macho. Desde que ainda usavam fraldas, os homens foram incentivados a não deixar tremer o lábio, a não demonstrar fraqueza e a ganhar, ganhar e ganhar. Isso significa que as mulheres se sentirão mais atraídas pela noção padrão daquilo que se chama comunicação íntima porque ela se ajusta à programação para um papel de gênero feminino muito mais do que à programação masculina tradicional. Na verdade, em muitos aspectos elas são diametralmente opostas.

Achar que homens e mulheres devem ou não ser condicionados assim é uma questão social. Mas quando se trata de sua capacidade de ter um relacionamento amoroso feliz e bem-sucedido, isso se torna completamente irrelevante. O condicionamento já está instalado em nossos circuitos. Todos temos de lidar com as coisas conforme são. Isso quer dizer que a maioria dos homens de criação tradicional está destinada a ser mais limitada que as mulheres em termos de intimidade? Sim — se continuarmos pensando em termos dos antigos modelos de troca íntima. Mas existe outra forma de entender a intimidade, que pode de fato incluir um pouco mais de igualdade no jogo e faculta aos homens a mesma capacidade das mulheres.

A intimidade como forma de revelação do verdadeiro eu

Numa visão tradicional, a intimidade revela ao outro o verdadeiro eu. Deve-se ser sincero acerca das próprias fraquezas e dizer a verdade sobre si mesmo. Mas, na realidade, podemos ser perfeitamente honestos com a outra pessoa sem necessariamente dizer-lhe a verdade. Você pode pensar que está expondo o seu verdadeiro eu, embora esteja simplesmente repetindo uma velha história que vem se contando há anos. Está sendo honesto, mas o que compartilha é um reflexo de algo em que crê e não de algo que sente; este não é um reflexo que faça justiça ao seu verdadeiro eu.

Vista assim, a intimidade também cheira a confissão e a ter de explicar-se. É possível criar uma teoria plausível para explicar porque sentiu ou fez alguma coisa. Mas não será uma verdade interior profunda da mesma forma que seria sentir essa verdade no próprio corpo — como uma sensação física.

A intimidade como autodescoberta diante de outra pessoa

Uma forma mais positiva e produtiva de entender a intimidade é pensar nela como um processo de auto-revelação, isto é, de descobrir a si mesmo na presença de outra pessoa.

A auto-revelação requer apenas que se esteja com alguém e que se descubram os sentimentos naquele momento. É doce rendição em nível emocional, quando se sente tão à vontade e aceito pelo outro que só estar com ele põe você em contato com suas camadas mais profundas.

Esse tipo de intimidade é um processo em que ambos os envolvidos estão centrados no presente. As coisas são exploradas a dois, não com auto-explicações, mas com a análise das sensações no momento em que elas se verificam no corpo e sua descrição a um parceiro, junto com os pensamentos, imagens e lembranças que vêm espontaneamente à cabeça. Existe uma congruência, um ajuste, entre o que se passa dentro de você — o que você sente — e o que você demonstra no rosto e no corpo ou expressa verbalmente.

Esse tipo de intimidade exige a coragem de entrar em contato com suas verdades, a capacidade de decifrar seu interior e descrever e comunicar sua experiência presente a seu parceiro. Como você quer que ele seja capaz de ouvi-lo, deve procurar descrever claramente e sem culpas seus sentimentos. A auto-revelação é o que propicia a introvisão em terapia — embora, nesse caso seja, necessariamente, unilateral. Num relacionamento amoroso, os parceiros podem familiarizar-se mais com seu verdadeiro eu e com o do outro. A chave para esse tipo de intimidade é descrever a experiência sem tentar explicá-la ou justificá-la.

Obviamente, se o seu parceiro gosta de fazer cenas e reage com raiva ou histeria à sua verdade, isso vai inibir a verdadeira intimidade e não incentivará nem a autenticidade nem a auto-revelação. Não há como fugir disto: as cenas limitam o relacionamento em todos os aspectos. Por outro lado, se ambos estiverem dispostos a levar o barco de modo construtivo, arejar os sentimentos e descobrir as próprias verdades um perante o outro, essa forma de comunicação pode deixá-los mais próximos e mais íntimos em relação ao outro.

Isso reconhecidamente não é fácil, principalmente quando se está destreinado. Para ver os confrontos como oportunidades de se descobrir, e não de criticar e culpar, é preciso muita concentração e muita respiração profunda. Mas, com a prática, esse tipo de intimidade irá mostrar-se muito mais estimulante: além de estreitar os laços, não coloca um sexo em desvantagem em termos de capacidade, pois é tão desafiadora para os homens quanto o é para as mulheres.

Nos exercícios que acompanham este capítulo, você terá oportunidade de experimentar este processo de intimidade que se concentra no presente.

Paixão positiva: individualistas íntimos

Todos já ouvimos dizer que, quando se casam, duas pessoas se tornam uma. A pergunta é: se é assim, quem se transforma em quem? Para manter a ilusão da completa harmonia, ambas teriam de reprimir as qualidades que as distinguem. Sem respeito pelas diferenças, sempre há, logo de início, uma perda da dinâmica que uniu aquelas duas pessoas.

Entre os casais mais felizes que conheço — o que inclui não só um vínculo, mas também uma evidente centelha de paixão — há um mínimo de cenas. O que mantém sua paixão viva é sua individualidade.

Eles podem viver juntos, mas cada um é ele mesmo, com o seu próprio trabalho e seus próprios interesses. Podem ter amigos comuns, mas também têm seus próprios amigos. Podem ter contas separadas nos bancos e, de vez em quando, viajar sozinhos a trabalho, em visita a familiares ou até mesmo em férias, sentindo saudades um do outro, trocando telefonemas provocantes e criando reencontros românticos.

Entre essas pessoas existe também a disposição de tocar o barco juntas, em vez de sufocar-se em nome da paz. Isso é diferente de fazer cenas porque elas não estão gerando força emocional, criando dramas. Pelo contrário, estão dispostas a confrontar dificuldades com coragem, desafiando-se a exprimir o que querem de forma carinhosa, em vez de punitiva, para que possam ser ouvidas da melhor maneira possível. Incentivam o outro a crescer, em vez de culpá-lo e castigá-lo por suas limitações, e estão abertas para descobrir suas verdades na presença dele. Ao que tudo indica, o respeito pelo outro, a capacidade de abertura para aceitar o retorno que é dado com carinho e a oportunidade de compartilhar autodescobertas têm sido grandes afrodisíacos.

O fato é que a relação homem-mulher vem sofrendo grandes mudanças não apenas em nossas vidas pessoais, mas em nossa sociedade. Para Riane Eisler, chegamos à segunda etapa de uma revolução sexual em andamento, na qual nosso anseio por uma relação satisfatória está promovendo a emergência de um novo modo de relacionamento orientado para a parceria. Eisler cita um movimento social sem precedentes com um grande contingente de homens e mulheres conscientes e deliberadamente dedicados a desaprender os modos de relacionamento de antigamente, que perpetuam a guerra entre os sexos. Hoje existem mais oportunidades do que nunca — traduzidas em grupos masculinos e grupos femininos, aconselhamento de casais, cursos e livros como este — para os que querem superar os hábitos desgastados que favorecem as lutas pelo poder e reaprender a amar de modo mais carinhoso e empático, como parceiros e iguais.

O relacionamento evocativo: como extrair o que existe de melhor no outro

A lição a aprender quando se quer manter o prazer e a paixão num relacionamento de muitos anos aparentemente é: o que mantém o ardor é o equilíbrio certo entre proximidade e privacidade. É muito mais estimulante estar com alguém que tem interesses com os quais você pode aprender e que, periodicamente precisa ser paquerado e reconquistado do que com alguém que se dispõe a amputar partes de si mesmo para manter a paz. Para o homem ou a mulher contemporâneos, um relacionamento que tenha mais espaço talvez tenha, afinal, mais solidez.

Acho que esse é um meio evocativo, que contrasta com o meio provocativo que as pessoas usam quando fazem cenas para gerar paixão. A cena prende os participantes numa luta pelo poder, pois eles tentam influenciar um ao outro pela manipulação e pelo castigo. Mas já vimos como o ethos do castigo pode ser destrutivo quando se trata de relacionamentos amorosos.

Quando se é evocativo, em vez de se concentrar naquilo que não se ama no outro e castigá-lo por isso, você estimula nele o que você ama. Um cuida do outro para que seja o melhor que pode, ficando assim parceiros fortes no que respeita à contribuição para o crescimento como pessoa um do outro.

O amor verdadeiro

O amor verdadeiro não é apenas a sinceridade com o outro. O amor mais gratificante é aquele em que se é sincero consigo mesmo. Você se abre para descobrir a si mesmo na presença do outro justamente porque quer ser amado pelo que realmente é, não pelo que pode fingir ser.

A maioria das pessoas acha que quando se compartilha um verdadeiro amor, a vida tem mais sentido. O escritor americano Jacob Needleman acha que a qualidade fundamental que permite às pessoas manter um relacionamento longo e satisfatório é que, juntas, elas se dedicam a descobrir e construir o sentido de suas vidas. Elas apóiam e estimulam o crescimento pessoal uma da outra, e o que faz o relacionamento florescer é que fazem isso juntas.

Para ter paixão no seu relacionamento, você precisa ter uma paixão na sua vida, e isso geralmente depende de sua disposição para empenhar-se naquilo que é importante para você. Quando sentem amor no coração, ajudam um ao outro a crescer como pessoas e apóiam aquilo que é importante para o outro, dois parceiros de vida têm realmente muito que agradecer. Eles estão promovendo ativamente um dos maiores prazeres da vida: o verdadeiro amor.

Exercícios

1. Você tem o amor de que necessita? Em caso afirmativo, ótimo. Do contrário, como você poderá obter mais amor de suas amizades e sua família? Se tiver um parceiro, converse com ele sobre como, juntos, vocês podem intensificar seus sentimentos de amor. Não se queixe; em vez disso, dê-lhe instruções. Tente pedir o que você quer de uma forma que faça seu parceiro feliz em dá-lo a você.

2. Pratique o controle da respiração e faça seu inventário emocional. Todas as emoções podem ser vivenciadas subjetivamente em alguma parte do corpo. Para ficar mais hábil na leitura de seus verdadeiros sentimentos, aprenda a identificar suas emoções observando em que lugar de seu corpo você as sente primeiro. Em seguida, verifique quais os pensamentos ou diálogos que lhe cruzam a mente e quais as imagens que se apresentam. Finalmente, veja o que seus sentimentos lhe dão vontade de fazer: correr, chorar, abraçar ou sorrir.

De olhos fechados, respire três vezes pelo nariz até encher o peito e expire totalmente o ar pelos lábios ligeiramente entreabertos (respiração depuradora). Dê um ou dois suspiros profundos e, então, analise seu corpo. Verifique se existe alguma tensão, compressão ou excitação em algum ponto de seu centro emocional (a área entre a cabeça e a pelve). Se existir alguma contração, principalmente se aliada a uma palpitação, é provável que ela seja parte de uma reação emocional.

Verifique se existe algum indício de preocupação ou vontade de chorar em seus olhos; de raiva ou de desejo de controle em seus maxilares; de medo ou tristeza na garganta; de mágoa, decepção ou ansiedade no peito; e de culpa ou obrigação no diafragma. Pode ser que sinta no peito sentimentos expansivos como o amor, o orgulho, a gratidão e a esperança. Observe de que modo seus sentimentos afetam o resto do seu corpo.

Se se sentir triste, mas seu pesar estiver preso dentro de você, e quiser chorar sem conseguir, experimente a respiração energizante. Suspire de cinco a dez vezes pela boca e, então, pare e observe o que sente. Se as lágrimas vierem, ótimo. Aproveite. Caso contrário, pratique a respiração energizante mais uma vez e, se as lágrimas ainda assim não vierem, pare por aí e tente outra vez quando tiver feito alguns dos demais exercícios.

Que pensamentos ou imagens surgem de suas emoções? O que seus sentimentos lhe dão vontade de fazer? Conte o que observou a uma pessoa íntima ou tome notas num caderno.

3. Pratique esta visualização do amor. Pratique uma série de três respirações depuradoras e visualize alguém por quem tenha gratidão, alguém com quem tenha um vínculo de amor. Mantenha a imagem dessa pessoa em sua mente e tente sentir seu peito abrir-se e relaxar e seu coração se aquecer. Rememore situações específicas em que essa pessoa tenha feito uma gentileza a você, ou pense nas qualidades dela que mais lhe agradam. Faça essa visualização sempre que se sentir tenso e deprimido ou tiver medo ou raiva e deixe que a sensação do amor o acalme e conforte.

4. Pratique a intimidade como auto-revelação. O objetivo deste exercício é explorar o processo de autodescoberta na presença de outra pessoa. O segredo para sua execução adequada está em manter-se no presente tanto quanto possível, observando sua experiência de cada momento. Conte a seu parceiro como percebe as sensações corporais, as imagens ou lembranças que lhe vêm à mente ou os diálogos interiores que se processam em sua cabeça. Diga-lhe qual o efeito dessas experiências interiores sobre você.

Escolha um assunto pessoal que interesse a ambos. Pode ser algo que concordou em fazer e que deseje renegociar ou uma preocupação com algo que aconteceu ou que está por acontecer.

Comecem praticando a respiração depuradora por alguns instantes, verificando se existe algum sinal de compressão ou excitação no corpo e simplesmente digam um ao outro o que observam em seu próprio corpo. Seu peito pode estar comprimido porque você está com medo, por exemplo. Ou sente um nó nas vísceras porque acha que está sobrecarregado. Talvez seu coração esteja leve e cheio de amor.

Quando abordar a questão que decidiram discutir, atenha-se o mais possível à experiência presente, sem tentar justificar-se ou explicar-se. Se não gostar do que seu parceiro lhe disser, conte-lhe como se sente, mas procure não fazer cenas nem castigá-lo por sentir ou dizer isso. Veja se consegue encontrar novos pensamentos e sentimentos, em vez de percorrer os caminhos que já conhece. O importante é falar e ouvir, não só dar informações ao parceiro, mas também ouvir o que ele tem a dizer. Tente aprender algo de novo sobre ambos.

5. Se tiver um parceiro, ou parceira, pergunte a si mesmo de que modo tem evitado ser inteiramente sincero consigo mesmo no relacionamento. Mesmo que não se sinta à vontade para dizer a verdade a ele ou a ela, procure saber claramente qual ela é. Escreva-lhe uma carta — a qual poderá entregar-lhe ou não — e exponha os sentimentos que lhe sonegou. De que forma isso contribuiu para manter seu relacionamento em banho-maria? Você tem coragem de contar a verdade?

6. Inspire o parceiro com seu amor e procure extrair dele o que tem de melhor. Diga a seu parceiro o que mais ama nele. Seja bem claro quanto a sua gratidão, compreensão e empatia diante das dificuldades que atravessam juntos e seu orgulho pelo que realizam.

Agora estamos prontos para tentar atingir inteiramente todo o nosso potencial de prazer. No próximo capítulo, veremos de que maneira o cultivo da capacidade de ter prazer no que vemos, ouvimos, cheiramos, comemos e tocamos não apenas nos torna mais sensuais, mas também nos ajuda a desenvolver certas qualidades muito especiais.

PARTE 4

A Atualização de Todo o Seu Potencial de Prazer

☙

Capítulo 10

Os Prazeres Sensuais: Os Sentidos e a Capacidade de Sentir

Como Tornar-se Mais Sensual

Se pudéssemos ter não só a visão, mas o sentimento profundo da vida humana, seria como ouvir a grama crescer e o coração do esquilo bater, e morreríamos do estrondo que jaz no outro lado do silêncio.

George Eliot

É através dos cinco sentidos que apreendemos o mundo. Tudo que sabemos sobre o meio em que vivemos decorre da forma como o cérebro reage a estímulos e os interpreta à medida que eles vão se impondo a nós. Determinados órgãos agem como receptores sensoriais de informações: os olhos captam fótons de luz, os ouvidos apreendem ondas sonoras, os dedos e a pele discernem texturas e temperaturas, o nariz absorve moléculas aromáticas, e a boca e a língua reagem ao que é lambido, chupado, mordiscado e mastigado.

Existe, porém, uma grande diferença entre a experiência sensorial e a experiência sensual. O sensorial está relacionado com dados. Recebemos informações sensoriais de tudo o que está ao nosso redor e dentro do nosso corpo: conhecidos como proprioceptores, os órgãos sensoriais internos permitem-nos saber quando precisamos de água ou quando sentimos tensão, dor ou satisfação. Por outro lado, ser sensual é demorar-se na fruição de um estímulo, deixar-se atrair por sua beleza e concentrar-se nele, não por causa da informação, mas por prazer.

Quando alguma coisa é extremamente sensual, pensamos nela como algo perceptível pelos sentidos. As pessoas geralmente se sentem muito atraídas pelas experiências que envolvem o elemento sensual, pois elas podem despertar a emoção. Podemos nos emocionar com o aroma do jasmim em flor numa noite quente; com o turbilhão de cores vibrantes de um quadro de Monet; com a doce e verde fragrância de grama recém-cortada; com a visão das últimas estrelas ao nascer do sol, quando o céu cor de pêssego começa a ficar azul, ou com a pele macia e enrugada da mão de um recém-nascido.

O melhor do prazer sensual é que ele nos desperta para o momento presente. Quando paramos numa janela para olhar a paisagem e admirar o jogo da luz do sol numa árvore, ou quando acordamos de um devaneio com o cantar de um pássaro, estamos saboreando o que está acontecendo naquele instante. A intensidade da experiência nos arranca dos sonhos que criamos na mente, nos quais podemos nos perder, e nos traz de volta ao corpo, onde nos sentimos mais vivos por inteiro.

O blecaute parcial dos sentidos

Lamentavelmente, quase nunca reservamos tempo para ficar "curtindo" uma sensação ou um cheiro bom e, assim, quase sempre deixamos passar as oportunidades de prazer sensual de tudo o que existe à nossa volta. Pode até haver boas razões para isso, principalmente nas grandes cidades, onde há muitas realidades que evitaríamos, se pudéssemos: os elementos químicos tóxicos presentes na atmosfera e o medo e a tristeza nos olhos dos desabrigados são coisas que ninguém enfrenta de bom grado.

Todavia, quando bloqueamos os sentidos ao sofrimento, estamos restringindo também nosso potencial para o prazer. Nosso sistema sensorial é equipado para reagir às mudanças no ambiente. Adaptamo-nos de modo relativamente rápido à constância no campo visual, aos sons repetitivos, aos toques previsíveis e aos sabores e aromas demasiado conhecidos. Tudo que é constante deixa de ser um estímulo, fazendo-nos "desligar" de sua ocorrência. Uma das maiores qualidades do prazer sensual é que ele funciona como uma resignição dos sentidos, recolocando-nos em sintonia com o mundo que nos cerca.

Treinamento para estreitar o campo do prazer

Quando bebês e criancinhas, todos somos muito sensuais. Somos fascinados por tudo que existe para se ver. Gostamos de sabores doces e de todos os novos tipos de aromas. Gostamos de dormir agarrados a ursinhos de pelúcia, ao som de uma canção de ninar.

Mas logo aprendemos que desfrutar abertamente do prazer sensual é inadequado. Os adultos geralmente sentem-se pouco à vontade diante de uma demonstração de sensualidade infantil. Assim, ela acaba sendo contraposta à sensualidade no sexo, sem margem para nenhuma possibilidade entre um extremo e outro. Aprendemos a evitar a exposição demasiada a qualquer tipo de estímulo.

Uma paciente que veio à terapia para investigar a causa de sua falta de interesse sexual pelo marido lembrava-se de ter sido humilhada pela mãe por causa de sua sensualidade. Na escola, Mary Lou e sua melhor amiga, Abbie, costumavam sentar-se em carteiras que ficavam lado a lado e, às vezes, na aula, roçavam-se lenta e levemente as pernas. Um dia, a professora viu e mandou uma carta advertindo os pais de ambas.

A mãe de Mary Lou ficou apavorada e disse à filha que já estava crescida demais para brincar assim com Abbie e que, se não parasse com aquilo, tornar-se-ia uma "invertida". Mary Lou achou que a mãe tinha exagerado, mas pediu à coleguinha que parassem de brincar daquele jeito.

Isso parece um fato inócuo. A própria Mary Lou achou que a mãe havia sido excessivamente pudica. Mas, a seu ver, o desconforto que lhe provocava a experiência sensual provinha dessa época. Talvez sua memória tenha encapsulado um grande número de experiências nas quais sua mãe (talvez também outros parentes) e, com certeza, a própria escola massacraram o lado sensual de sua natureza.

Logo depois desse incidente, Mary Lou começou a comer em excesso e, desde então, tem tido problemas de peso. Hoje, ela reconhece que a comida é a única válvula de escape que deixou para a sensualidade. Quando começamos a falar sobre o cultivo da sensualidade em outras áreas de sua vida, ela sentiu todo o corpo se contrair. Podia passar horas fazendo massas caseiras e molhos elaborados; assar pães nos formatos mais complicados; enfim, qualquer tipo de comida. Mas só de pensar em banhos de banheira à luz de velas ou massagens a dois com óleos perfumados, ficava tensa. Tinha paciência para esperar o pão crescer, mas não para despertar sensualmente e desfrutar de seu próprio corpo.

As vantagens especiais da sensualidade

Tornando-nos sensualmente mais atentos, ficamos também mais receptivos a todos os prazeres que já conhecemos. Quando nos rendemos aos sentidos, é mais fácil relaxar e apenas ser — a fruição sensual estimula a liberação do sofrimento. A sensualidade incentiva e intensifica de forma muito natural o espírito lúdico, desvia-nos de nossa obsessão pelo racional e ajuda-nos a relaxar e a regular o coração. Como veremos adiante, uma maior sintonia com a sensualidade aumenta imensamente o prazer sexual e, com a maior capacidade de percepção que ela permite, podemos até atingir um maior contato com nosso lado espiritual.

Mas o cultivo da sensualidade tem ainda outra grande vantagem: ele nos torna mais intuitivos, talvez a ponto de dotar-nos de maior reação em níveis aparentemente mediúnicos de percepção.

Enriquecida, a sensualidade aguça a intuição

Quanto mais apreciamos o prazer sensual, maior a nossa percepção geral. Quanto mais nos habituamos conscientemente a admirar as flores de um jardim, a concentrar-nos numa música ou a afagar o pêlo sedoso de um gato, mais vivos ficamos para o mundo que nos cerca.

Entretanto, existem também níveis de estímulos sensoriais que, apesar de estarem abaixo do limiar da percepção consciente, estão dentro dos limites da resposta fisiológica. Isso significa que nosso corpo reage a estímulos sutis o tempo todo: coisas que vemos apenas de relance, odores trazidos pelo vento ou sons pouco perceptíveis. Tudo isso, apesar de dificilmente dar origem a um pensamento consciente, pode provocar uma recordação, fazer o coração se apertar ou a respiração se acelerar. Às vezes, somos simplesmente impelidos a agir de determinada maneira sem saber por quê: dizemos que se trata apenas de um palpite.

Porém, os pesquisadores vêm descobrindo agora que a intuição é um fenômeno real, pelo qual as pessoas reagem a informações que desconhecem ter. As premonições, as soluções para problemas complicados que nos surgem espontaneamente quando não estamos pensando neles ou a capacidade de orientar-nos sem um mapa para chegar a um determinado destino podem ser vistas como reações a experiências sensoriais não-racionais, mas, mesmo assim, reais.

Existem inúmeras provas de que operamos nesse nível o tempo todo. A escritora Diane Ackerman, em sua detalhada análise dos sentidos, relata diversos estudos acerca dos estímulos subliminares, demonstrando que as pessoas podem reagir emocionalmente a um estímulo mesmo que não tenham consciência dele. Numa determinada experiência, uma bibliotecária foi orientada para tocar de leve a mão de metade dos estudantes que foram retirar livros da biblioteca. Com os demais, nada se fez de especial. Todos os estudantes foram acompanhados até a saída, onde lhes foi pedido que classificassem o serviço da biblioteca e sua própria vida de modo geral. Embora não soubessem que haviam sido tocados, todos eles se confessam mais satisfeitos com a biblioteca e com a própria vida do que os estudantes que não haviam sido tocados.

Talvez, se cultivarmos mais a capacidade de desfrutar conscientemente dos sentidos, possamos nos tornar ainda mais intuitivos e capazes de captar indícios ínfimos. Na verdade, existem até provas de que, quanto mais as pessoas se abrem à experiência sensorial, mais desenvolvem a percepção extra-sensorial. As pesquisas sugerem que as pessoas dotadas de percepção extra-sensorial estão reagindo não a informações extra-sensoriais, mas a dados sensoriais sutis captados, na verdade, pelos canais sensoriais normais.

Jenny Randles, autora de mais de cinco livros sobre paranormalidade, OVNIs e outros fenômenos misteriosos, sugere que a clarividência, a telepatia, a precognição e outros fatos mediúnicos possam ser simplesmente o resultado de uma percepção altamente sensível a estímulos subliminares que não exijam nada além dos cinco sentidos. O caso, por exemplo, de alguém que antevê um incêndio em casa uma semana antes de ele ocorrer explica-se pelo fato de a pessoa poder ter captado de algum modo um indício desse risco. O palpite pode decorrer de pistas demasiado sutis para uma identificação consciente. Mas o cérebro do indivíduo pode reagir enviando-lhe uma mensagem de alerta sobre esse perigo potencial na forma de uma alucinação, de um cheiro de coisa queimada que ninguém mais consiga perceber.

Talvez uma descrição mais precisa da capacidade mediúnica proponha que ela não é extra-sensorial — algo além dos cinco sentidos, mas sim *ultra-sensorial*. Da mesma forma que o ultravioleta está no extremo do espectro da luz — invisível, mas, mesmo assim, capaz de estimular o olho e danificá-lo —, esse tipo de estímulo se processa no extremo do espectro de nossos sentidos. A percepção ultra-sensorial capta dados sutis de todos os receptores sensoriais espalhados ao longo do corpo e emite uma reação sensorial. Mas enquanto o estímulo original é real, embora sutil, nossa reação amplificada é, na verdade, mentalmente induzida: não ocorre no mundo real a não ser em nossa imaginação.

É bem possível que quanto mais nos dispusermos a ser sensuais — quanto mais usufruirmos de nossos próprios olhos, ouvidos, nariz, boca e língua, dedos e pele —, mais fina será a sintonia de nossos órgãos dos sentidos e mais informados e alertas seremos, mesmo nos níveis mais sutis.

O verdadeiro sexto sentido: a sensação fantasma

Todos somos muito conscientes do fenômeno da imaginação — a capacidade mental de conjurar imagens e "ver" cenas dentro de nossa cabeça. Esse tipo de visualização pode ser considerado um "sentido fantasma", pois o que "vemos" na verdade não está ali — é a representação mental de um estímulo visual.

Com efeito, cada um dos outros sentidos tem uma contrapartida interior e fantasmática. Quando nos vemos andando numa praia, podemos também ouvir as gaivotas que a sobrevoam. Podemos sentir o vento, aspirar o ar marinho e sentir o sal da água. A nitidez da imagem é enriquecida pela audição, olfato, tato e paladar da mente.

Usamos nossos sentidos fantasmas o tempo todo. O raciocínio envolve a audição fantasma — ouvir mentalmente os diálogos interiores que orientam nossos atos ao longo da vigília. Também podemos "ouvir" uma melodia, um refrão repetitivo de que às vezes passamos dias sem conseguir livrar-nos. A sensação interior requer o tato fantasma, um sentimento visceral de que algo é certo ou errado. O paladar fantasma é usado toda vez que vamos a um restaurante e tomamos conhecimento das opções do cardápio — imaginando primeiro o sabor do filé apimentado, em seguida, o do salmão grelhado, até tomar uma decisão a partir do "sabor" que a comida tem dentro de nós. Como acabamos de ver, os indícios sutis podem estimular os sentidos fantasmas, sinalizando o perigo pela conjuração de um cheiro de fumaça ou talvez da vívida imagem mental de um acidente de automóvel.

A maior parte do tempo, ignoramos nossos sentidos fantasmas, esquecendo-nos do quanto inconscientemente dependemos deles. À medida que explorarmos as formas de desfrutar de maior prazer sensual em cada um dos cinco sentidos, veremos também como perceber melhor o modo pelo qual nossos sentidos fantasmas nos afetam e o seu importante papel no aumento de nossa capacidade geral de prazer.

A visão

Poetas e filósofos há muito especulam sobre o que existe na contemplação da natureza que contribui tanto para a paz do espírito. Não importa qual o elemento contemplado: ondas que quebram na praia, aves aquáticas que recuam quando uma onda se reintegra ao mar, uma fogueira que nos deixe o olhar transfixado pelas chamas dançantes ou nuvens brancas que deslizam sobre um vale, lançando sombras longínquas.

Todos esses exemplos têm algo em comum: fazem com que sejamos testemunhas passivas de um momento atemporal que se insere num fluxo incessante. Nossos olhos são atraídos e presos pela beleza da natureza, fascinados por seu movimento constante e seus cambiantes padrões de luz, cor e forma. Em segundos nos sentimos hipnoticamente aliciados por seus ritmos para nos tornarmos uma parte sua, em total harmonia com ela.

As visões agradáveis podem curar. Inúmeros estudos demonstram que a riqueza do estímulo visual da natureza pode — muito mais que o cinza de qualquer paisagem urbana — deixar as pessoas mais felizes e amigáveis, diminuir o sofrimento, aliviar a tristeza ou o medo e reduzir o *stress*. Prova disso são aqueles pacientes que se recuperaram mais rápido quando a janela de seu quarto no hospital dava para árvores, e não para muros ou paredes. Em outro estudo, pediu-se a pessoas que sofriam de hipertensão e *stress* que olhassem um aquário cheio de peixes tropicais e plantas coloridas durante vinte minutos. Isso não apenas reduziu ao normal a pressão desses pacientes, mas os fez manter-se mais calmos, mesmo em repetidas situações de *stress*.

Você também pode tomar mais conhecimento da beleza que o cerca. Pode cuidar de levar para seu espaço pessoal coisas que propiciem uma visão agradável e repousante para os olhos. Pode pendurar na parede fotos de familiares queridos ou pessoas cujas qualidades o inspirem. Pode levar flores para casa ou decorar seu escritório com cores e padrões que lhe estimulem e descansem o olhar. Pode inclusive lembrar-se, de vez em quando, de abandonar por instantes suas imagens mentais, olhar em volta e sentir prazer no que vê.

A visão fantasma

Os olhos são os órgãos tanto da visão exterior quanto da visão interior e da introvisão. Já vimos a relação íntima entre nosso modo de pensar e as imagens mentais que criamos. Já vimos também que o otimismo consiste na criação de quadros mentais favoráveis e que a imaginação realmente pode fazer os músculos agirem de forma coerente com o que mentalmente vemos. Sem dúvida, criando imagens visualmente positivas e acalentando uma visão positiva do futuro, podemos gerar a energia necessária para rumar em direções mais produtivas.

A audição

Sem dúvida, boa parte do prazer que sentimos provém da audição — da música, do riso de alguém a quem amamos, de uma harpa eólica soando ao sabor da brisa leve. Talvez você até consiga ouvir mentalmente agora os sons que mais lhe agradam: o murmúrio dos pinheirais ao vento das montanhas; o marulho das águas de um riacho correndo pelas pedras; o trovejar surdo de uma longínqua tempestade elétrica numa pradaria; a harmonia angelical das vozes de um coral infantil ou o "oi" familiar de um velho amigo que de repente nos telefona de um lugar distante. O som é precioso para nós, e a audição, um de nossos sentidos mais vitais.

Descobriu-se que a música tem efeito particularmente benéfico sobre a saúde. O canto faz as pupilas dilatarem-se — uma reação parassimpática — e os níveis de endorfina subirem. Tocar um instrumento ou ouvir música afeta o ritmo da respiração, reduz a pressão sangüínea e o nível de hormônios do *stress* no sangue. A música vem sendo usada com sucesso em terapias para tratar desde dores de cabeça a queimaduras graves e tem surtido efeito com bebês prematuros, crianças autistas e pacientes em coma ou vítimas de danos cerebrais.

A música pode relaxá-lo e acalmá-lo ou enchê-lo de energia e motivação para os exercícios físicos. A música é emocionalmente evocativa. A cadência de uma marcha pode acender o nacionalismo; o ritmo do *blues* pode fazê-lo sentir-se *sexy*; e certos ritmos de percussão simplesmente parecem fazer a pelve gingar instintivamente. O cântico é uma forma de meditação sem palavras que ajuda a mente a se concentrar.

O "desligamento" da audição

Da mesma forma que os outros sentidos, a audição está sujeita a uma espécie de adaptação sensorial. Nós nos fechamos aos estímulos auditivos constantes e moderados de qualquer tipo, relegando-os à categoria de "barulho". O tique-taque de um relógio acaba por tornar-se mudo para nós porque nossa tendência é cessar de prestar atenção a ele. As pessoas que falam com entonação monótona, sem olhar para seus interlocutores, por não esperar ou desejar ser ouvidas, são facilmente suplantadas pelos nossos pensamentos. E quando esses pensamentos são um monólogo que não versa sobre outra coisa a não ser desastres, podemos perder até mesmo o desejo de ouvir a nós mesmos — algo a que geralmente chamamos de negação.

As pessoas também podem parar de ouvir por não quererem. Ouvir também quer dizer "obedecer" — quando a mãe diz, por exemplo, que o filho não ouve ninguém. Por conseguinte, algumas pessoas podem sacrificar sua audição porque não querem aceitar aquilo que lhes é dito. Quando se "desligam", podem apresentar surdez temporária (como aquela que se tem quando se sonha acordado) ou criar definitivamente o mau hábito da desatenção até, por fim, chegar a perder completamente a audição.

As pessoas que não sabem dizer "não" com firmeza, ou que não se acham no direito de dizê-lo, podem simplesmente "desligar-se" se acharem que os outros estão querendo dizer-lhes o que fazer. Um de meus pacientes quase perdeu a noiva assim. Danny e Laurie formavam um bonito casal, tinham ambos trinta e poucos anos. Eles haviam aberto um negócio em sociedade. No horário comercial, Danny se interessava pelo que Laurie tinha a dizer. Mas, fora disso, só balançava a cabeça automaticamente e respondia "certo" ao que ela lhe dizia ou perguntava e, depois, esquecia-se das coisas que havia concordado em fazer. Laurie chegou à conclusão de que não queria casar-se com alguém cuja mente voava para longe toda vez que ela falava.

Danny acabou descobrindo que não acreditava ter o direito de dizer: "Laurie, não estou com vontade de conversar agora." Achava que devia estar disponível o tempo todo e não se sentia à vontade para dizer "não" a nada do que ela lhe pedia. Assim, em vez de enfrentar logo o conflito dizendo-lhe como realmente se sentia, ele simplesmente parou de ouvir e, depois, dizia que não sabia do que ela estava falando.

Laurie contribuía para aumentar a dificuldade existente entre ambos porque tampouco ela ouvia — gostava muito mais de falar. Na verdade, ela geralmente brindava a todos com uma carga de informação muito grande e difícil de acompanhar; até eu me peguei perdendo o interesse pelas explicações verborrágicas que ela gostava de dar. Laurie precisava ser concisa, e Danny tinha de perceber que podia ouvir sem ter de fazer o que lhe pediam e, principalmente, que tinha o direito de ficar em silêncio ao lado da noiva.

O som interior e o ouvido fantasma

Existem certos tipos de som que descrevem o bem-estar mental, emocional e espiritual. Diz-se que aquele que tem empatia e compaixão *ressoa* em *consonância* com seus semelhantes e que o espírito pacífico reflete uma *harmonia* interior. Na física, existe ressonância quando o som emitido por um corpo produz uma vibração semelhante em outro. Na música, existe harmonia quando diferentes tons de um acorde se combinam para criar um som agradável. Ao que tudo indica, existe uma relação profunda entre o som e o bem-estar psicológico.

Nossa saúde e felicidade dependem da nossa capacidade de ouvir nossas vozes interiores, pressentir dissonâncias e resolvê-las conforme o que nos "soa" melhor. Uma das vozes interiores a que mais precisamos dar ouvidos é a que constitui a contrapartida do crítico — o aliado interior. A voz do aliado é de conforto, encorajamento e inspiração. Você sabe que encontrou seu aliado interior quando tem verdadeiro prazer em ouvir-se pensar.

O olfato

O aroma de grama molhada enchendo o ar matinal; a doce mescla de odores de pães, bolos e biscoitos de uma padaria próxima; o perfume amadeirado e penetrante de um tronco que queima na lareira; o cheirinho que mistura transpiração e personalidade — aquele que fica em sua camiseta e lhe diz se dá para usá-la mais uma vez ou não: eis quatro dos milhares de odores únicos que os seres humanos podem discernir.

O olfato liga-nos biologicamente a nossos ancestrais. O nariz está diretamente ligado à parte mais antiga e mais profunda do cérebro, o rinencéfalo — literalmente, o "cérebro do nariz" —, situado no sistema límbico. Como o olfato não se conecta muito de perto às partes do cérebro associadas à linguagem e à lógica, os odores não se prestam muito facilmente à descrição. Em vez disso, eles evocam sentimentos, estados de espírito, recordações e desejos. Mesmo que você passe vinte anos sem sentir um determinado cheiro, ao senti-lo novamente pode ter instantaneamente uma sensação forte e visceral de familiaridade e emoção — algo que poderia acontecer se você de repente sentisse o cheiro do perfume que sua mãe usava quando você era pequeno.

O nariz sabe

O olfato se alimenta a cada vez que inspiramos. Mas, por respirar superficialmente, a maioria das pessoas não usa o olfato tanto quanto poderia. Diminuímos sua importância e nos valemos mais da visão e da audição — sentidos mais analíticos, racionais. Por conseguinte, provavelmente não conseguimos "farejar" conscientemente as coisas. O ar está cheio de informações que podem ser-nos valiosas, como o cheiro que emana de gases tóxicos ou de comida deteriorada.

Porém, isso não significa que não estejamos captando informações num nível inferior ao da consciência da vigília. É bem provável que estejamos constantemente reagindo a informações olfativas sem perceber que sua fonte é um determinado cheiro. Como o olfato não se conecta diretamente à linguagem, e sim a imagens e sentimentos, algumas poucas moléculas trazidas pelo ar e captadas pelo nariz podem ser bastantes para que o cérebro reaja produzindo a imagem de algum fato passado — como o rosto de uma pessoa querida ou de um inimigo — ou uma mudança de "astral", sem que creditemos isso a algo que inalamos.

O nariz "de dentro" e o olfato fantasma

A sabedoria da língua mostra que o nariz não é um órgão destinado a cheirar apenas rosas, roupa lavada e coisas do gênero. Não é à toa que temos expressões como *fuçar e descobrir* ou *ter faro para as coisas*. O nariz aparentemente é essencial para detectar informações num plano instintivo e não linear.

Aperfeiçoando sua capacidade de reagir aos diferentes odores, você contribuirá para desenvolver ainda mais não só sua sensualidade, mas também sua capacidade de percepção e discriminação. As inspirações profundas estimulam o olfato, além de poder trazer o benefício colateral de estimulá-lo a "farejar" as situações com maior precisão.

Influências aromáticas

Os odores, na verdade, influenciam-nos bem mais do que pensamos. Novas pesquisas mostram que certas fragrâncias podem funcionar até mesmo como estimulantes, melhorando a atenção no trabalho, tamanho é seu poder. O cheiro do limão e da menta, por exemplo, pode melhorar o desempenho de tarefas rotineiras e reduzir a margem de erros em até 54%. O odor afeta também o estado de espírito: o de maçã com cravo e canela, por exemplo, reduz a tensão, deixando mais lento o ritmo da respiração, diminuindo a freqüência cardíaca e a pressão sangüínea e relaxando os músculos.

As pesquisas atuais, porém, apenas confirmam o que já se sabe há séculos: a legitimidade da antiga prática da medicina herbórea, hoje conhecida como aromaterapia. Mais difundida na Europa e na Ásia que nos Estados Unidos, a aromaterapia consiste no uso de óleos essenciais, destilados de flores e ervas, em banhos, massagens ou vaporizadores especiais, como um meio de reduzir a ansiedade, a depressão e o cansaço e de aumentar a sensação de bem-estar. A lavanda, a bergamota e a camomila, por exemplo, podem ser recomendadas para o relaxamento, ao passo que a essência de rosas, para levantar o ânimo e o pinho e o eucalipto, para revigorar.

Para alguns pesquisadores, as fragrâncias podem agir pela ativação de neurotransmissores e, como tal, exercer efeito direto sobre o sistema imunológico. Sabemos que certos odores — como os emanados de substâncias químicas, poluentes e gasolina — em ambientes em que o ar não circula adequadamente podem fazer as pessoas sentirem-se mal ou nauseadas. Sendo assim, faz sentido pensar que outros odores possam ter um efeito mais positivo sobre a saúde. Algumas experiências nas quais se aliam certos odores a medicamentos imprescindíveis que, todavia, provocam efeitos colaterais tóxicos vêm sendo conduzidas entre pacientes terminais. Depois de um certo número de vezes em que se combina um determinado odor ao remédio necessário, esse odor pode chegar a atingir o mesmo efeito de cura que o remédio — só que sem nenhum dos efeitos colaterais adversos.

Sexo e olfato

O olfato é excitante, não só do ponto de vista emocional como também do sexual. Napoleão teria escrito a Josefina pedindo-lhe que não se banhasse nas duas semanas em que estariam distantes um do outro, a fim de poder sentir plenamente seu odor natural quando retornasse. O nariz exigente da atualidade talvez não aprecie esse "amadurecimento" de duas semanas dos odores do corpo nem mesmo na França. Mesmo assim, os sinais químicos emitidos ao longo do processo de excitação sexual talvez tenham um efeito sobre os seres humanos — principalmente se em ambientes pequenos — muito maior do que jamais se imaginou.

Pode-se dizer — quase que literalmente — que o sexo está no ar. Uma mariposa fêmea pronta para o acasalamento libera moléculas capazes de atrair machos a quilômetros de distância. É possível que a mesma espécie de moléculas — conhecidos como feromônios — liberadas por machos e fêmeas da espécie humana tenham um efeito semelhante, apesar de não tão irresistível, sobre nossa reação sexual. Essas substâncias químicas atuam de modo muito semelhante ao dos hormônios, exceto no fato de serem liberadas por um indivíduo e afetarem a fisiologia e o comportamento de outro.

Até que ponto os seres humanos reagem a tal comunicação química? Ao que tudo indica, bastante. Embora os feromônios não possam controlar os humanos tanto quanto os outros animais, as pesquisas mais recentes indicam que realmente existe uma química entre as pessoas. O sentido do olfato, consciente ou não, pode atrair amantes potenciais e sincronizar os ritmos internos do corpo.

Por outro lado, determinados tipos de odor podem provocar repulsão. Existem algumas indicações de que a qualidade dos odores depende do tipo de emoções que sentimos; a ansiedade, por exemplo, pode dar ao suor um cheiro azedo desagradável. Somos claramente repelidos por certas pessoas e atraídos por outras graças quase que inteiramente ao sentido do olfato. Sem dúvida, as várias informações subliminares presentes nos odores são uma forma de comunicação sutil — embora real — que se estabelece entre os seres humanos.

O paladar

O paladar é o menos sofisticado de todos os sentidos. Os seres humanos só distinguem quatro sabores básicos: o salgado, o doce, o azedo e o amargo.

De acordo com certas estimativas, 80% do que julgamos provir do paladar — seja num jantar maravilhoso ou num vinho fino — provém na verdade do olfato. Com efeito, saborear o aroma dos alimentos antes de comer é uma boa prática porque não apenas enriquece o sabor, mas também estimula a reação salivar, ajudando na digestão.

O paladar envolve bem mais que o sabor e o odor — é um sentido complexo que abrange a sensação de temperatura (quente x frio) e textura (seco, crocante x úmido, macio). O paladar também pode provocar uma reação de sofrimento e dor, como ocorre com condimentos picantes, como caril, pimentas e raiz-forte — verdadeiras explosões de prazer para os aficionados, mas pura tortura para quem não gosta de condimentos fortes.

Certas preferências, em termos de paladar, na verdade constituem uma forma de automedicação que adotamos em resposta a nossas emoções. Pesquisas indicam que diferentes alimentos podem desencadear a produção de neurotransmissores — sinais químicos entre diferentes partes do cérebro que afetam o estado de espírito, a percepção e a motivação. Quando se tem o desejo de comer doces, talvez o que se busque sejam as endorfinas liberadas pelo açúcar, que contribuem para a sensação de euforia. Quando porém se está estressado, talvez a tendência seja ingerir alimentos com alto teor de carboidratos, considerados "calmantes": massas, pães, batatas e outras fontes de amido aumentam o nível de serotonina — uma substância química capaz de acalmar a ansiedade — no sangue.

O paladar representa muito mais que uma mera reação da língua à canja de galinha. Já que associamos diferentes alimentos a carinho e amor maternos, festas de família, reuniões sociais, recompensa pelo empenho e compensação para decepções, o paladar está particularmente ligado a fatores emocionais e simbólicos. As pessoas que comem em excesso geralmente se sentem emocionalmente desnutridas, procurando satisfazer essa carência ingerindo doces e carboidratos.

A psicologia do paladar e a mastigação fantasma

Geralmente, fatores relacionados com o paladar, que se associam a boas decisões são os menos estudados. Quando se diz que alguém tem "bom gosto", considera-se que essa pessoa saiba julgar a qualidade e seja capaz de distinguir o trivial do requintado. O paladar diz respeito ainda a outro tipo de capacidade de discriminação: quando dizemos que alguém "mastiga" bem as coisas, não nos referimos apenas ao que ele põe na boca, mas também a idéias.

Pode ser muito interessante reexaminar as crenças, atitudes e hábitos pessoais que lhe "serviram" quando você era criança — você pode tê-los assumido como se fossem seus, sem questioná-los. As crianças socializam-se introjetando — literalmente, engolindo sem mastigar — os modos de pensar e agir dos pais. Mas, se você quiser ser um adulto que pensa por si próprio, deve mastigar aquilo que lhe é oferecido.

Você engole os juízos e valores dos outros sem antes ponderar as coisas? Deixa que lhe enfiem idéias goela abaixo? Essas expressões não são meros acidentes lingüísticos, mas metáforas profundas que associam o modo como comemos ao modo como absorvemos e processamos informações.

A língua estabelece paralelos entre a mastigação e o processamento de informações. Mastigar algo é considerá-lo com atenção. Porém, ruminar algo é ficar obcecado, repisar continuamente os mesmos pensamentos — do mesmo modo que faz um boi. O boi é um ruminante, o que significa que ele mastiga o bolo alimentar, sempre voltando ao material não-digerido e já engolido para remastigá-lo. O crédulo é aquele que é fácil de enganar porque "engole" facilmente qualquer coisa.

Não quero dizer que, para não ser um crédulo, você deva remoer obsessivamente as coisas. Mas você deve remastigar o que os outros tentam servir-lhe o suficiente para analisar suas próprias crenças, atitudes e valores — sem engolir as coisas simplesmente porque alguém mandou.

O tato

A sensualidade é quase sinônimo de tato. Porém, as pessoas geralmente pensam nele como um prazer do qual só se pode desfrutar em momentos a dois, quando se acaricia ou se é acariciado. Mas existe uma infinidade de prazeres simples que se pode usufruir pela sensualidade do toque. Se você os incluir em seu dia-a-dia, eles o ajudarão a refinar sua capacidade de atingir maior prazer nos momentos especiais.

O tato na verdade representa três sentidos em um só: os toques receptivo e ativo e a sensibilidade. Seu toque receptivo é ativado quando algo entra em contato com a sua pele — a brisa no braço nu, a perna que roça a sua ou um roupão de seda no corpo depois de uma ducha. Os receptores do tato existentes na pele reagem a um amplo espectro de sensações, definido por opostos de temperatura (quente x fria), de textura (áspera x macia), de vibração (rápida x lenta) e, especialmente, de pressão (fraca x forte). As partes do corpo que não têm pêlos — como os mamilos e a planta dos pés — reagem à mais leve pressão, ao passo que as que são recobertas de pêlos reagem a tudo que os faça arrepiar-se.

O toque ativo ocorre quando você examina algo com as mãos e a ponta dos dedos, concentrando-se nos seus contornos e texturas — como apertar um pêssego para saber se está maduro ou correr os dedos por uma peça de seda.

Os receptores do tato responsáveis pelo toque ativo — situados nas mãos e nos dedos — reagem ao frio, ao calor, dor e à pressão.

A sensibilidade tem que ver com a reação à sensação interna. Cinesteticamente, é possível distinguir o movimento ascendente do descendente e ter percepção da posição de braços e pernas porque os receptores internos do tato — proprioceptores, presentes nos músculos, tendões e juntas — mantêm-nos orientados no espaço. A sensibilidade também se relaciona à percepção da sensação de fome, alegria, amor, raiva ou excitação sexual. Os proprioceptores da camada interna do estômago, intestinos, bexiga e outros órgãos internos sinalizam dor ou necessidade, emoções, prazer e bem-estar.

O toque empático é um dos princípios fundamentais do prazer. Apesar disso, não é raro ver as pessoas lamentarem a falta de contato físico entre os membros de sua família. Diversos estudos transculturais demonstraram que os adultos dos Estados Unidos e da Grã-Bretanha tocam menos seus filhos ou outros adultos que pessoas provenientes de outras culturas. Isso se verificou a partir do número de vezes em que os adultos desses países reconfortaram e acalmaram os filhos em locais públicos pelo contato físico e pela freqüência de carícias trocadas entre casais sentados em cafés. Britânicos e americanos ficaram muito abaixo de russos, franceses e gregos, por exemplo.

O fato é que estabelecemos relações mais fortes com as pessoas que nos tocam. Quanto mais nos afagam e abraçam, mais forte é o vínculo e o afeto que sentimos.

O toque que cura

De todos os sentidos, o tato é o que mais pode curar doenças. A cada dia surgem mais provas científicas indicando que as mãos são uma poderosa fonte de energia restauradora.

Lewis Thomas, médico e filósofo dono de uma interessante visão da condição humana, disse que, apesar de a invenção do estetoscópio ter fornecido aos médicos um instrumento valioso para auscultar os órgãos internos e permitir diagnósticos mais precisos, fez com que algo também de grande valor se perdesse. Antigamente, os médicos ouviam o coração e os pulmões encostando o próprio ouvido sobre o peito ou as costas do paciente. Para Thomas, a substituição cada vez maior desse gesto simples de interesse e carinho pelo uso da bateria de instrumentos para diagnóstico hoje disponíveis eliminou "o melhor remédio que qualquer médico pode dar ao paciente": o contato físico.

Porém, o que se perdeu em relação à medicina tradicional vem sendo compensado por opções não tradicionais de cura. O toque é considerado um fator importante na eficácia de técnicas como a quiroprática e a osteopatia, a Técnica Alexander, o trabalho Feldenkrais, a massagem, o shiatsu, a acupuntura e a acupressura, o método Rolfing, a terapia das polaridades, a reflexologia e o toque terapêutico.

Vários terapeutas do corpo também tocam seus pacientes de diversas maneiras para ajudá-los a conscientizar-se de energias estagnadas e emoções bloqueadas. Um terapeuta reichiano ou de bioenergética, por exemplo, pode massagear determinados pontos dos maxilares ou dos olhos do paciente para propiciar-lhe a liberação de emoções, enquanto um gestaltiano pode simplesmente colocar as mãos — com o devido consentimento — na parte superior do peito do paciente para estimular-lhe a respiração. Alguns terapeutas somáticos ajudam seus pacientes a praticar posturas iogues segurando-os com as mãos; os terapeutas Hakomi podem ajudar seus pacientes da mesma forma a enrolar-se como uma bola, se essa for a sensação que eles quiserem exprimir. Duas outras psicoterapias corporais que muitas vezes incluem o toque no processo de cura são a Psicoterapia Corporal Integrada e o Método Rubenfeld de Sinergia.

Apesar de ainda não existirem pesquisas que investiguem a base científica do evidente potencial de cura do toque, ele pode estar relacionado a algumas características especiais da pele e das mãos. A pele — o maior órgão do corpo — tem três virtudes muito especiais: pode renovar-se, reparar-se e regenerar-se. Nenhum outro órgão tem essa capacidade de restaurar-se ou repor partes perdidas.

A pele se renova. Qualquer porção de pele tem células em diferentes estágios do ciclo de vida. Na camada mais profunda, novas células são continuamente produzidas para substituir as mais velhas — que vão atravessando as diversas camadas, morrem e se perdem na superfície da pele. Morte e renascimento são, assim, propriedades da pele.

A pele saudável tem condições de reparar a si mesma. Quando cortada, uma enzima que estimula a divisão celular é liberada, promovendo a junção das laterais da ferida sem deixar cicatrizes. A capacidade de reparar lesões é uma das características mais marcantes da pele.

A pele também pode regenerar-se. A medicina ainda não conseguiu produzir olhos nem fígados, mas já pode criar pele em laboratório em menos de duas horas. Os médicos, a partir de pequenos pedaços de pele de vítimas de queimaduras — que podem chegar a perder até 98% da pele —, criam culturas entre camadas de pele nova e, depois de alguns meses, enxertam-nas no corpo, recobrindo toda a superfície afetada. O maior órgão do corpo é dotado da capacidade de autoclonagem.

As mãos também têm algumas propriedades muito especiais. Uma das menos reconhecidas é a capacidade que elas têm de "ver". Os cegos sabem disso porque as usam para ler, para examinar um rosto ou distinguir uma peça de vestuário. Uma propriedade mais rara das mãos consiste na capacidade de captar informações sutis. Os médiuns a chamam de "visão cega", isto é, a capacidade de premonições acertadas ou imagens precisas de uma situação pelo toque.

Pode ser que os curandeiros ativem as propriedades especiais tanto da pele quanto das mãos quando as usam para detectar a presença de distúrbios no corpo do paciente e infundir-lhe energia restauradora. Por exemplo, numa técnica de cura conhecida por toque terapêutico, o profissional passa as mãos a alguns centímetros do corpo do paciente para sentir as energias sutis que dele emanam. Aí, com a mente absolutamente concentrada, desliza as mãos por sobre as áreas congestionadas e subnutridas, tentando desbloquear a energia dos locais em que está represada e fazê-la fluir para os pontos onde ela não passa. Um estudo demonstrou que, com treinamento, pessoas comuns conseguem promover uma queda sensível na ansiedade de pacientes cardíacos trabalhando dessa forma.

A eficácia dos métodos de cura que incorporam o tato talvez esteja associada à capacidade das mãos de ler o corpo e de estimular a capacidade da pele de renovar-se, reparar-se e regenerar-se. Pode ser também que o toque tenha a capacidade de revigorar não só a pele, mas também nossa capacidade de renovar-nos, reparar-nos e revigorar-nos como um todo. Seja lá como for, o toque é sem dúvida um nutriente vital para a pele. Portanto, faz sentido esperar que quanto mais nutrido estiver o maior órgão do corpo, maior a nossa capacidade geral de restauração e recuperação.

Sentir-se bem por dentro

Os sentimentos agradáveis podem ser relaxantes ou energizantes. Mas, seja como for, eles sempre são expansivos. O coração se aquece e relaxa, e as vibrações interiores seguem um ritmo estável, ao invés de instável. Não existe peso nem pressão sobre o coração, os músculos ou os órgãos internos. Você se sente leve, vivo, cheio de energia. O corpo diz: "Está tudo bem. Seja o que for que estiver fazendo, continue a fazê-lo!"

Um dos supremos prazeres da vida é a sensação interior de integridade, entusiasmo e fruição que designamos pela expressão "sentir-se bem". Ela envolve todos os tipos de toque interior. Para ter essa sensação nem é necessária a ausência de dor. Em alguns casos, mesmo quando a dor é crônica, a pessoa é capaz de colocá-la entre parênteses e concentrar-se no que é agradável. Estar bem por dentro significa que seu centro emocional — maxilares, garganta, coração, entranhas e abdômen — está aberto e energizado. A pessoa funciona como uma máquina que atingiu o ponto de ajuste ideal.

Estar "em contato" com os sentimentos não é apenas uma figura de linguagem, mas uma parte muito importante da sensação tátil. Como vimos, os receptores de tato existentes em todas as vísceras do corpo podem reagir à pressão, vibração e dor. Os receptores internos de tato podem também sinalizar emoções e — apesar de algumas pessoas verem seus sentimentos mais como experiências mentais — as que estão em contato com a natureza física de seus sentimentos têm muito mais acesso às suas verdades interiores.

O tato fantasma

Toda vez que fantasiamos ser tocados ou tocar alguém estamos acionando um tipo muito especial de sensibilidade interior. As histórias românticas ou eróticas estimulam o tato fantasma ao fazer os leitores se excitarem ao ler uma descrição detalhada de como os amantes se tocam. Toda história bem construída usa descrições de como as coisas são do ponto de vista tátil para prender mais os leitores e dar-lhes a sensação de imediatismo. Toda vez que você se vale de imagens — seja para curar, ativar o sistema imunológico ou estimular a otimização do desempenho no cumprimento de uma meta —, está excitando o tato fantasma, algo crucial para aumentar sua vitalidade sensual.

Estética: onde os prazeres sensuais, mentais, emocionais e espirituais se encontram

A capacidade de apreciar a beleza na arte e na natureza pode representar uma imensa fonte de nutrição e vigor. A beleza é capaz de estimular os sentidos e o intelecto e, em seu grau máximo, pode fornecer-nos uma noção do divino. Todos os sentidos estão envolvidos numa sensibilidade aguçada à beleza. Ela pode ser evocada pela visita a uma exposição de pinturas de Picasso; pode estar no som que desperta a emoção pela leitura da poesia de Allen Ginsberg ou no piano jazzístico de Ahmad Jamal. Pode estar até no sabor que deixa na boca um gole de um bom Bordeaux.

A apreciação estética pode ser estimulada pelos prazeres da dança, do teatro, da boa comida, da cerâmica, dos trabalhos manuais, da fotografia, da criação de jóias ou de uma caminhada na floresta. Ela pode surgir quando se resolve uma equação matemática, se admira o rosto ou o corpo de alguém que amamos, se lê um bom romance, se assiste a um filme brilhante ou se coletam conchas numa praia. O prazer estético pode arrancar-lhe uma gargalhada ou levá-lo às lágrimas. Inclusive não é preciso que o belo seja de uma beleza clássica. Você pode desfrutar do impacto estético de uma forma de expressão mesmo que se sinta chocado, repelido ou culpado, como, por exemplo, quando ouve um discurso político magistral ou vê um pôster de propaganda que tenha inspirado um movimento de libertação.

O psiquiatra Victor Frankl, cujo trabalho realça a importância crucial de se encontrar sentido na vida, foi fortemente influenciado pelos anos que passou em campos de concentração nazistas. Frankl observou que o prazer estético era um dos poucos meios de que os prisioneiros dispunham para encontrar sentido em sua pobre existência. Em decorrência de sua privação, ele percebeu que sua vida interior e a de outros prisioneiros ficara mais intensa e que sentiam a beleza na arte e na natureza como jamais haviam feito antes.

Frankl relata uma transferência de prisioneiros do sexo masculino de Auschwitz para outro campo na Bavária, quando puderam admirar as montanhas de Salzberg ao pôr-do-sol através das barras da janela do vagão. Ele diz que é difícil descrever o semblante daqueles homens, que haviam desistido de toda esperança de vida e de liberdade, arrebatados pela visão da beleza da natureza. Nos campos, a despeito de sua extrema exaustão e suas vidas desoladas, os prisioneiros escreviam canções, poemas e peças teatrais, contavam piadas e, de vez em quando organizavam um cabaré com números satíricos.

Aqui está a sua oportunidade de explorar você mesmo novas formas de sentir o prazer por meio dos sentidos. Os exercícios seguintes lhe permitirão cultivar uma maior sensibilidade a cada um dos diferentes sentidos e, além disso, desenvolver algumas qualidades bastante especiais.

Exercícios

A sensualidade pode ser bastante enriquecida pelo controle da respiração. Sempre inicie estes exercícios praticando a respiração depuradora por alguns instantes: inspire pelo nariz e encha o peito o máximo que puder e expire pela boca levemente entreaberta até expelir todo o ar. Caso esteja tenso, respire assim mais algumas vezes, deixando o ar entrar e alongar as áreas contraídas ao inspirar e imaginando que põe o *stress* para fora ao expirar.

Quando quiser render-se mais inteiramente ao estímulo sensual, suspire profundamente com a boca aberta.

Sensualidade visual

1. Enchendo os olhos. Com espírito relaxado e disposição para experimentar, olhe em torno de si e observe o que mais lhe agrada visualmente. Pode ser uma gravura na parede ou a vista que tem da janela. Procure observar o que escolheu com toda a atenção: detenha-se na vivacidade das cores, em algum padrão de formas geométricas, nas linhas convergentes e divergentes, no brilho do metal ou da pátina, nos jogos de luz e sombra e nos reflexos de si mesmo ou de objetos em vidros ou superfícies brilhantes.

Então feche os olhos e veja o que consegue lembrar do que acaba de ver. Quais as imagens ou cores que mais sobressaem em sua lembrança? Abra os olhos e compare a imagem real com a que você imaginou. Pratique este exercício algumas vezes e procure enriquecer sua memória visual.

2. Antídoto visual contra *stress*. Pratique a respiração depuradora por alguns instantes e reveja com os olhos da mente uma das mais belas paisagens que conhece. Pode ser a vista do alto de uma montanha, uma praia tropical deserta, um jardim luxuriante, uma floresta majestosa ou uma vasta pradaria verdejante. Deixe que a imagem se anime com o soprar do vento e a presença de animais, amigos ou um amor. Observe o que seu corpo sente. Respire profundamente por alguns instantes e deixe-se relaxar e revigorar pelo prazer de sua paisagem reconfortante. Reveja-a mentalmente sempre que estiver tenso, para acalmar-se e relaxar, e procure acrescentar novos elementos sensuais para mantê-la cheia de vida.

3. Visualização com um parceiro. Sente-se de frente para seu parceiro. Para relaxar, dêem alguns suspiros profundos. Em seguida, examine atentamente os detalhes do rosto dele. Observe como o cabelo lhe emoldura o rosto, as rugas da testa — está de cenho franzido? Analise o olhar dele, sua boca e seus lábios, a possível emoção transmitida por seu semblante. Tente descobrir algum detalhe antes não-percebido, um sinal ou sarda, ou a extensão de uma ruga ou cicatriz. Então feche os olhos e veja o quanto conseguiu reter na memória.

Quando achar que chegou à imagem mental mais fiel possível, abra os olhos e observe-o mais uma vez para saber o quanto deixou de lembrar. Feche os olhos pela terceira e última vez e acrescente o que falta, procurando criar mentalmente a imagem mais detalhada que puder. Esteja atento para quaisquer imagens espontâneas que possam surgir-lhe enquanto relembra as feições de seu parceiro. Quando ambos terminarem, descrevam um para o outro o que sentiram.

Sensualidade auditiva

1. Sensibilidade ao som. Pratique a respiração depuradora por alguns instantes, relaxe e simplesmente escute. (Desligue rádio e TV para este exercício.) Tente detectar a quantidade de sons distintos que ouve agora. Veja se consegue estimar a distância de que provêm. Quais são os sons mais próximos? Quais os mais distantes? Se estiver num ambiente fechado, abra uma janela e escute. Consegue distinguir algum som da natureza — o sussurro da brisa, o canto de um pássaro, um fio d'água, o latido de um cão, o zumbido de uma mosca? Continue escutando atentamente por alguns minutos e procure expandir a sua capacidade de audição.

Ponha as mãos em concha sobre as orelhas e tente perceber algum som que venha de seu corpo. Feche os olhos, inspire e prenda a respiração. Escute o roncar da vida dentro de você. Você pode conseguir escutar até o bater de seu coração.

2. Escutar com os ouvidos da mente. Estimule a sua audição fantasma. Veja se consegue lembrar de alguma música que sua mãe lhe cantava quando era criança. Pode ouvir a voz dela através da memória? Lembre-se de uma música de que gostava quando era criança e procure ouvi-la usando a imaginação: ela lhe evoca algum sentimento? Em que parte do corpo consegue senti-la?

Lembre-se de alguns de seus sons prediletos. Volte a uma fonte que tenha visto numa viagem e tente lembrar-se da música de suas águas. Imagine uma árvore ao vento e tente ouvir o farfalhar de suas folhas. Imagine uma tempestade, ouça o estrondo do trovão e o som da chuva batendo no teto e nas janelas.

3. Audição sensual com um parceiro. Sente-se de frente para seu parceiro e dê alguns suspiros profundos. Olhe para seu rosto e pense no que mais ama e aprecia nele. Então, em três minutos, procure verbalizar seus sentimentos. Quando terminar, será a vez dele.

Escolham alguns de seus poemas favoritos e leiam-nos em voz alta. Cantem um para o outro. Ouçam música juntos à luz de velas. Leve seu parceiro a um lugar bonito e tranqüilo ao ar livre. Sentem-se e escutem o silêncio juntos.

Sensualidade olfativa

1. Bons perfumes. Pratique a respiração depuradora por alguns instantes, tentando sentir o "cheiro" do ar ao inspirar. Observe quais os odores que percebe neste momento. Mantenha as narinas relaxadas e abertas. Pegue alguns dos objetos mais próximos e verifique se eles lhe evocam imagens ou sentimentos. Pegue um objeto de estimação e cheire-o, tentando ver se ele lhe desperta antigas lembranças. Inspire rápida e superficialmente algumas vezes e, em seguida, inspire profundamente, tentando absorver o ar lentamente. Observe se há diferenças entre o que consegue descobrir respirando dessas duas maneiras.

Nos próximos dias, procure ficar mais atento ao odor das pessoas que encontrar durante o dia. Eles o atraem ou repelem? Consegue farejar as emoções delas, como sua ansiedade ou entusiasmo?

2. Memória olfativa. Lembre quais os perfumes mais marcantes de sua infância e adolescência. Consegue recordar-se do cheiro de sua mãe? De seu pai? De alguma outra pessoa da família? Tem alguma lembrança olfativa relacionada à comida, às férias, a objetos de seu lar, a locais em que viveu? Pense em países estrangeiros ou locais exóticos que tenha visitado e veja se consegue recapturar mentalmente alguns dos odores peculiares a essas viagens.

Desenvolva suas imagens olfativas. Imagine-se aspirando o perfume de uma gardênia alva e macia. Veja-a com a maior nitidez possível e beba da essência da gardênia que está presente em sua memória olfativa. Em seguida deixe a imagem desvanecer-se e aspire o aroma de um bosque de pinheiros. Deixe que suas vias nasais se expandam à passagem do ar refrescante. Pense em seus objetos preferidos e tente sentir-lhes a fragrância agora mesmo. Como eles o fazem sentir-se?

3. Enriquecendo a sensualidade olfativa com o parceiro. Antes de praticar este exercício, vocês terão de encontrar coisas de aroma particularmente agradável — o objetivo é surpreender e compartilhar um com o outro: uma flor de perfume delicado, uma fruta, ervas, sachês, biscoitos de queijo, chás, grãos de café, sabonetes finos, perfumes exóticos ou um óleo essencial. Vocês podem colocar os objetos dentro de uma cesta ou num prato, mas devem cobri-los para que o parceiro não possa vê-los.

Sentem-se de frente um para o outro e pratiquem a respiração depuradora por alguns instantes antes de começar. Em seguida, um dos dois fecha os olhos enquanto o outro coloca os objetos um a um perto de seu rosto para que ele os cheire. Deixem passar alguns minutos entre um objeto e outro para "limpar" o nariz e tentem adivinhar o que está sendo apresentado a cada vez. Esteja atento às emoções ou lembranças despertadas por esses odores e conte ao parceiro o que pensou.

4. O jogo do detetive: "faro" para mentiras. Este é um belo jogo a dois para aguçar o olfato fantasma. Peguem um baralho e sentem-se um diante do outro. Espalhem com um golpe da mão todas as 52 cartas, viradas para baixo. Pratiquem a respiração depuradora por alguns instantes antes de começar. O primeiro escolhe uma carta do baralho, analisa-a por alguns minutos, decide se contará ou não a verdade e recoloca-a na mesa, virada para baixo.

Após tomar a decisão, dirá "pronto" e o outro lhe perguntará: "Que carta escolheu?" O primeiro jogador responde, mentindo ou não. O outro tem cinco minutos para dizer se ele está mentindo ou dizendo a verdade. Quem estiver adivinhando tem de "farejar" a situação. Pode conversar ou fazer perguntas. Quando for sua vez de adivinhar, observe em que informações se baseia. Procure estar atento a qualquer informação subliminar que seu parceiro possa transmitir-lhe. Algo lhe diz que determinada informação é importante, mas você não sabe por quê? Depois de dizer se acha que ele mentiu ou não, diga-lhe quais os indícios que percebeu. Depois invertam as posições. Este joguinho pode ajudá-los a desenvolver a capacidade de ler as informações sutis que transmitem um ao outro, algo vital para a empatia.

Sensualidade gustativa

1. Enriqueça o paladar. Faça esta experiência na próxima refeição ou num lanche agora mesmo. Antes de comer, pratique a respiração depuradora por alguns instantes, observe se há algum sinal de tensão ou emoção no corpo e, se houver, tente alongar-se e relaxar, expelindo ao expirar pelo menos parte do desconforto que sentir, antes de pôr qualquer alimento na boca. Primeiro cheire a comida e, depois, tire-lhe um pedaço, mastigando bem a porção mordida e revolvendo-a, juntamente com a saliva, sobre a língua antes de engoli-la. O que mais lhe agrada nesse alimento — o sabor, a textura, a temperatura, o fato de já ser conhecido (ou novo) para você? Ele tem algum valor simbólico por estar associado à sua infância?

Volte a praticar a respiração depuradora e use a imaginação para lembrar-se do sabor do que acaba de provar.

Pense em alguns de seus alimentos preferidos, tentando recordar-lhes o sabor com a maior nitidez possível. Lembre-se de coisas que comeu nas duas semanas anteriores e veja se consegue lembrar-se de seu odor e paladar. Provavelmente você descobrirá o quanto é fácil criar imagens fortes o suficiente para começar a salivar imediatamente.

Lembre-se do que você mais gostava de comer quando era criança. Você levava lanches para a escola ou merendava/almoçava o que era preparado lá mesmo? Você consegue recordar-se do cheiro e do gosto dessas refeições? Observe se algum desses antigos aromas e sabores lhe provoca algum sentimento.

Em sua próxima refeição, atente para todas as etapas envolvidas na degustação. Cheire conscientemente os alimentos antes de ingeri-los. Observe como sua boca se enche de água antes de você começar a comer. Ponha os alimentos na boca e conscientize-se dos atos de morder e mastigar. Saboreie a comida antes de engoli-la. Coma devagar para poder apreender plenamente toda a riqueza do prazer que existe no comer consciente.

2. Enriqueça a sensualidade do paladar com o parceiro. Prepare um prato com três petiscos diferentes e saborosos e peça a seu parceiro que faça o mesmo. Cubram os pratos para que um não possa ver o que o outro escolheu. Sentem-se de frente um para o outro. Quem for provar os alimentos deve deixar-se vendar.

Pegue um pedaço de comida e leve-a à boca do parceiro. Atenção: primeiro ele deve sentir o cheiro desse alimento. Em seguida, deve mordê-lo, mastigá-lo e sentir-lhe o sabor tão demoradamente quanto possível antes de engoli-lo. Só depois ele poderá falar: adivinhar qual era a comida e dizer qual o paladar evocado, o que lhe passou pela cabeça e como se sentiu enquanto comia e depois de haver acabado. Bebam água entre as degustações para limpar o palato. Depois de comidos os três petiscos, quem estiver dando a comida diz quais eram. Em seguida, invertam as posições para que a seqüência seja repetida com quem ainda não comeu.

3. Estimule sua memória gustativa. Conte ao seu parceiro, em detalhes, uma refeição maravilhosa que já tenha feito. Descreva essa refeição de acordo com o quadro da mesma que você gravou na sua memória: seu odor, sabor, textura e temperatura. Diga como se sentiu ao comê-la, mastigá-la e engoli-la. Veja se consegue fazer a boca do parceiro encher-se de água e se ele chega ao ponto de também "provar" dessa refeição. Depois, ele deve fazer o mesmo com você.

A riqueza do tato

1. Conscientização do toque receptivo. Sem mudar de posição, observe quais as sensações que tem agora enquanto lê. Sente alguma dor ou desconforto que não havia percebido até então? Sua roupa é confortável ou apertada demais? A cadeira o incomoda de alguma maneira que antes não percebia? Ela é macia ou desconfortável ao contato com a pele?

À noite, antes de dormir, tome nota das sensações de temperatura, pressão, textura e prazer de diferentes partes do seu corpo. O que mais lhe agrada? O que você pode fazer para que isso fique ainda mais agradável?

No próximo banho, atente para a sensação que lhe desperta a água correndo pelo corpo, a suavidade com que o sabonete toca sua pele e a textura da esponja ou da toalha que usa. Observe a forma como se enxuga. Será que não consegue fazer isso de modo ainda mais agradável ao corpo?

Conscientize-se mais da sensação do tato ao longo do dia: como você se toca de manhã na hora de escovar os dentes, pentear o cabelo e arrumar-se para sair; o contato das roupas com a pele; a sensação do vento em seu rosto e as diferentes temperaturas das diversas partes do corpo; a sensação que as coisas lhe provocam ao entrar em contato com sua pele durante suas atividades rotineiras.

Quando for tocado por alguém, atente para o modo como esse toque o afeta. Que diferentes temperaturas, pressões, texturas e vibrações sente na área do corpo que está em contato com o corpo do outro? O que é bom e o que não o é?

2. Conscientização do toque ativo. Pratique a respiração depuradora por alguns instantes e depois passe a mão ao longo das superfícies e contornos dos objetos próximos. Sinta as diferentes temperaturas e texturas usando a palma das mãos, as pontas dos dedos, o pulso e as costas das mãos. Observe a diferença de sensação que há entre correr os dedos para cima e para baixo e de um lado para o outro. Olhos fechados, veja se suas mãos e dedos conseguem adivinhar quais os objetos que toca. Em seguida, toque seu rosto, pescoço, mãos e braços usando a palma da mão, as pontas dos dedos, o pulso e as costas da mão. O que mais lhe agrada nas sensações despertadas?

Procure sentir mais as coisas tocadas no dia-a-dia. Conscientize-se mais das sensações nas mãos e nos dedos quando manusear diferentes objetos ao longo do dia. Esteja particularmente atento às coisas que lhe forem agradáveis ao toque.

Ao encontrar as pessoas, procure realmente tocá-las. Ao apertar a mão de alguém, procure sentir a temperatura, a textura e a vibração dessa mão na sua. Ao abraçar alguém, coloque as palmas de suas mãos nas costas da pessoa e tente sentir-lhe a energia vital.

3. Conscientização do tato interno: sensibilidade, sentimentos viscerais e intuição. Pense em alguma decisão que tenha de tomar em breve, para a qual existem duas ou mais alternativas. Respire um pouco e tente ver-se escolhendo uma dessas alternativas. Pense em algumas das prováveis conseqüências dessa decisão e sinta como seu corpo reage. Em seguida, faça a mesma seqüência com a(s) outra(s) alternativa(s). Veja qual das opções parece ser melhor para o corpo.

Pense consigo mesmo em diferentes momentos do dia. Se algo não lhe parecer certo — sem que você saiba dizer exatamente o que está errado —, veja se consegue descobrir recorrendo a seus sentimentos viscerais. Capta algum sinal proveniente do coração ou das entranhas? Seja receptivo às imagens que porventura lhe ocorram. Se você se sentir bem, reflita sobre a verdadeira sensação despertada por "sentir-se bem".

Procure ter uma noção melhor das pessoas atentando mais para o que se passa no interior do seu próprio corpo. Sinta como a presença delas o afeta. Quais as informações acrescentadas por essa resposta física a seus sentimentos em relação às pessoas?

4. Indução de imagens. Este exercício destina-se a cultivar o tato fantasma. Tente, da forma mais completa possível, recriar uma sensação tátil na imaginação e senti-la em seu corpo.

Imagine que está na praia de uma bela ilha tropical. O Sol lhe aquece gostosamente a pele, e o céu azul está salpicado de refrescantes nuvens brancas. O mar está calmo, e as ondas quebram suavemente na praia. Você encontrou uma enseada deserta e se senta. Respire o ar morno e úmido que cheira a maresia e admire a paisagem que tem a sua frente — a imensidão azul esverdeada do mar e o azul profundo do céu, as nuvens brancas e as gaivotas voando barulhentas. Quilômetros e quilômetros de litoral que se estendem para a direita e a esquerda, recobertos de coqueiros e outras plantas exóticas.

Agora comece a concentrar-se na sensação do tato. Sinta os grãos de areia em contato com a parte posterior de suas pernas e coxas. Sinta o suor recobrir-lhe o rosto e o corpo. Tire as sandálias e enfie os pés na areia. Sinta-lhe o calor entre os dedos e veja-se deslizando-os pelos grãos ásperos.

De repente corre uma brisa leve. Sinta-a soprar seus cabelos para trás, roçando-lhe as orelhas e o pescoço. Sinta o ar lamber sua cabeça, testa e sobrancelhas, desalinhando seus cabelos. Agora a brisa parou de soprar. Você sente paz e satisfação; está feliz por viver.

5. Aumente a riqueza do tato com o parceiro. Sentem-se confortavelmente, de frente um para o outro, suficientemente próximos para poderem tocar-se no rosto. Um de vocês será o parceiro receptivo; o outro, o passivo. Suspirem profundamente algumas vezes e relaxem.

Ambos deverão manter os olhos fechados e concentrar-se na sensação do tato. O parceiro ativo passará cinco minutos acariciando e tocando suavemente o rosto do receptivo. O passivo se concentrará no prazer de ser tocado, atentando para as sensações e emoções despertadas pelo tato.

O parceiro ativo deve começar pelo alto da cabeça do passivo e, de olhos fechados, tocar-lhe cabelo, testa, sobrancelhas e têmporas, pálpebras e cílios, nariz, maçãs do rosto, lábios, queixo e mandíbula. Procurem distinguir os diferentes graus de suavidade e aspereza, calor e frieza, dureza e maciez da pele um do outro. A pressão deve variar desde o toque firme ao leve roçar quando surgirem áreas recobertas de penugem. Variem a direção da carícia: para cima e para baixo, de um lado para o outro, em círculos grandes, pequenos, etc. Usem os dedos, as palmas e as costas das mãos, os pulsos e até os antebraços. Depois troquem de papel. Só conversem a respeito da experiência depois de ambos terem sido ativos e passivos.

6. Descoberta de campos energéticos. O parceiro receptivo deita-se no chão enquanto o ativo se senta na altura da cintura dele. A cabeça do receptivo deve apontar para o lado esquerdo do ativo e os pés para sua direita. Ambos devem praticar a respiração depuradora por alguns instantes e concentrar-se nas sensações internas. O ativo irá passar ambas as mãos por sobre o corpo do receptivo, a uma distância de 7 a 15 centímetros, bem lentamente, da cabeça aos pés. Ele deve tentar detectar áreas de maior e menor calor ou vibração no corpo do outro e manter os olhos fechados, pois isso contribuirá para discernir melhor suas próprias sensações. Além das imagens visuais que possam surgir espontaneamente, ele deve estar atento para qualquer outro sentido fantasma que possa ser estimulado.

Em seguida, se ambos concordarem, o parceiro ativo deve colocar as mãos suavemente sobre o corpo do passivo para ver se tocando-o de fato — perscrutando gentilmente seu rosto, peito e diafragma — pode sentir se a energia está fluindo ou bloqueada em algum ponto. Findo o exame, ele deve falar sobre o que sentiu. Depois, após alguns instantes de respiração depuradora, troquem os papéis.

7. Aprecie a beleza da arte e da natureza. Alimente seu espírito estético. Vá a um museu ou galeria. Escute uma sinfonia. Faça um desenho. Observe um gato fazer seu asseio. Admire as diferentes cores do céu ao nascer e ao pôr-do-sol. Procure divisar constelações numa noite estrelada. Leia um poema. Escreva um poema para seu amor ou para um amigo e leia-o em voz alta para ele.

Capítulo 11

Prazeres Sexuais: Realização Completa

Como Aquecer a Paixão

Afinal, seu desejo morreu dentro dela por pura exaustão.
Toda a tensão que havia em seu corpo se desvaneceu. Ela ficou macia como algodão. (...) Pela primeira vez, a fome que trazia à flor da pele como uma irritação fugira para alguma parte mais profunda do seu corpo. Fugira e se acumulara, tornando-se um núcleo de fogo à espera do momento da explosão.

Anaïs Nin

Estou numa cama imensa e confortável com um homem bonito — aquele com o qual viria a me casar. Estamos apaixonados e começamos a viver juntos. O sol penetra no quarto pelas persianas entreabertas. As portas à nossa frente dão para um pequeno balcão em estilo espanhol de onde se descortina o *canyon*, o chaparral e as árvores. Esta manhã ensolarada de domingo tem para nós uma doçura especial. Preparamos juntos o desjejum — torradas, frutas e café — e o trouxemos para a cama. Juntos o tomamos, recostados nos travesseiros e debaixo do edredom, lendo os jornais e ouvindo excelente música.

Mais tarde, tiramos os pratos da cama e ouvimos uma sinfonia de Beethoven nos braços um do outro. À audição de uma coda particularmente lírica, meu amante vira-se para mim com um leve sorriso, olha-me profundamente nos olhos e me beija com uma delicadeza que me revira por dentro. Perco os sentidos. Ondas de prazer como espasmos percorrem-me todo o corpo e atingem cada parte de mim.

No entanto, em vez de me entregar e me deixar arrebatar, sinto um golpe de medo. Sento-me e tento recuperar o fôlego. Ele me olha preocupado enquanto eu me recobro. Então, quando afinal o consigo, rapidamente disfarço e puxo-o de volta a mim com um risinho e um beijo. Ele aparentemente se esquece daquilo, e voltamos a fazer amor. Mas, para mim, aquele golpe foi uma surpreendente revelação. Ele mostrou-me que estava com medo de me deixar levar por sentimentos tão fortes quanto aqueles. E, por mais que eu gostasse de pensar que era uma mulher sexualmente liberada, não era tão livre quanto imaginava.

Não precisa ser algo tão óbvio como um puxão justamente quando se está à entrega do nirvana para saber que estamos com medo de nos render ao sexo. Às vezes, basta lembrar — bem na hora em que estamos começando a ficar realmente excitados — de alguma coisa que não gostamos no parceiro e pronto: não conseguirmos mais nos desvencilhar desse pensamento negativo. Mas não é só a cabeça que nos tira do momento — pode ser o corpo, uma cãibra na perna, uma cólica ou uma taquicardia. Ou um súbito e inexplicável ataque de cócegas.

Por mais insignificantes que pareçam, essas coisas são importantes. Tudo que desviar sua atenção do sexo para outro assunto qualquer é um indício da maior limitação que existe na fruição do prazer sexual: a ansiedade do prazer.

É provável que esse tipo de ansiedade seja universal em nossa cultura porque, até certo ponto, fomos todos treinados desde a infância a ter medo de nossos impulsos sexuais.

Por que resistimos ao prazer sexual

Por mais que se prefira pensar o contrário, não estamos assim tão distantes da era vitoriana, no século XIX — uma época que se caracterizou principalmente pela visão austera do sexo. Os vitorianos seguiam um código de conduta estrito que, na verdade, se destinava a impor limites ao prazer sexual. Acreditava-se que as mulheres virtuosas deveriam ter pouco prazer no sexo, e os homens, donos de um apetite imoderado, deveriam ser "domados". Os médicos aconselhavam seus pacientes do sexo masculino a satisfazer suas necessidades com as esposas no menor tempo possível, para evitar melindrá-las e esgotar-lhes o frágil sistema nervoso.

Nossos avós e bisavós, criados provavelmente de acordo com os preceitos da era vitoriana, tiveram forte influência sobre as atitudes sexuais dos pais que nos criaram. Um paciente solteiro, de seus trinta e tantos anos, me disse certa vez que seu pai, quando garoto, fora trancado por várias horas num quartinho pela avó, como castigo por haver sido flagrado masturbando-se. Tom achava que seus bloqueios sexuais derivavam desse trauma sexual sofrido pelo pai. Toda vez que sua relação com uma mulher ganhava conotações sexuais, ele ficava ansioso e cheio de dedos, principalmente quando a desejava muito. Os padrões de conduta sexual são transmitidos de geração a geração e se inscrevem no nosso corpo. O pai — que fora castigado e conhecera a vergonha quando criança por causa do sexo —, por sua vez, castigara Tom e também o humilhara, deixando-o sexualmente inseguro.

Quase todas dentre as muitas preocupações que as pessoas têm em relação à própria sexualidade — seja a falta de interesse sexual, o medo do desempenho, a incapacidade de chegar ao orgasmo ou a dependência do sexo — derivam da ansiedade do prazer. Ela se reflete numa incapacidade de simplesmente ser em qualquer plano, e não só no sexo. Ela aparece em padrões de raciocínio que tornam as pessoas inflexíveis e defensivas. Porém, mais especificamente, a ansiedade provocada pela perspectiva do prazer traduz-se num medo fundamental, largamente inconsciente, de sucumbir à excitação sexual.

Infelizmente, todos nós temos algum tipo de inibição sexual pelo fato de termos sido criados numa sociedade que considera o sexo "sujo". Entretanto, na maior parte do tempo nós não percebemos as barreiras que nos dificultam o prazer porque, em geral, nem de longe o conhecemos numa intensidade que coloque à prova nossos limites. Ao contrário, sempre que há qualquer possibilidade de uma forte excitação sexual, nós geralmente contemos nossos impulsos com um reflexo físico que trava os músculos do tronco e da pelve, contraindo as costelas e deixando a respiração superficial. Com efeito, apenas nos permitimos o grau de excitação que sabemos poder tolerar.

Porém, à medida que uma situação fica muito excitante do ponto de vista sexual, a ansiedade do prazer também pode aumentar. Como Tom começou a observar, era justamente quando tinha mais interesse sexual numa mulher que ficava mais obcecado, estressado e incapaz de agir conforme seu desejo. Não acreditava que conseguiria relaxar e abrir mão do controle.

Quando surge no auge da excitação provocada por uma situação sexual, a ansiedade do prazer assemelha-se bastante a um ataque de pânico — o coração dispara e vem uma sensação de desfalecimento e até de morte. Quando todo o corpo atinge esse nível de excitação, abrir mão do controle e deixar-se arrebatar é, depois da morte real, o máximo que pode acontecer em termos de entrega. De fato, em francês, o orgasmo também é chamado de *le petit mort* — a pequena morte. Para aqueles que foram criados aprendendo a reprimir ou conter os impulsos sexuais, quanto mais os braços de alguém os fazem derreter, mais a sensação da mortalidade e o medo da morte se impõem.

Todos temos nossas próprias histórias de aprendizado da inibição sexual. Podemos ter sido levados quando crianças a sentir vergonha por alguma demonstração de sexualidade ou castigados quando pegos em algum jogo sexual. Os que foram molestados provavelmente aprenderam a desligar-se das sensações do corpo, colocando o pensamento em outro lugar. Mas, existindo ou não traumas de infância, ainda assim podemos nos inibir sexualmente de várias outras formas, mesmo que gostemos abertamente do sexo.

Uma dessas formas está em deixar-se levar pelo desempenho, e não pela experiência em si. As pessoas podem interessar-se mais na imagem que transmitem aos parceiros que em sentir o quanto é bom estar com eles. Assim, podemos estar tensos por não gostarmos de nosso próprio corpo e, em vez de excitados, ficamos constrangidos se formos vistos nus — até mesmo pela pessoa com quem nos casamos. Também podemos ter uma visão preestabelecida de como deve ser o sexo e ficar com medo de que certos aspectos de nossas fantasias e desejos sexuais não sejam considerados normais. Ou podemos convencer-nos de que não somos capazes de agradar ao parceiro. Em cada um desses casos, estamos nos concentrando na experiência do outro e não na nossa. Preocupando-nos mais com o desempenho sexual, em vez da experiência, estamos muitas vezes ignorando inconscientemente sentimentos sexuais desconfortavelmente expansivos.

Sexualmente liberados – e, mesmo assim, não-livres

Sheila era uma jovem solteira, alta e atraente. Tinha trinta e poucos anos e havia conseguido sucesso como corretora da bolsa de valores. Tudo corria bem em sua vida, inclusive um namoro recente com um homem que a atraía tanto física quanto emocionalmente. Ela queria muito que o relacionamento deles desse certo, mas, assim que o sexo entrou na relação, Sheila ficou muito decepcionada. Embora se orgulhasse de ser uma "mulher sexual" e gostasse de *lingerie* de renda, meias e cintas-ligas, lamentou não estar muito animada com Eddie, acrescentando que, como de costume, não conseguia ter orgasmo.

Quando conversamos sobre sua família, disse que o pai havia abandonado a mãe quando ela ainda tinha 2 anos de idade. Embora tivesse tido alguns namorados, sua mãe não se casara novamente e não tinha muito boa opinião sobre os homens. Sheila sabia que herdara a mesma desconfiança em relação aos homens que tinha sua mãe e que, embora dissesse gostar deles, continuava julgando-os uns brutos insensíveis. Entretanto, por mais superficiais e levianos que pudessem ser, ela continuava achando que tinha de provar que os merecia.

Numa das sessões, observei suas maneiras enquanto falava — os gestos pareciam femininos demais, quase estilizados. Sentava-se com o peito projetado para a frente e as costas levemente arqueadas, pontuando as palavras com um levantar de ombros que me fazia lembrar velhos cartuns de Betty Boop. Pedi-lhe que prestasse atenção na linguagem do seu corpo. Embora a princípio protestasse, ela começou a perceber-se representando uma mulher fatal. Percebeu que havia aprendido essa forma ultrafeminina de agir no cinema, pois mal tinha visto homens e mulheres que se amavam na vida real.

Sheila estava consciente de quase nunca estar relaxada com Eddie, sentindo como se tivesse de estar sempre "ligada" para entretê-lo e mantê-lo interessado. E, da mesma forma que lhe pedira que observasse sua postura no consultório, pedi-lhe que prestasse atenção no seu grau de ansiedade quando estava perto de Eddie. Pedi-lhe que atentasse especialmente para a respiração e observasse se estava contraindo o corpo quando fazia amor com ele.

Quando nos encontramos na sessão seguinte, Sheila me disse que, de fato, percebera que fazia poses durante o sexo, prendia o fôlego e contraía as coxas e o glúteo. Admitiu que também tendia a contrair o estômago, porque achava que estava um pouco mais gorda do que gostaria. Sugeri que ela talvez também estivesse com medo de se entregar: a contração do abdômen era parte de todo um padrão de controle muscular de que não se apercebera, e que estava impedindo que ela conseguisse excitar-se sexualmente de maneira plena.

Quanto mais prestava atenção às suas próprias maneiras, principalmente durante o sexo, mais Sheila via como a linguagem estudada do seu corpo transmitia uma mensagem silenciosa que proclamava: "Não tenho confiança em você para relaxar e divertir-me ao seu lado. Parecer bem é mais importante para mim que sentir-me bem." Ao analisar os sentimentos programados que nutria perante os homens, Sheila resolveu arriscar-se a ser ela mesma com Eddie, não importa o que acontecesse. Ao fazê-lo, descobriu que, sem aquela rigidez, era de fato a mulher verdadeiramente *sexy* que sempre soube que poderia ser.

O potencial sexual: quando a ênfase está na experiência

Assim como Sheila, a maior parte das pessoas já se preocupou alguma vez com seu desempenho sexual, não só em termos do julgamento dos parceiros, mas também em termos de autovalorização — como machos ou fêmeas sexualmente competentes. Os homens querem ter ereções completas e adiar a ejaculação para não desapontar as mulheres. Estas querem ser sexualmente responsivas e ter orgasmos — não só pelo prazer, mas, muitas vezes, porque isso agradaria aos homens.

A terapia sexual também salientou o desempenho quando se propôs ajudar as pessoas a atingir "adequação sexual". Só recentemente os sexólogos começaram a deixar de lado a ênfase reducionista na definição e tratamento das dificuldades de desempenho para abordar a imensidão do potencial sexual humano. Para o dr. David Schnarch, figura das mais eminentes nesse novo ramo da sexologia, o sexo maravilhoso não se define, como antes se fazia, pela presença de orgasmos intensos. Em vez disso, trata-se de aumentar a capacidade de intimidade e erotismo dentro do contexto de uma relação que envolve o compromisso.

Schnarch sugere que se as pessoas se dispõem a aceitar ter uma vida sexual menos que maravilhosa — isto é, apenas "boa o suficiente" —, o fazem porque não estão dispostas a percorrer as etapas de desenvolvimento e crescimento pessoal de um relacionamento que podem possibilitar-lhes tolerar um grau maior de atividade sexual. Da mesma forma que as crianças crescem galgando etapas de desenvolvimento adequadas — como aprender a andar ou a brincar com os outros —, a capacidade de desfrutar de toda a gratificação do sexo com alguém a quem se ama é, para Schnarch, uma das etapas de desenvolvimento mais importantes da vida adulta.

Wilhelm Reich, provavelmente o grande pioneiro no campo do potencial sexual, estava interessado principalmente naquilo que denominou de "potencialidade orgástica": a capacidade de entregar-se ao fluxo de energia biológica sem nenhuma inibição. Reich observou que quando os parceiros sexuais deixam que sua excitação cresça gradualmente, a energia flui dos genitais para todas as áreas do corpo, provocando uma espécie de sensação de derretimento ou dissolução à qual chamou de "jorros" ["*streamings*"]. Quando esses jorros "oceânicos" ou ondulares fluem pelo corpo inteiro, e não só na pelve, a capacidade de entrega é completa e resulta naquilo que ele denomina "orgasmo total" — espasmos musculares involuntários e agradáveis que tomam todo o corpo. Reich salientou a importância da intensidade dos orgasmos para o bem-estar físico e mental. Mas ele achava que esse tipo de orgasmo só poderia ocorrer entre duas pessoas que se amassem e exprimissem uma à outra sentimentos verdadeiros.

Na verdade, agora existem indícios de que a falta de amor numa relação sexual pode não só impedir a gratificação como também afetar a saúde do coração. Em suas pesquisas, o dr. Alexander Lowen mostra que a incapacidade de experimentar a satisfação emocional durante o sexo pode ter efeito negativo sobre o coração. Em diversos estudos realizados com cardiopatas, cerca de 66% dos homens e mulheres hospitalizados por ataques cardíacos admitiram estar sexualmente insatisfeitos durante as semanas ou meses imediatamente anteriores à hospitalização, contra 24% do grupo de controle.

Embora seja possível chegar ao clímax físico sem nenhuma satisfação emocional, Lowen acha que a incapacidade de entrega emocional durante o sexo impede a descarga completa do músculo coronário, que liberaria as tensões no coração. Por outro lado, quando os músculos peitorais e cardíacos estão relaxados e o amor é uma sensação genuína, o orgasmo libera energia do coração e dos órgãos genitais ao mesmo tempo. O resultado é uma extraordinária experiência de amor e de gratificação através do sexo.

O dr. Jack Morin, pesquisador e terapeuta sexual, tem uma abordagem um tanto diversa na investigação do potencial sexual. Morin é hoje uma figura fundamental no trabalho de expansão no campo da moderna terapia sexual por investigar, não o sexo problemático, mas experiências sexuais de pico. Morin criou um questionário que lhe possibilitou saber detalhes íntimos das experiências sexuais mais memoráveis de entrevistados anônimos, que disseram também o que em sua opinião havia tornado tais experiências tão dignas de nota.

Ao analisar os dados, Morin descobriu que a maioria das respostas incluía diversos ingredientes básicos. As experiências sexuais de pico relatadas eram intensamente excitantes do ponto de vista físico — os entrevistados falaram sobre excitação e desejo pelos parceiros. As experiências geralmente envolviam forte emoção — o ato sexual revestia-se de uma importância especial para os participantes; na maioria havia principalmente amor ou intimidade, mas, às vezes, um elemento de medo ou raiva que carregava o ar e aumentava drasticamente a intensidade do ato. Eram também muito eróticas, com algum tipo de aventura ou enredo *sexy* ou mesmo um certo grau de risco, que aumentava a necessidade do sexo. Em geral, os orgasmos eram explosivos. E, às vezes, as experiências transcendiam a realidade habitual — eram descritas como algo mágico, místico, espiritual ou como um estado alterado de consciência.

Obviamente, para se atingir o potencial de prazer no sexo é preciso tornar-se mais expansivo em diferentes níveis. Porém, quando você e seu parceiro estiverem prontos para agir de modo mais experimental um com o outro, devem começar por uma questão fundamental: a maneira como definem o sexo.

O imperativo da penetração

Na maioria das vezes em que fazemos amor, não é para trazer uma nova vida ao mundo, mas para trazer nova vida para dentro de nós. Não queremos fazer bebês, mas recarregar-nos fisicamente e desfrutar da conexão emocional promovida por uma boa sessão de amor. Mas a maneira como costumamos fazer amor presta-se mais aos fins de uma sexualidade procriativa que aos objetivos de uma sexualidade criativa/recreativa.

Quando um casal dá início ao jogo do sexo, acredita que a atividade deve evoluir para a penetração. No entanto, nada interfere mais com a fruição dos prazeres emocionais e físicos do sexo recreativo do que a penetração compulsória — algo que chamo de "imperativo da penetração".

Para os casais, a equação sexo = penetração significa que, se não quiserem ir até o fim, nem vale a pena começar. As pessoas não se dedicam a jogos sexuais se não estiverem dispostas à penetração porque não querem "iludir" os parceiros. Mas, agindo assim, necessariamente se obrigarão a um maior esforço quando estiverem disponíveis, pois tentarão levar sua excitação ao máximo da intensidade (seja ele qual for) partindo do zero, num ato que pode durar — entre o primeiro beijo e o último suspiro — entre dez e vinte minutos.

O sexo na base do tudo ou nada só pode levar à estagnação sexual porque fazer a mesma coisa sempre é tão excitante quanto esperar a grama crescer. Faz-me lembrar da piada contada por um jovem comediante: quando perguntou ao pai se sabia da novidade dos casamentos do mesmo sexo, ele respondeu: "Sei tudo. Sua mãe e eu há anos fazemos o mesmo sexo."

Muitas pessoas solteiras sexualmente ativas também limitam seu prazer sexual agindo conforme a lógica do tudo ou nada. Se não quiserem ir até o fim, negam a si mesmas o *frisson* do desejo, o prazer de beijar e abraçar alguém de quem gostam mas a quem não amam. Ou o contrário: podem acabar concordando precipitadamente com uma penetração quando realmente queriam apenas um contato afetivo e humano.

Não há comparação: tudo é muito mais espontâneo quando um casal brinca de forma sexualmente instigante sem partir imediatamente para a penetração e o orgasmo. Quando se deixa a energia acumular por vários dias, ou mesmo meses, é possível chegar a um grau de intensidade que torna a penetração infinitamente mais excitante. Porém, isso significa que os dois precisam concordar em terminar um contato sexual enquanto ainda sentem excitação — e, para muita gente, isso não é fácil.

Por que temos tanto medo de manter-nos excitados? Será que é o nosso lado vitoriano que exige que nos livremos da excitação assim que ela surge? Ou o quê? Não conseguiremos pensar nem trabalhar? Vamos ficar viciados em sexo? Agarraremos o primeiro que passar na rua para transar?

Pelo contrário, a energia sexual é a manifestação da energia vital. É o impulso criador supremo, que nos inspira e anima. Não devemos abrir mão da excitação. O que devemos abandonar é o velho conceito de sexo.

Erotismo: os prazeres do sexo em seu grau máximo

É preciso tempo para conseguir transformar uma pequena centelha num fogo que crepite por todo o corpo. É preciso tempo para sentir o amor, entregar-se à ânsia da excitação e tirar partido das oportunidades sensuais e eróticas do momento. Só quando se leva a excitação cuidadosa e constantemente a novas alturas, os orgasmos podem tornar-se explosivos — e os amantes, atingir a conexão emocional e espiritual que permite a vivência conjunta de um estado alterado de consciência.

Para explorar o sexo altamente excitante e concretizar todo o seu potencial sexual, sua meta deve ser: ter tesão e manter o tesão. Quando se fala em sexo, em geral se pensa que ou se está morrendo de vontade ou não se tem vontade nenhuma. Que besteira! Nem tanto ao mar, nem tanto à terra — a excitação sexual não é como um interruptor que se pode ligar e desligar. Existem vários graus de excitação, e o melhor que você pode almejar é dar a si mesmo a oportunidade de sentir o seu crescimento passo a passo.

O erotismo é uma atividade que tem o propósito de aumentar a excitação sexual. Algumas situações são eróticas em si, e muitas vezes nos vemos em algumas que eletrizam naturalmente as paixões. É diferente quando estamos vivendo um relacionamento em que existe um compromisso. Muitas vezes a disposição para a atividade erótica tem de ser cultivada deliberadamente, com a intenção lúdica de elevar a voltagem sexual que corre entre você e seu parceiro.

Para mim, há "sexo sem sexo" quando o apelo do contato sexual é o erotismo e não a penetração. Quando se adia a penetração com o objetivo de provocar a excitação até o ponto de os parceiros se desejarem com paixão é que se vê como a experiência da sexualidade muda. Trata-se de um modo novo e positivo de pensar a respeito do adiamento da gratificação: aprender a saborear a carência.

Isso representa algo valioso em qualquer área da vida, e não só no sexo. Em seus estudos sobre auto-realização, Abraham Maslow descobriu que, entre as pessoas mais realizadas, existe sempre a capacidade de usufruir do estado de carência. Elas atacam os problemas com curiosidade e determinação e não se frustram quando não atingem suas metas imediatamente. Da mesma forma que o impulso criador ou o desejo de solucionar um mistério, a presença de um desafio estabelece tensões agradáveis — a resolução rápida não só é desnecessária, mas também indesejável.

No sexo, o "desejar agradável" requer o mesmo tipo de capacidade: deixar uma necessidade crescer e deleitar-se com a premência do próprio desejo. Quanto mais forte a excitação, mais forte — emocional, física e espiritualmente — a liberação.

O continuum *da excitação sexual*

Pense no prazer do sexo não como uma oposição entre a luz e a escuridão, mas como um arco-íris no qual as cores ficam cada vez mais vivas com o tempo. O arco-íris é um *continuum* de cores que vai do vermelho — a mais longa extensão de onda do espectro visual da luz — até o violeta — a mais curta.

Quando pensamos na excitação sexual como um *continuum* de experiências sexuais, podemos identificar cinco fases diferentes: interesse, desejo, luxúria, paixão e êxtase. Nenhuma é mais importante que as outras; todas são universos a explorar que devem ser devidamente saboreados antes de se passar de um a outro.

Dedique-se a cultivar o interesse, o desejo e a luxúria antes de pensar na liberação. Se você for solteiro e praticar o "sexo sem sexo", poderá ter toda a excitação do bom sexo sem pôr em risco sua saúde — algo em que se deve pensar nos dias de hoje. Se tiver um relacionamento, ele lhe permitirá aumentar a excitação ao longo do tempo por meio de variados contatos sexuais diários, sem medo de começar algo que você não possa levar até o fim.

A energia sexual tem seus altos e baixos. Quando se desfruta do jogo sexual a dois, as experiências mais fortes e prazerosas acontecem quando se deixa a excitação baixar, para, em seguida, haver um relaxamento e uma busca de novas vias de contato erótico. Por outro lado, quando as coisas ficam muito fortes, sempre se pode parar um instante, respirar profundamente e refazer as energias antes de prosseguir.

Essa parada para respirar, relaxar, entregar-se à excitação e voltar ao jogo é crítica para a expansão de seu potencial de prazer no sexo. Dando-se a oportunidade de parar e respirar alguns instantes, você conseguirá superar os limites de seu prazer, podendo manter a excitação enquanto vai galgando os degraus rumo à fase seguinte.

Cada fase da excitação sexual tem suas possibilidades de teatro, humor, importância emocional, expressões de amor, desafios, conquista e submissão e liberação física. Para maximizar o prazer sexual, você precisa esgotar cada uma delas e saborear plenamente a topografia de cada região existente ao longo do *continuum*.

Interesse: o campo da sedução

Você está numa determinada situação que nem de longe o faz pensar em sexo quando, de repente, algo lhe chama a atenção. Talvez seja um olhar mais demorado ou um rápido toque. Seja como for, uma situação não-sexualizada se transforma: você se vê em meio a um inesperado vulcão sexual, e sua atitude muda. Essa reação — que pode ser provocada por seu companheiro, um conhecido ou um estranho — o faz querer aproximar-se e continuar o contato lúdico.

O que você fará diante das circunstâncias na verdade é compatível com a maneira como os amantes potenciais do mundo inteiro transmitem suas mensagens de disponibilidade e interesse sexual. Segundo a antropóloga Helen E. Fisher, nós geralmente percorremos uma seqüência de etapas que envolvem inicialmente o olhar: chamar a atenção do outro com movimentos exagerados do corpo; em seguida, o falar: gracejos inócuos e inofensivos ditos em tons suaves; depois, o tocar "acidental", que se torna mais intencional e demorado. Quando involuntariamente começamos a sincronizar nossos movimentos — aproximando-nos e afastando-nos um do outro em ritmo perfeito, olhos nos olhos, rostos próximos um do outro — algum tipo de contato erótico físico será praticamente inevitável.

Se você estiver vivendo um novo relacionamento, isso geralmente acontece de forma automática. Mas não deixe essa fase de lado se estiver num relacionamento de muitos anos. Os casais mais antigos muitas vezes não se comportam de modo sexualmente lúdico se não estiverem dispostos à penetração — e, quando o fazem, podem ser precipitados demais. Em vez de flertar, seduzir e levar o parceiro para a cama, concordam de antemão em ter sexo e, então, encontram-se no quarto para agir segundo uma fórmula tacitamente aceita. Mas — sem a paquera, a provocação e a sedução —, os casais deixam de sentir algo básico para a sexualidade humana.

Alguns casais me contaram que muito raramente deixavam sua excitação ir além dessa fase do interesse antes de chegar ao sexo. Porém, quando isso acontece, eles acabam passando à penetração com o mínimo de excitação, fazendo amor sem inspiração e tendo, ao invés de clímax, anticlímax.

Desejo: o campo dos sentidos

Os prazeres sensuais têm papel-chave no despertar do desejo. Você toca o braço dele, e a pele quente e macia faz a sua formigar. Ela chega mais perto, e sua pulsação se acelera só de sentir-lhe o cheiro. Você gosta de olhar para o traseiro redondo dele ou para os quadris perfeitos dela. Você saboreia o gosto dos beijos dele ou a maciez da língua dela. Seu coração bate mais forte no peito. Vocês se abraçam apertado, e o hálito quente dele em sua orelha ou os doces gemidos dela fazem seu corpo pegar fogo. Você tem sede e fome dessa pessoa — de ser envolvida por seus braços ou de enterrar o rosto em seus seios.

Se quiser atiçar conscientemente seu desejo, concentre-se ainda mais no estímulo erótico que se oferece a cada um de seus cinco sentidos.

O olhar erótico

Muitas vezes os casais fazem amor de olhos fechados, agindo como se estivessem em transe. Assim, perdem todo o estímulo que os olhos, por si mesmos, possibilitam. Mas quando eles se demoram no corpo ou no olhar do outro, os olhos passam a ser órgãos sexuais vitais.

O sentido da visão estimula o apetite sexual por meio de atividades exibicionistas e *voyeuristas*. Na mais extensa e cientificamente rigorosa de todas as pesquisas sobre sexo — a de 1994 da Universidade de Chicago —, o "ver o parceiro despir-se" inesperadamente mostrou-se o segundo ato sexual preferido entre os norte-americanos, perdendo apenas para a penetração e ficando na frente, tanto entre os homens quanto entre as mulheres, do sexo oral (ativo ou passivo).

A nudez geralmente não é tão excitante quanto as diversas possibilidades da seminudez. Em vez de despir-se para o sexo, costumo sugerir às pessoas que se vistam para ele. Assim, os amantes podem provocar-se expondo lenta e deliberadamente partes do corpo ou da *lingerie*, dançando eroticamente e fazendo poses sexualmente explícitas um para o outro. Peças-fetiche — como os tradicionais saltos agulha e as roupas de borracha ou qualquer outra coisa que alguém invista idiossincraticamente de valor sexual — podem ser incorporadas ao jogo do sexo para obtenção de maiores efeitos visuais.

Alguns casais gostam do prazer *voyeurista* de assistir a vídeos de sexo explícito juntos. Homens e mulheres que gostam de pornografia dizem que assistir a cenas de sexo não só é excitante, mas também — se o material respeitar o ponto de vista feminino e incorporar também a satisfação da mulher — pode representar uma fonte valiosa de educação sexual para adultos, fornecendo um mapa para excursão a territórios inexplorados de prazer sexual.

Sons sexies

A presença de certos tipos de som durante um contato sexual — música suave, ritmos instigantes ou os suspiros e gemidos do amante — pode intensificá-lo. Mas nenhum som se compara ao da respiração ofegante: ouvi-lo é como ouvir o desejo do seu amante por você. O mesmo se aplica aos vídeos de sexo explícito — a trilha sonora mais quente que pode acompanhar um ato sexual é sempre a respiração pesada.

A respiração ofegante é muito excitante também em outro sentido: da mesma forma que suspirar profundamente estimula a liberação de tensões e resistências, a respiração pesada — tão natural ao desejo — também estimula um tipo de entrega que conduz à entrega emocional e sexual total. Praticar conscientemente a respiração energizante por alguns momentos pode aumentar imensamente a excitação, ajudando a disseminar a energia pelo corpo. Ofegar sem dúvida cumpre o duplo efeito de excitar a quem respira e a quem ouve.

Algumas pessoas acham que falar de modo *sexy* contribui para aumentar em muito a excitação. E isso faz sentido. A maioria de nós foi castigada quando criança por dizer palavrões. Agora que já somos adultos, dizer "safadezas" pode parecer-nos uma forma de afirmar nossa potência sexual. Certas mulheres sentem um verdadeiro frenesi quando um homem lhes sussurra ao ouvido todas as coisas maravilhosamente abomináveis que farão com elas. O mesmo pode acontecer com os homens cujo desejo se deixe estimular pela descrição de atividades ou fantasias sexuais murmuradas ao pé do ouvido.

O paladar erótico

A boca, naturalmente, é um de nossos órgãos mais eróticos, não só pelo sabor dos beijos do amante, mas por todas as chupadas, lambidas e leves mordidas que geralmente fazem parte do repertório de um amante hábil. A língua — macia, úmida, morna — é um estimulante sexual natural. Ela tem o poder de despertar o desejo em quase todas as partes do corpo, sendo especialmente excitante para as áreas que não são recobertas por pêlos. Em um determinado estudo, a alta freqüência de beijos foi tida como um bom indicador de felicidade e satisfação sexual no casamento.

O sexo oral — às vezes chamado de beijo genital — é uma das atividades sexuais mais apreciadas. No já citado estudo da Universidade de Chicago, 68% das mulheres entre 18 e 44 anos situaram o ato de receber o sexo oral entre mais ou menos e muito estimulante, enquanto 57% disseram gostar de praticá-lo ativamente. Entre os homens da mesma faixa etária, 83% gostavam de recebê-lo e 76% gostavam de praticá-lo. O número dos que gostam de ambas as modalidades cai entre os homens e mulheres acima dessa faixa etária, mas quase um terço das mais velhas e mais da metade dos mais velhos afirmaram gostar de praticar sexo oral aos parceiros — e, como seria de esperar, um percentual ainda maior diz gostar de recebê-lo.

O olfato erótico

Talvez você ache que acendendo incenso ou velas perfumadas sua excitação aumenta. Os aromas agradáveis fazem-nos respirar mais profundamente, e tudo que aumenta a probabilidade de isso ocorrer durante o contato sexual aumenta a excitação. Pela mesma razão, uma gotinha de perfume no pescoço ou nos pulsos pode estimular o parceiro a respirar profundamente.

Certas pessoas afirmam que conseguem sentir o cheiro da excitação sexual do parceiro à medida que essa excitação vai crescendo e que esse cheiro as excita. Elas não se apercebem disso, mas a proximidade física permite-lhes inspirar profundamente as feromonas do parceiro, o que também contribui para aumentar ainda mais a excitação.

O tato erótico

Todos os amantes criativos sabem que existem inúmeras formas de tocar seus parceiros e que, se a pressão e os ritmos do toque não variarem, eles se adaptarão ao toque, perdendo a sensibilidade. Há o toque leve, que é como a carícia de uma pluma, conhecido por *effleurage*, no qual os dedos mal tocam a superfície da pele. Um toque mais firme requer um leve apertar ou comprimir da carne, principalmente nos braços, peito ou costas.

Como em muitas pessoas a resistência sexual traduz-se numa contração dos glúteos, pode-se provocar uma tremenda excitação sexual apenas apertando-os. Palmadas leves provocam efeito semelhante pela mesma razão. Elas se prestam particularmente bem para liberar a tensão na área da pelve.

O roçar de corpos vestidos constitui uma das atividades eróticas mais excitantes, apesar de geralmente tão pouco praticada. Para muitos de nós, algumas das recordações sexualmente mais quentes são aquelas longas sessões de "amassos", quando, ainda adolescentes virgens, simulávamos o ato sexual até chegar ao orgasmo. Ainda podemos ter muito prazer esfregando o corpo contra várias camadas de roupas, principalmente quando elas são sedosas e escorregadias e não têm botões nem zíperes que interfiram nos movimentos. Alguns dos melhores resultados em termos de roçar acontecem quando dançamos lentamente agarradinhos, quando abraçamos o parceiro empurrando-o contra uma parede ou, lembrando os velhos tempos, quando estávamos no banco de trás do carro.

A imaginação erótica: o sentido fantasma enriquece o sexo

A fantasia sexual caracteriza-se pelo uso de imagens mentais que excitam. A capacidade de criar mentalmente uma pornografia pessoal é certamente um trunfo. As pesquisas não deixam dúvidas quanto ao fato de que não são as pessoas sexualmente frustradas as que mais fantasiam, mas sim aquelas que mais gostam de manter-se sexualmente estimuladas e têm vida sexual mais satisfatória. Com efeito, estudos realizados com mulheres que atingem o orgasmo com facilidade indicam que pode mesmo ser a tendência a fantasiar o sexo o que as torna tão orgásticas.

A maioria das pessoas tem suas fantasias preferidas, às quais geralmente recorre quando quer aumentar a voltagem de qualquer atividade sexual. O que podemos fazer, porém, é acrescentar algum novo componente aos nossos velhos filmes para ver se conseguimos fazê-los funcionar ainda mais a nosso favor. Durante a masturbação, por exemplo, você pode "vestir" suas fantasias preferidas com roupas mais *sexies* ou submetê-las a diversas formas de nudez parcial. Pode aumentar o volume da "trilha sonora" para ouvir mais gemidos e suspiros com o ouvido da mente. Pode imaginar, com toda riqueza de detalhes, o sabor dos beijos e de determinadas partes do corpo de seu parceiro de fantasia, gravando em sua memória sensorial o cheiro e o calor da pele dele. Se a imagem de sua fantasia for 100% produto de sua imaginação, você pode inventar as lembranças sensoriais e conferir a seu personagem sabor, cheiro e tato da mesma forma que criou sua aparência.

Algumas pessoas conseguem deixar seu paladar fantasma inspirar suas técnicas orais ao fazer amor. Assim, elas podem imaginar, por exemplo, que o pescoço do parceiro está lambuzado de mel, ou que seus dedos da mão foram mergulhados em calda de chocolate ou que os dos pés estão melados de creme de amendoim. Assim, deleitam-se com o corpo de seus parceiros com gosto e entusiasmo redobrados.

A mente em geral desempenha um papel de grande importância na excitação sexual, pois sempre é ativada por esta. É muito melhor usar a imaginação para evocar algum sentido fantasma do que para criticar a si mesmo, achar-se pouco atraente ou julgar negativamente o próprio desempenho na cama. Se você tende a imagens obsessivas que o afastam do parceiro durante o sexo, deve tentar aumentar a intimidade com ele usando a criatividade: invente imagens positivas e descreva-as para ele.

Luxúria: quando o desejo se torna premente

A luxúria tem má reputação. Enquanto a luxúria pela vida é geralmente considerada uma qualidade, o mesmo não ocorre com a luxúria puramente sexual. De acordo com os dicionários, esta é sempre definida como uma premência excessiva, imoderada ou obsessiva.

Mas o que é excessivo para uns pode ser a medida certa para outros. Com efeito, quando pessoas casadas reclamam da falta de interesse ou desejo sexual, na verdade o que procuram é a luxúria — elas querem ardentemente fazer sexo com seus parceiros.

A luxúria é uma forma bastante especial de excitação que os amantes inseguros ou impacientes raramente conseguem saborear. Para cultivá-la, é preciso ser implacavelmente honesto consigo mesmo e ter a coragem de explorar as idiossincrasias de sua própria sexualidade — as fantasias, enredos, predileções curiosas, fetiches e frutos proibidos que aumentam seu ardor pelo objeto de seu desejo.

A disposição para fazer isso é um grande passo no sentido de honrar sua verdadeira sexualidade. Isso requer a coragem de ir além dos limites já conhecidos e de experimentar conhecer a fundo suas idiossincrasias em termos de excitação sexual. Quais as imagens, ambientes, circunstâncias ou estados de ânimo que constituem seus maiores estimulantes eróticos? O que determina seus desejos mais intensos, sua excitação mais irresistível por um contato sexual? O que o eletriza sexualmente a ponto de fazê-lo renunciar a qualquer tipo de controle?

A luxúria, por definição, é imoderada. Quando a luxúria é alimentada e cultivada até a urgência sexual de vencer todas as inibições, o resultado é o prazer sexual desenfreado, irrestrito, total.

Quando a inibição pode aumentar a tentação

O verbo *tentar* provém de um verbo latino que significa "provar" ou "testar a força de". Quando não existem obstáculos a superar no caminho que leva à consumação do desejo sexual, a força da ânsia sexual nunca é provada e, por conseguinte, nunca é testada até seu limite. O grande paradoxo da luxúria é que, quando se mantém o anseio erótico e, ao mesmo tempo, se luta para resistir a ele, a antevisão e a extrema necessidade da relação sexual promovem a excitação mais forte que pode existir.

É por isso que a necessidade de superar obstáculos sociais ou psicológicos para atingir metas sexuais pode fortalecer tanto a luxúria. Baseado em sua pesquisa sobre as experiências sexuais de pico, Morin demonstrou que a excitação sexual de fato atinge sua intensidade máxima quando existe uma tensão entre a atração por alguém e a presença de uma ou mais barreiras impedindo a consumação. Essas barreiras podem envolver a falta de interesse por parte de uma pessoa ardentemente desejada, a violação de uma proibição da infância ou de um preceito moral ou a sensação de divisão ou ambivalência diante do envolvimento com alguém que, por uma razão ou outra, é sexualmente proibido. Segundo Morin, principalmente quando é preciso um certo tempo para superar as barreiras, a intensidade da experiência sexual é inigualável.

Todos os tipos de erotismo lascivo contêm em si forças contrárias: a forte atração — que atua no sentido de unir os amantes — e a necessidade de moderação, cautela e até rebeldia ou desafio — que os afasta. Três dos enredos que geralmente mais conseguem enlouquecer as pessoas de luxúria envolvem algum aspecto de interdição, doce sofrimento e superação de um desafio. Os casais que gostam de representar papéis eróticos ao fazer amor em geral recorrem a um ou mais desses enredos.

O sexo proibido

Nesse caso, o elemento que mais desperta a excitação é o fato de saber que qualquer contato representa a violação de um preceito moral ou compromisso pessoal. O que torna esse tipo de sexo tão quente é que ele, no mínimo, não é "certinho" — e pode até ser abertamente "perverso". Quando se luta contra si mesmo para resistir à tentação, o turbilhão interior pode funcionar como um afrodisíaco. Nada cria uma necessidade sexual mais feroz do que lutar contra o desejo até que a luxúria afinal subjugue a determinação de resistir.

A violação de um tabu é parte importante do atrativo da infidelidade para uma pessoa casada, principalmente se o sexo no casamento se tiver tornado insosso e previsível. O sexo com outra pessoa pode contribuir para evitar confrontos. Porém, se todo o erotismo for direcionado para a relação mais recente, o potencial sexual da relação com o cônjuge pode acabar sendo desvirtuado.

Seja como for, algumas pessoas dizem que "pular a cerca" de vez em quando na verdade contribui para a felicidade de seus casamentos. Certa vez, um senhor de 76 anos telefonou para mim durante um programa de rádio. Disse, com um sotaque interiorano carregado, que tinha mais de 50 anos de casado e que ele e a mulher estavam mais apaixonados que no dia do casamento. Ele achava que isso não teria acontecido se não tivesse transado de vez em quando com outras mulheres de quem se "engraçava". Perguntei-lhe se a esposa sabia disso. "Claro que não!", gritou ele. "E por que deveria saber?"

Diversas profissionais bem-sucedidas em inúmeras áreas confessaram-me que os romances clandestinos com colegas de trabalho — independentemente de chegarem ou não à penetração — haviam aumentado seu desejo pelos maridos. Uma delas relatou uma experiência em que a atração sexual existente entre ela e um colega crescera tanto que começaram a beijar-se apaixonadamente. Mas, tremendo, sempre paravam por aí. Como não queria trair o marido, resolvera não ir às vias de fato. O marido ficara felicíssimo ao tornar-se, de repente, o objeto de sua luxúria. Certo dia lhe disse, um tanto rispidamente, que não sabia nem queria saber o que ela andava fazendo para ficar tão quente na cama. "Seja o que for, continue", completou ele com um sorriso.

A associação entre a quebra de um tabu e a intensificação do desejo e da luxúria é inevitável em nossa sociedade, já que a sexualidade infantil é um interdito. Quando o segredo, o desafio à autoridade dos adultos e o risco da humilhação ou castigo se emparelham à forte excitação sexual — como muitas vezes é o caso da sexualidade infantil na nossa cultura —, eles passam a integrar os pilares do nosso desenvolvimento sexual. O fruto proibido é o mais doce porque é ele que pode nos fazer perder os dentes. Enquanto nossa sociedade continuar a castigar e reprimir a sexualidade infantil, a quebra de tabus continuará sendo um dos fatores mais importantes na excitação sexual.

Doce sofrimento: quando a tortura é afrodisíaca

Às vezes, graças a uma relação complexa entre a vergonha e a excitação sexual, duas pessoas podem excitar-se imensamente representando papéis sexuais que envolvem jogos de poder, dominação e submissão. Naturalmente, esse tipo de comportamento pode ser perigoso se se tornar alvo de abusos.

Entretanto, é possível satisfazer esse tipo de tendência de modo lúdico, não abusivo, e com consentimento das partes envolvidas. O dr. John Money, eminente sexólogo e professor de psicologia da Escola de Medicina da Universidade Johns Hopkins, acredita que as pessoas com predisposição para rituais de dor ou sofrimento podem basear-se sempre no lado lúdico da fantasia. Quando encontram parceiros que gostam de representar o papel complementar, podem encenar suas fantasias como se fossem um teatro erótico. Se contar com o consentimento mútuo dos participantes, esse tipo de dramatização do sofrimento ritualizado pode ser uma fonte de renovada excitação sexual.

Se, por um lado, a maioria não concorda em participar das atividades sadomasoquistas mais ritualizadas, algumas vezes as pessoas podem querer um pouco mais de vigor na relação — mais firmeza na mão que agarra, mais força nos braços que apertam ou mais pressão no corpo que pressiona o seu de encontro ao chão, à parede ou à cama. Algumas pessoas gostam de beijos mais violentos. Outras gostam de palmadas no traseiro — suficientemente fortes para acelerar o coração e relaxar os glúteos contraídos, mas não a ponto de fazer a pele arder mais do que o suportável.

Novidade e desafio

Não há dúvida de que a atividade sexual que se torna demasiado repetitiva e familiar perde a capacidade de excitar. Existem algumas situações que sempre geram novidade, aventura e desafio. A educadora sexual Carol Cassell afirmou que o sexo sem compromisso, com desconhecidos — "sexo sem imposições" — é altamente erótico para algumas pessoas para as quais só é possível concentrar-se em seu próprio prazer e extrair dele o máximo quando não existem complicações emocionais.

Porém quando se precisa de parceiros desconhecidos para o sexo não perder o interesse, a busca compulsiva da novidade pode acabar perdendo a graça. Além disso, é possível fomentar o espírito de aventura no sexo dentro de um relacionamento estabelecido quando se corre mais risco junto com o parceiro. Você concorda em experimentar novos jogos sexuais? É capaz de revelar seus mais secretos desejos? Está disposto a explorar suas idiossincrasias eróticas?

Se estiver aberto a novas experiências eróticas e conseguir convencer o parceiro a explorar o terreno com você, verá que nada se compara às oportunidades sexualmente aventurosas que oferece uma intimidade de muitos anos. É preciso imaginação e coragem para romper com inibições que, às vezes, são de toda uma vida para conseguir transformar ludicamente o interesse em desejo e o desejo em verdadeira luxúria num relacionamento duradouro. Mas as recompensas sexuais disponíveis para os casais que rompem com suas inibições podem ser muito maiores do que jamais sonharam. O sexo altamente excitante com um parceiro estável cria um profundo vínculo amoroso e emocional — não só porque eles estão compartilhando algo maravilhoso, mas também porque ficaram gratos um ao outro por fazer disso uma realidade.

Paixão: o total abandono

Quando a luxúria faz os amantes passarem à paixão, a atividade sexual ganha ainda mais energia. Enquanto a luxúria pode muitas vezes ser mental e até verbal, a paixão é como se todo o pensamento cessasse e o corpo recebesse uma descarga elétrica. Não há como recuar; não há limites a invocar. A única coisa que se pode fazer é entregar-se de corpo e alma ao fluxo de excitação que domina a mente e os sentidos. A penetração é, naturalmente, o passo seguinte.

No entanto, quando a penetração é uma atividade que se resume a movimentos frenéticos que se destinam a atingir logo o orgasmo, obviamente não poderá durar muito tempo. Mesmo no calor da paixão, pode-se aumentar ainda mais a excitação sexual com calma, técnica e habilidade.

A penetração tampouco precisa ser reduzida à entrada do pênis na vagina. Como os casais de *gays* e lésbicas, os heterossexuais podem desfrutar de diversas formas de penetração, usando inclusive os dedos e vibradores.

Quando um homem e uma mulher fazem amor e é geralmente ele quem controla e coreografa o sexo, é lógico que seja ele quem tenha maior prazer. A menos que a mulher se disponha a orientá-lo, os movimentos de seu parceiro só podem ser guiados pelo que é bom para ele.

Por outro lado, se ele for daquele tipo que não gosta de parar para pedir informações quando se perde ao dirigir, talvez tenha dificuldade em seguir orientações no sexo. E se ela não estiver, do ponto de vista sexual, muito familiarizada com o próprio corpo, talvez não saiba como guiá-lo, mesmo que ele esteja disposto a atender seus pedidos. Também é possível que ela adote uma postura crítica ao revelar-lhe suas necessidades, sabotando assim seu potencial de satisfação sexual com ele.

Devido a uma ou a várias das razões acima, as mulheres geralmente acabam trilhando o caminho da menor resistência, que vem a ser o de bancar a "fêmea compreensiva" no sexo, sinalizando que está envolvida por meio de gemidos de aprovação e movimentos pélvicos complementares. Mas às vezes, as mulheres, em seu papel coadjuvante, não fazem necessariamente os movimentos mais excitantes para elas mesmas.

O que mais funciona para tornar o sexo mais quente é os amantes se alternarem no "comando". Assim, ambos terão oportunidade de guiar e de entregar-se, encontrando ritmos que lhes agradem e observando se esses movimentos também agradam ao parceiro. Se, por um lado, os homens inseguros de sua masculinidade ficarem pouco à vontade abrindo mão do controle e assumindo um papel mais submisso, por outro, os demais poderão tornar-se amantes ainda mais fervorosos ao ver uma mulher desfrutar tão plenamente de seu corpo masculino.

Algumas mulheres também não gostam muito de comandar a situação porque seu baixo impulso sexual se reduz a fazê-las deitar-se e deixar-se amar. Porém, deitadas de costas com as pernas para cima — na posição que chamo de "barata morta" —, elas terão poucas condições de promover um estímulo direto sobre os pontos que provavelmente mais as excitariam.

O orgasmo e a penetração do ponto de vista feminino

De certa forma, é estranho que tantas mulheres não tenham a mesma facilidade que os homens para chegar ao orgasmo — afinal, só a fêmea de nossa espécie tem clitóris, o único órgão do corpo humano cuja função exclusiva é, tanto quanto se saiba — dar prazer.

A menor probabilidade de as mulheres terem orgasmos intensos pode estar relacionada com diversos fatores importantes. Um deles, no plano biológico, é que a região pélvica das mulheres possui um sistema de vasos sangüíneos mais complexo que a dos homens, o qual exige irrigação completa para deflagrar o reflexo orgástico. Outro é que as mulheres geralmente exigem maior ligação emocional no sexo que os homens — conversas picantes ou românticas que situem a atividade sexual no contexto da relação —, e o sexo, da forma como costuma ser praticado, lembra um transe em que as pessoas se mexem de olhos fechados, relacionando-se umas com as outras de forma pouco espontânea.

Outro fator muitas vezes negligenciado é que, quase sempre, as mulheres que não têm orgasmos são também as que não se masturbam. Um dos mais bem-sucedidos tratamentos em terapia sexual, desenvolvido pela pesquisadora Lonnie Barbach, consiste em orientar mulheres que nunca tiveram um orgasmo a serem orgásticas aprendendo como se masturbar.

Acho que boa parte da maior dificuldade feminina em atingir o orgasmo está na verdadeira ignorância acerca do que proporciona prazer sexual a uma mulher, inclusive entre as próprias mulheres. Afinal, na maioria das vezes elas conhecem sua sexualidade através dos homens. Nossa cultura espera que eles é que sejam os peritos em matéria de sexo. Mas herdamos uma sexualidade que, por séculos, favoreceu o prazer masculino, o orgasmo dos homens e — não por coincidência — o sexo procriador.

Até pouco tempo atrás, as informações disponíveis acerca do que agrada às mulheres pouco provinham de mulheres que gostassem — e usufruíssem — de sua própria sexualidade. Isso agora começa a mudar, e já existem diversos estudos bastante reveladores sobre a sexualidade da mulher contemporânea.

Em um deles, sobre mulheres altamente orgásticas (aquelas que atingem o orgasmo ou têm orgasmos múltiplos em, pelo menos, 75% de todos os contatos sexuais), o casal de investigadores Marc e Judith Meshorer descobriu que a maioria dessas mulheres se preparava de antemão quando pressentia a possibilidade de um encontro amoroso, fazendo uma espécie de *toilette* ou ritual pessoal que lhes permitia relaxar e concentrar-se em seu próprio corpo.

As mulheres pesquisadas afirmaram tomar banhos especiais e pensar em coisas agradáveis, como o corpo do parceiro, a fim de provocar fantasias excitantes com ele. Muitas vezes se tocavam sensualmente ao passar óleos ou loções no próprio corpo. Não raro se masturbavam, às vezes até chegar ao orgasmo. Vestiam-se com tecidos agradáveis ao tato e *lingerie sexy*, não só para satisfazer ao parceiro, mas também para excitar seus sentidos. Em outras palavras, na hora em que encontravam seus amantes, essas mulheres não "partiam do zero".

Shere Hite, numa pesquisa com mais de três mil mulheres, também demonstrou existirem certas diferenças marcantes entre o que leva uma mulher ao orgasmo e o que funciona melhor para os homens. Apenas 30% das mulheres por ela estudadas conseguiam chegar ao orgasmo unicamente com a penetração — a maioria o conseguia por meio de estimulação oral ou manual do clitóris antes ou depois da penetração. Mas, dentre as poucas que afirmaram poder chegar ao orgasmo com a penetração, a maioria só o atingia principalmente quando assumia o papel ativo, enquanto o homem assumia o papel de colaborador em relação a seus movimentos. Ficando por cima do parceiro, em vez de presas pelo peso dele, elas tinham mais liberdade de movimentar-se de modo que resultasse em sua própria satisfação, segundo as mulheres pesquisadas.

Muitas das mulheres orgásticas relataram que os movimentos rápidos que normalmente levam o homem ao orgasmo não funcionavam muito bem para elas. O tipo de movimento que preferiam era mais suave, contínuo e demorado. O que se mostrava particularmente eficaz para conduzir diversas dessas mulheres ao orgasmo foi a penetração profunda, com a pressão de movimentos rotativos e lentos.

Estudando mulheres sexualmente satisfeitas, a médica, terapeuta e pesquisadora Gina Ogden descobriu que a intimidade emocional constitui um fator crucial para que elas usufruam ao máximo de sua luxúria e paixão. Em tais circunstâncias, muitas dessas mulheres atingem o orgasmo ao serem tocadas em outros pontos que não os órgãos genitais — como dedos, pés, lóbulos das orelhas. Surpreendentemente, 64% delas afirmaram poder ter um orgasmo espontâneo recorrendo a fantasias, sem nenhum tipo de estímulo tátil.

A evolução do orgasmo para ambos os sexos

Estudos experimentais demonstraram que, na verdade, existem diversos caminhos para o orgasmo. Para as mulheres existem os orgasmos clitoridianos e os vaginais, às vezes chamados de orgasmos do "ponto G". Para os homens pode haver orgasmos com ou sem ejaculação e orgasmos que decorrem da estimulação do pênis ou da próstata. Para ambos os sexos, pode haver orgasmos mistos (quando duas áreas são estimuladas simultaneamente); orgasmos em seqüência (quando um segundo orgasmo, geralmente mais fraco, ocorre logo depois do primeiro); ou orgasmos múltiplos (quando os orgasmos subseqüentes ao primeiro são cada vez mais fortes).

Apesar de os orgasmos múltiplos terem sido considerados uma propriedade essencialmente feminina, os drs. William Hartman e Marilyn Fithian descobriram que alguns homens podem aprender a ser multiorgásticos cultivando a capacidade de reter a ejaculação durante o orgasmo. Esse casal de pesquisadores treinou um grupo de homens a se masturbar de forma que pudesse aprender a antecipar e interromper a atividade sexual imediatamente antes do "ponto de inevitabilidade", quando a ejaculação é iminente e incontrolável. Provou-se que cultivando e contendo a excitação dessa forma, eles aumentavam sua possibilidade de ter orgasmos múltiplos.

Para as mulheres, a possibilidade de orgasmos múltiplos é ainda maior. A dra. Mary Jane Sherfy, psiquiatra que realizou uma das primeiras pesquisas sobre a sexualidade feminina, apresentou um vasto material — entre estudos de fisiologia e antropologia e de primatas — para respaldar sua hipótese de que, com estimulação contínua, a maioria das mulheres é capaz de ter um orgasmo depois do outro até literalmente chegar à exaustão — inclusive dos parceiros. Sherfy afirma que, quando a mulher se excita ao máximo, um orgasmo pode na verdade aumentar, em vez de diminuir, o fluxo de sangue na pelve e deflagrar outro orgasmo. Em circunstâncias ideais, as mulheres podem não se sentir completamente saciadas antes de atingir a exaustão física.

Sexo solitário

A artista e escritora Betty Dodson foi uma das primeiras a levantar a bandeira da aprendizagem da masturbação para ambos os sexos: vista como uma meditação sobre o auto-amor, ela seria uma celebração da sexualidade. Praticando a masturbação, os homens podem aprender a desacelerar e a desfrutar de sua excitação, além de treinar a retenção da ejaculação. As mulheres podem praticar diferentes formas de tocar a si mesmas, estimulando simultaneamente o clitóris e a vagina. Poderão assim trocar descobertas com seus respectivos parceiros, ajudando-os a serem mais hábeis na prática de dar-lhes mais prazer.

Ao contrário da opinião popular, todas as pesquisas mostram que as pessoas que dizem masturbar-se porque não têm parceiros sexuais na verdade são as que menos se masturbam. As que mais se masturbam são, em geral, as que, provavelmente, estão mais satisfeitas com sua vida amorosa e com seus parceiros de sexo.

Êxtase: a área da transcendência

Quando o homem ejacula, o sexo geralmente acaba para ambos os parceiros. Se ambos forem multiorgásticos, um orgasmo não porá fim ao sexo, necessariamente, mas poderá levá-los a uma nova dimensão do prazer: o êxtase. Mas não é só a intensidade do orgasmo que pode levar um casal a uma experiência sexual que é como um estado alterado de consciência: um dos pontos mais críticos é saber a diferença entre o sexo que apenas reduz as tensões e o sexo extático.

O primeiro é quando ter um orgasmo é um bom meio de aliviar não apenas a necessidade sexual, mas, muitas vezes, também o *stress* que se acumula durante um dia atribulado. Para muita gente, esse tipo de sexo é uma forma de dormir bem uma noite inteira sem ter de tomar um tranqüilizante.

O sexo extático é uma experiência que se assemelha a morrer e renascer num plano mais elevado — não é uma coisa como um instante de iluminação seguido de um blecaute total. Esse é o tipo de experiência sexual mais provável quando um casal pratica o sexo sem sexo. No sexo extático, o prazer não é só a liberação das pressões, mas também algo extremamente expansivo, fisiológica, emocional e espiritualmente.

Margo Anand, escritora e mestre de tantrismo, afirma que a chave para o sexo extático está na capacidade de permanecer relaxado e, ao mesmo tempo, alerta em fases avançadas da excitação sexual. Segundo ela, no sexo comum o relaxamento costuma ocorrer depois do orgasmo. Mas, no sexo extático, a excitação não impede o relaxamento: ela se espalha pelo corpo todo, fazendo com que a experiência dure por mais tempo que de hábito. Ao que tudo indica, a fórmula para uma maior vitalidade em termos gerais — aprender a relaxar à medida que o estímulo vai aumentando — funciona também para a vitalidade sexual.

Quando o sexo é particularmente bom e existe uma autêntica comunicação emocional entre os amantes, eles têm probabilidade de chegar a um nível de intensidade em que tanto o coração quanto os órgãos genitais chegam ao orgasmo juntos. Se você já teve essa experiência, sabe que a sensação é extraordinária. Você sente como se estivesse se fundindo a seu amante. Surgem sentimentos de amor e gratidão como emanações palpáveis do coração, e indescritíveis espasmos de prazer irrompem em ondas pelo corpo.

Esse é o melhor tipo de orgasmo simultâneo: não quando duas pessoas têm orgasmos genitais juntas, mas quando o coração e os órgãos genitais de cada uma delas explodem juntos de uma só vez. Entretanto, se isso ocorre, é porque as duas estão tão ligadas pela mesma energia que uma só corrente bioelétrica percorre ambas. Chamo essa experiência de "orgasmo do coração". Ela só acontece quando o sexo é uma expressão do amor.

Sexo espiritual

O sexo extático pode provocar uma excitação tão tremenda que os amantes chegam a perder toda noção do eu individual, participando de uma profunda união mística e espiritual. O abandono pode ser tão pleno que é sentido como uma fusão, não apenas com o parceiro, mas com "todas as coisas" — uma experiência direta do eterno.

Às vezes, os amantes sentem-se como se tivessem ido ao centro do universo e voltado. Podem descrever sua experiência como a visão de todas as cores do arco-íris, a audição da música das esferas ou a sensação de que seus corpos são intercomunicantes, tamanho é o amor que sentem. Passado o momento, algumas pessoas relatam ter ficado maravilhadas e chorado lágrimas de júbilo.

A experiência em questão pode assemelhar-se muito a experiências místicas resultantes de outros tipos de prática espiritual. No zen-budismo, é chamada de *satori*; no budismo, iluminação; no tantrismo, êxtase ou união cósmica. Ela também já foi chamada de êxtase, liberação, *samadhi*, o despertar, a transcendência de espaço e tempo e a unidade com todas as coisas. Georg Feuerstein, estudioso da ioga que pesquisou a relação entre a sexualidade e as experiências espirituais profundas, encontrou o fenômeno nos relatos de experiências místicas por intermédio do sexo feitos por pessoas comuns, algumas das quais resultaram num estado alterado de consciência que durou várias semanas. Muitas das pessoas que relatam esse tipo de experiência no sexo costumam praticar a meditação e acalmar a mente a fim de chegar a sentir o vazio, o não-eu, a não-dualidade e a unidade.

Mas, mesmo entre aqueles que já tiveram essa experiência, não se pode dizer que seja uma coisa que ocorra com muita freqüência. Alguns dos que passaram por ela a vêem como algo que ocorre uma vez na vida, uma época cheia de jovialidade e de alta energia sexual ou um feliz acaso. Para outros, ela constitui algo a que se deve aspirar, na esperança de que volte a acontecer.

Melhorando com a idade

Não há razão para presumir que nossa capacidade de desfrutar do prazer sexual tenha necessariamente de diminuir com a idade. As pesquisas sugerem que as pessoas que permanecem sexualmente ativas podem continuar a usufruir de sua sexualidade pelo resto da vida. Numa pesquisa realizada em 1992, 37% das pessoas casadas acima dos 60 anos afirmaram fazer amor uma vez por semana, enquanto 16% faziam amor com freqüência ainda maior. Em outro estudo, dois terços dos solteiros com mais de 70 anos disseram praticar o sexo, com um parceiro ou solitariamente.

As evidências avassaladoras mostram que a maioria dos homens e mulheres de mais de 50 anos é sexualmente ativa. Muitos deles afirmam que sua vida sexual está mais gratificante e cheia de amor que nunca. Para boa parte da população não-casada, sexualmente motivada e acima da meia-idade, o maior problema sexual — além de encontrar parceiros adequados, o que pode ser um desafio em qualquer idade — está no fato de sentir que deve esconder sua vida sexual dos amigos e, principalmente, dos filhos crescidos, os quais, com toda probabilidade, a desaprovariam.

Baseado em suas pesquisas, o sexólogo Schnarch afirma que poucas pessoas conseguem sequer chegar perto do clímax do prazer em sua vida sexual antes de atingir os 50 ou 60 anos. Isso faz muito sentido quando se pensa que, para a maioria das pessoas, a experiência sexual mais profunda é também sua experiência emocionalmente mais autêntica. Schnarch descobriu que aqueles que têm muitos anos de casamento têm também maior probabilidade de atingir seu potencial sexual porque sua chance de ter o tipo de intimidade exigido para o sexo memorável é maior.

Hoje se sabe que o sexo praticado pelas pessoas mais velhas que gozam de boa saúde tem maior freqüência e qualidade do que se imaginava e que o bom sexo tem efeito extremamente benéfico sobre a saúde em geral. Uma vida sexual satisfatória pode melhorar o funcionamento do sistema imunológico, reduzir a tensão, fortalecer o coração, minorar a artrite e aliviar enxaquecas, insônia e dores e desconfortos de todas as espécies. Além disso, segundo uma pesquisa com mais de 38 mil pessoas, conduzida pelo San Francisco Institute para o Estudo Avançado da Sexualidade Humana, estar sexualmente ativo é bom também para a saúde mental. As pessoas que têm vida sexual satisfatória são menos ansiosas e hostis e têm menos propensão a culpar os outros por suas dificuldades.

Ao que tudo indica, o sexo de boa qualidade é um bom remédio em qualquer idade, e o amor apaixonado pode existir entre todos os amantes que preservam sua vitalidade e jovialidade ao longo da vida.

Exercícios no *Continuum* da Excitação Sexual

Estes exercícios destinam-se a conscientizá-lo em relação à experiência da excitação sexual momento a momento. Eles voltam-se para o presente e pretendem fazê-lo(a) concentrar-se nas sensações de seu corpo, nos pensamentos que contribuem para aumentar a excitação ou reduzi-la, na variedade e qualidade das conexões que você estabelece com seu parceiro e no prazer que tudo isso lhe proporciona.

É essencial usar a respiração como apoio. Pratique a respiração depuradora para relaxar e concentrar-se. Suspire profundamente para perceber com maior nitidez seus sentimentos. Pratique a respiração energizante, respirando rápida e repetidamente, para aumentar as sensações e estimular o ato de entrega.

Os exercícios servem para homens e mulheres: solteiros, casados há pouco ou muito tempo, homo ou heterossexuais. Eles o ajudarão a identificar melhor o que desperta seu eu sexual e a seduzir o eu sexual de seu parceiro.

O mais importante é ter flexibilidade. Tente provocar lenta e gradualmente sua excitação — aproxime-se, recue e deixe que o outro o atraia de volta. Aí é quando o sexo se torna uma verdadeira troca de energia e não apenas a imposição de uma sexualidade sobre outra. Pratique o sexo sem sexo realizando os exercícios de interesse, desejo e luxúria antes dos de paixão e potencial de êxtase.

Interesse: a arte de flertar, provocar, seduzir e namorar

Algumas advertências: se for solteiro, certifique-se de estar sendo conveniente e de não se expor a queixas de assédio se demonstrar a alguém sua atração sexual. Seja respeitoso na transmissão de sinais e aguarde que o outro emita sinais que o convidem a prosseguir. Se já tiver um compromisso, tenha em mente que um flerte não significa o início da contagem regressiva para a nudez frontal — trata-se apenas de uma oportunidade de "sexo incondicional" para amantes criativos. Lembre-se: um beijo é só um beijo — e não um contrato.

1. Pratique a transmissão não-verbal de seu interesse. Nada causa mais *frisson* do que descobrir que alguém nos considera atraentes. Se achar alguém atraente, olhe essa pessoa nos olhos. Deixe que ela perceba tudo que você sente usando os olhos, o sorriso e a linguagem do corpo.

2. Una a atração ao sentimento e verbalize-a. Respire profundamente por alguns instantes e sinta sua excitação. Concentre-se no que o atrai nessa pessoa. É o jeito de sorrir, a postura, a animação, o riso fácil? Aproxime-se e diga-lhe, tranqüilamente, o que lhe atrai nela e como isso o faz sentir-se.

3. Afaste-se e aguarde ser convidado a voltar. A chave é estabelecer o contato, recuar e só voltar com a certeza de ser bem-recebido.

4. Amantes antigos: aumentem sua capacidade de amor. De vez em quando, elogie as boas qualidades de seu amante. Olhe-o nos olhos. Deixe o olhar demorar-se e veja se consegue perceber sensações autênticas de amor e apreço no peito e no coração. Deixe que seu rosto relaxe e seja um reflexo de seu afeto.

Desejo: investigando a sensualidade erótica

Quando você e o parceiro estiverem prontos a passar à fase seguinte, aproximem-se mais. Abrace-o, sinta a excitação espalhar-se por todo o corpo e deixe que seus sentidos entrem em sintonia erótica.

1. Respirem e relaxem. Quando a exploração sensual recíproca for ficando mais íntima, você desejará estar aberto à sensação cada vez mais intensa da excitação. Descubra em que parte do corpo consegue sentir o calor e o formigamento do desejo. Vá liberando a tensão para que a excitação possa crescer. Tente transitar, em sua concentração, entre as sensações em seu corpo e sua consciência sensorial e seu interesse pelo parceiro. Se ele estiver prendendo o fôlego, estimule-o a respirar mais profundamente massageando-lhe suavemente o peito, os ombros, os braços. Procurem respirar profundamente e de maneira audível.

2. Estimulem o olhar erótico. Vistam-se para o sexo, dancem, toquem-se sensualmente enquanto um observa o outro. Admirem-se um ao outro demoradamente. Olhem-se nos olhos.

3. Agora sejam só ouvidos! Digam coisas *sexies* de modo *sexy*; transformem sua aprovação em som. Fale "safadezas" se o parceiro gostar disso. Diga-lhe baixinho no ouvido o que ele tem que o excita. Ouçam músicas sugestivas.

4. Prove os beijos de seu amante e a doçura de seu corpo. Chupe-o, lamba-o e mordisque-o levemente por todo o corpo, principalmente nas áreas que raramente recebem alguma atenção, como a parte de dentro do antebraço ou a de trás dos joelhos. Pratique o sexo oral com imaginação, perfazendo lentamente os contornos do corpo do parceiro com a língua. Use seus sentidos fantasmas para inspirar sua oralidade, imaginando que daquele corpo emana um néctar divino. Uma língua hábil pode ser como uma pluma, um chicote, uma ventosa, o mar que faz o barco balançar suave e repetidamente ou o pincel que engenhosamente cria obras-primas com amplas pinceladas.

5. Cheirem-se um ao outro. Corra o nariz pela pele do parceiro em diferentes pontos de seu corpo e beba de seus aromas sexuais e potentes feromônios. Use apenas fragrâncias suaves; acenda velas perfumadas.

6. Toque com consciência e imaginação. Acaricie, afague, abrace e brinque carinhosamente com o parceiro, colocando alento no que faz. Veja se consegue, com a mão, sentir a reação energética do parceiro e comunique-lhe sua presença consciente com os dedos e com as palmas das mãos. Aperte os músculos que estiverem tensos. Varie a pressão e os ritmos do toque, indo do agarrar ao roçar com os dedos. Use as pontas dos dedos, as costas da mão, os pulsos e antebraços, o rosto, o peito ou os cabelos e percorra todas as partes do corpo do parceiro. Você pode usar roupas sedosas, *écharpes*, flores, plumas e qualquer peça de pele animal para roçar levemente o corpo do parceiro, de forma que só a penugem que o recobre reaja. Explore os prazeres do atrito dos corpos vestidos para aumentar a excitação.

Luxúria: experiências de erotismo

Aqui estão algumas oportunidades de ser lascivamente imoderado com o parceiro e de improvisar juntos "teatros eróticos".

1. Defina o cenário. Como em qualquer bom teatro de improviso, você precisa de bons temas. Os personagens precisam interagir com a química certa dentro dos temas escolhidos. Por fim, bom palco, boa iluminação e uma platéia interessada — a qual, nesse caso, geralmente consiste apenas nos atores. Se concordarem em fazer isso, confiem um no outro e respeitem seus respectivos limites. Estabeleçam um sinal a ser transmitido quando um dos dois quiser interromper a brincadeira — talvez uma palavra que signifique "É sério: quero parar agora".

2. Partilhe uma fantasia sexual. Crie com o(a) parceiro(a) uma fantasia erótica que possam representar juntos — por exemplo, os dois são adolescentes que aproveitam a ausência dos pais dela. Descreva-a de modo sexualmente excitante. O que podem acrescentar à fantasia? Você consegue lembrar-se do tempo em que era um adolescente nervoso e cheio de desejo? Consegue ativar a memória corporal da tremedeira do desejo misturado ao medo de ser apanhado em flagrante? Tente reviver essa sensação.

3. Represente seu papel. Após chegarem a um acordo quanto ao tema, podem começar a representar como crianças que brincam de casinha. Você precisa adotar uma persona erótica — por exemplo, a do "adolescente carente de sexo" —, que é o eu sexual específico que irá despertar. Se quiser, vista algo que combine com essa persona erótica. Para deixar que a cena se desenrole em improviso, nenhum dos dois poderá dirigi-la completamente.

4. Descubra o que mais lhe provoca a lascívia. Observe o que faz a respiração se acelerar, o coração disparar, as entranhas se revolverem e os genitais se contraírem involuntariamente. Esses são os locais em que você deve concentrar-se. Deixe que a respiração lhe sirva de guia e de apoio.

Paixão: estudos sobre o abandono total

Para extrair o máximo da experiência da penetração e do orgasmo, pratique algumas atividades que podem ajudá-lo a aumentar a excitação.

1. Pratique o sexo solitário com espírito experimental. Experimente transformar o sexo numa oportunidade de dar amor a si mesmo. Faça-o especial. Crie um ambiente agradável como se estivesse preparando para desfrutar da presença de um amante cheio de imaginação — você o é. Fantasie e estimule-se com as mãos, um vibrador ou um pênis artificial.

Suspire profundamente, deixando o abdômen encher-se e arredondar-se a cada inspiração, e veja se consegue "levar" o ar até o baixo ventre, genitais e glúteos. Use óleo para massagens e descubra novas maneiras de tocar-se. Experimente variar posições para evitar ficar muito habituado a apenas algumas.

As mulheres podem experimentar usar as duas mãos, estimulando o clitóris e o interior da vagina ao mesmo tempo. Os homens podem tentar chegar ao ponto imediatamente anterior à inevitabilidade, parar e retomar o controle pela respiração, treinando opções mais relaxantes e melhores quanto à hora de ejacular.

2. Pratique os exercícios Kegel. Tanto os homens quanto as mulheres podem fortalecer os músculos pubiococcígeos — os músculos genitais que se contraem para interromper o fluxo de urina. No elevador, na fila do supermercado ou a qualquer momento que se lembrar, você pode contraí-los e soltá-los rapidamente. Faça-o dez vezes, relaxe alguns segundos e repita. Ou contraia-os por dez segundos seguidos, solte-os e repita (ninguém vai perceber). Praticando estes exercícios regularmente, você aumentará o tônus do músculo genital, o que resultará em orgasmos mais satisfatórios e maior poder de decisão quanto ao momento de tê-los.

3. Pratique o controle da respiração erótica. A sós, dê vários suspiros profundos inspirando pelo nariz e, ao encher o peito de ar, imagine que está trazendo as sensações da pelve para o centro de seu corpo, abdômen, peito e pescoço. Expire de uma só vez, deixando todo o ar sair pela garganta.

Quando estiver com o parceiro, respire e relaxe. Lembre-se que só é responsável pela sua própria excitação. Procure sentir o cheiro do ar quando inspirá-lo, a fim de abrir as narinas para a riqueza dos aromas sexuais. Inspirando vigorosamente, você provavelmente absorverá mais os feromônios presentes nas partes mais íntimas do corpo, as quais propiciam o sexo. Quando você respira e relaxa profundamente, seus limites tornam-se mais permeáveis, possibilitando maior facilidade na troca de sentimentos pelos corpos.

Sinta seu ritmo respiratório e o do parceiro. Se os ritmos forem muito diferentes, vocês dois não estão em sintonia. Veja se consegue "encontrar" seu parceiro ouvindo-o respirar e ajustando sua respiração à dele, inspirando e expirando quando ele inspirar e expirar. Procure estar verdadeiramente em contato com as sensações prazerosas de seu corpo e grato por ter alguém com quem compartilhá-las. À medida que sua excitação se intensificar, você verá como seus ritmos respiratórios entram naturalmente em sincronia.

Se seu parceiro estiver prendendo o fôlego, estimule-o a respirar massageando-lhe levemente o peito, o diafragma e os ombros. Respire profunda e audivelmente enquanto o faz.

Sua respiração naturalmente se acelerará à medida que sua excitação for aumentando. Pratique conscientemente a respiração energizante, inspirando e expirando mais rápido pela boca. Procure concentrar-se tanto nas sensações de seu corpo quanto na percepção das de seu parceiro. Veja se consegue usar a respiração para manter os músculos abertos e flexíveis, expandindo-se à medida que a excitação cresce. De vez em quando, desacelere a respiração por alguns instantes e tente relaxar sem perder o grau de excitação atingido.

4. Pratique o ato sexual com destreza. Alguns dos momentos mais excitantes e apaixonados da penetração exigem movimentos lentos e deliberados nos quais é imprescindível a respiração profunda e a concentração nas ondas oceânicas de prazer que fluem pelo corpo todo.

Experimente a penetração lenta, procurando conscientizar-se do momento da penetração e da abertura para novas experiências. Vocês podem provocar-se com uma lenta e quase que completa retirada do pênis para depois recolocá-lo de volta. Procurem explorar novos ângulos, profundidades, velocidades e ritmos de penetração.

As combinações de movimentos podem ser infinitas quando o homem comandar o sexo — ele pode apontar o pênis para cima ou para baixo, penetrar a mulher parcial ou profundamente e recorrer a movimentos curtos e rápidos, longos e lentos, circulares ou diretos, a fim de atingir a parede frontal da vagina, onde está localizado o ponto G. Cada movimento promove um tipo diferente de estimulação, trazendo novas sensações para ambos.

Quando a mulher estiver por cima do homem, pode explorar os movimentos rotativos profundos que dão imenso prazer a muitas mulheres. Ela pode também procurar encontrar seus melhores ângulos, tempos e profundidades. Ela precisa concentrar-se para descobrir sua sexualidade e contar com um parceiro empático, que a ajude e complemente seus movimentos da mesma forma que ela em relação a ele.

Procure sempre olhar o parceiro nos olhos, tentando comunicar-lhe seus sentimentos por meio deles. Veja se conseguem olhar-se quando atingirem o orgasmo.

Êxtase: explorando o sexo espiritual

1. Pratique a entrega emocional. Procure sempre lembrar-se daquilo que mais o gratifica no parceiro. Renuncie de bom grado ao controle e disponha-se a fazer o que o parceiro lhe pedir.

2. Experimente praticar o sexo como meditação. Dê a si mesmo a oportunidade de gozar da penetração sem movimentos. Relaxe, respire, sinta sua excitação e comunique-se energeticamente com o parceiro pelo coração e genitais. Olhe-o nos olhos. Sinta seu amor e gratidão. Pense em seu parceiro como se ele representasse a essência masculina ou feminina.

Capítulo 12

Prazeres Espirituais: De Volta ao Começo

As Alegrias de um Espírito Leve

A verdade é sempre nova:
é ver o mesmo sorriso e vê-lo
com novos olhos;
ver a mesma pessoa e vê-la
sob outros ângulos;
ver as palmeiras ondulantes, a
vida como se fosse a primeira vez
(...).
Quando a mente se liberta de
todas as suas projeções, surge
um estado de quietude em
que os problemas cessam, e,
então, só o atemporal, o eterno,
passam a existir.

J. Krishnamurti

Há alguns anos, quando dei um curso de verão em Naropa, um centro budista em Boulder, Colorado, vi-me uma tarde caminhando para casa atrás de duas moças que pareciam ter acabado de descobrir a espiritualidade. Elas conversavam animadamente, contando as grandes descobertas que haviam feito, com o entusiasmo típico da juventude e dos que acreditam ter encontrado a verdade. Ao acelerar o passo para ultrapassá-las, uma delas mencionou um problema sério e a revelação que tivera e que lhe possibilitaria superá-lo. Disse com toda a seriedade: "Pensei comigo, qual era a pior coisa que podia acontecer? Bom, eu podia morrer. Mas, agora eu sei, isso não é tão mau assim!"

Infelizmente, uma risadinha abafada me traiu. Mas, depois, eu pensei em minha reação. A moça não poderia, mesmo em sua idade, vislumbrar o que seria a transcendência desse grande separatista, o ego? Ele é o alvo de toda prática espiritual — o ego que supostamente se dissolve diante da majestosa percepção da "unidade de todas as coisas", a qual, por sua vez, resulta na perda do medo da morte. Ou será que ela estava apenas negando seus medos mais profundos e repetindo cegamente as palavras do guru do ano?

Quanto mais pensava a respeito, mais percebia que não importava. Os vislumbres de uma realidade alternativa podem mudar a maneira como vemos as coisas, mesmo que apenas por um breve instante. E, independentemente da duração dessa introvisão, sentimos intuitivamente que é possível nos pautar por metas sem precisar lutar; visar um determinado resultado sem tentar resistir à forma como as coisas são.

Todos podemos desfrutar de momentos como esses na presença de um mestre espiritual ou de um amigo sincero; diante da visão de um nascer ou um pôr-do-sol. Mesmo que sejam transitórios, esses momentos nos põem em contato com nossa porção espiritual. Por que não pensar que essas alegrias do espírito não são apenas experiências isoladas, mas sim a força guia que, afinal, pode integrar todas as partes de que somos feitos, dando-lhes maior unidade interior?

Os prazeres espirituais são, de todos, os que mais nos abrem e libertam. Eles iniciam-se com o simples contentamento da paz de espírito, da sensação de pertencer e da fé no futuro, e levam ao júbilo mais sublime da reverência, do arrebatamento e do êxtase. Mas, de um extremo ao outro, todos os prazeres espirituais decorrem da sensação inequívoca e visceral de saber que se é parte de algo bom que é maior do que nosso ser.

Por que esse é um prazer tão forte? Num extremo do *continuum*, a total sensação de segurança que o prazer espiritual propicia é muito reconfortante. Quando se acredita num Deus de amor ou num princípio universal que une toda a criação, não se está tão só no mundo nem tão à sua mercê. Talvez seja a fé num Deus protetor atento a nós o que nos faz ir em frente nos momentos difíceis, dando-nos forças para administrar nossos recursos e vencer. Ou pode ser a sensação de irmandade com pessoas boas que partilham os mesmos valores que nós, ajudam os amigos e lhes dão o apoio emocional necessário à superação das dificuldades. A fé num poder superior e a sensação de pertencer a uma comunidade espiritual e a um todo maior e invisível são experiências tremendamente prazerosas.

No outro extremo do *continuum*, os prazeres do espírito podem propiciar algumas das alegrias mais raras e emocionantes — estados alterados de consciência tremendamente profundos, emocionantes e eletrizantes. Algumas pessoas tiveram seu primeiro vislumbre de uma realidade alternativa pelo uso de drogas. Entretanto, com base nos ensinamentos dos místicos de todas as grandes religiões e nos relatos de pessoas comuns que tiveram experiências espirituais, geralmente os prazeres mais fortes não são induzidos por drogas, mas sim pela profundidade da experiência.

Porém, esses prazeres exigem uma certa prática. Aparentemente, as épocas de profundo bem-estar — quando tudo se cristaliza numa sensação de certeza e concordância com o mundo — são, antes de mais nada, uma função da introspecção realizada a partir de um ponto privilegiado. Ao invés de encerrar-se num combate mortal contra si mesma, a pessoa que valoriza o prazer espiritual dedica diariamente algum tempo a silenciar o diálogo mental e os julgamentos sobre o passado ou o futuro. E, por um momento, exime-se de todas as obrigações, culpas, raivas e medos — tudo que seja divisivo — e simplesmente testemunha a tudo, à medida que as coisas vão-se desenrolando interiormente, momento a momento. Praticando-se o silenciar da multidão de vozes interiores, sobrevém um momento de quietude no qual pode estar a percepção da interconexão de todas as coisas.

Esse momento pode ocorrer em diferentes níveis, desde um tranqüilo saber até uma revelação de grande magnitude que muda por completo a forma como entendemos a vida. A mais forte dessas experiências foi chamada de *satori, samadhi* ou iluminação. Tais estados de forte prazer espiritual são descritos por aqueles que já os sentiram como acompanhados muitas vezes de emoções arrebatadoras, sensações tão expansivas que a pessoa se sente transportada da experiência normal para estados de supremo júbilo.

Tais estados são experiências raras. Porém existem muitos prazeres de natureza espiritual que podem ser desfrutados no dia-a-dia — e contribuem muito para aumentar o nível de felicidade geral das pessoas. Pode-se pensar que isso seja o aspecto espiritual de um estilo de vida expansivo; trata-se de cultivar diariamente a sensação de conexão, finalidade e sentido. Dois dos prazeres espirituais fundamentais que podemos cultivar cotidianamente exigem que nos vejamos como parte de um todo mais amplo e que vivamos conforme um estilo que convide à inspiração.

Cultivando uma noção mais ampla de sentido

Se "espiritual" significa que você sabe de corpo e alma que faz parte de algo bom que é maior que você mesmo, então a sintonia com sua porção espiritual significa identificar-se com os outros. Quem são esses outros? Sua família? Seus amigos? Seu bairro ou comunidade? Quão ampla é a dimensão da qual você se sente parte?

A maioria das pessoas tem uma tendência a fazer a distinção entre o eu e o outro com base nos seus estreitos interesses, podendo criar um clima pouco amigável a seu redor. Quando crianças, certamente é essencial para nosso bem-estar construir uma noção de ego e de valor individual. Quando adultos, porém, se nos concentrarmos demasiadamente em nossa própria individualidade, podemos acabar gastando muita de nossa energia vital bancando nossos próprios guarda-costas ou lutando sem cessar contra outras ilhas de interesses pessoais. Há quem sinta um prazer questionável no cultivo da destreza na guerra, mas, em última análise, o conflito permanente é um fator de tristeza e isolamento. Quanto mais nos identificarmos com a humanidade ou com a vida em geral, mais duradouros e eficazes serão nossos esforços.

Se estabelecermos para nós mesmos um conjunto de valores sublimes que representem o cerne daquilo em que acreditamos, então teremos algo em função do qual viver, algo maior que nossa luta individual pela sobrevivência. Poderemos desfrutar de um firme senso de orientação interior que proporciona um bem-estar tremendo. Basta nos alinharmos junto ao que contribui para afirmar a vida — aquilo que acreditamos ser o melhor, não só para nós mesmos e para nossos entes queridos, mas para a comunidade em geral e talvez mesmo para toda a Terra, este nosso esplêndido planeta.

O desafio para todos nós é perguntar-nos: "Estou disposto a investir alguma energia para desenvolver essa noção mais ampla de individualidade?" Ou até mais: "Apesar da grande variedade da raça humana, quanto de nossa experiência é universal e com o que posso me identificar pessoalmente, em termos da história de vida da humanidade? Será que minha identidade espiritual consegue estender-se para além dos seres humanos e incluir toda a vida na Terra, do babuíno ao verme, passando pelo pau-brasil? E as formas de vida de outros planetas que giram em torno do Sol? E até mesmo além disso: será que posso me imaginar como um feliz participante de todo um universo iluminado com a consciência de si mesmo?"

É difícil explicar, mas algo de apaziguador e reconfortante nos ocorre quando ampliamos nossa noção de eu. Paradoxalmente, quanto menor o nosso ego individual, mais expansivos nos sentimos no reconhecimento de sermos parte do todo e não entidades separadas dele. Sem dúvida, essa pode ser uma das mais sublimes alegrias da vida. Tudo que nos ajude a superar nossa visão míope e a compreender o quadro mais amplo pode contribuir para uma noção mais clara de identidade espiritual, abrindo-nos a possibilidade de sentir alguns dos maiores dentre todos os prazeres.

Um convite à inspiração e à revelação

Você pode inspirar-se de muitas formas diferentes. No extremo superior da escala, está aquele momento glorioso em que você se sente como se houvesse sido atingido por um raio e tem uma introvisão brilhante, a qual acaba influindo venturosamente sobre a maneira como você vê e faz coisas a partir daquele instante. Onde antes havia dúvida, agora não existe mais. Você se sente como se tivesse visto uma placa mostrando-lhe um endereço e indicando qual o caminho a seguir para chegar até lá. Eu tive esse tipo de introvisão em Woodstock, quando percebi que precisava concentrar-me naquilo que achava bom em mim mesma e investir nisso, em vez de ficar lutando o tempo todo contra os meus próprios demônios.

Mas não precisa ser algo que mude o curso de sua vida. Todos nós podemos enriquecer-nos com as oportunidades diárias de inspiração que nos são oferecidas. Por exemplo, quando se precisa tomar uma decisão, a inspiração pode vir quando se fica algum tempo a sós para refletir, num clima propício ao relaxamento e à intuição. As pessoas criativas — escritores, pintores, poetas, músicos — buscam um outro tipo de inspiração, uma visão que deite luz sobre a página ou a tela em branco e constitua uma forma original de expressão de um pensamento ou sentimento individual. A prece e a meditação também podem inspirar as pessoas, principalmente em épocas conturbadas.

A palavra *inspiração* deriva do latim *inspirare*, que significa "insuflar ou dar alento a". Na antiga Grécia, acreditava-se que as Musas — as nove filhas de Zeus — fossem a influência incitadora que havia por trás de todo trabalho criativo em literatura, nas artes e nas ciências. Na pintura clássica, elas costumam ser representadas como belas ninfas pagãs, em sedutora seminudez, murmurando ou cantando no ouvido do artista. Também se descreve a inspiração como uma revelação religiosa ou espiritual que pode advir pelo fervor da adoração, de visões ou rituais xamânicos, podendo ter um súbito e profundo impacto sobre a fé de uma pessoa num plano divino.

Hoje, o cientista social alcançou o poeta e o místico. Temos agora uma base de provas compiladas em pesquisas que mostra que a inspiração não está reservada apenas aos gênios e aos fanáticos. A inspiração pode ter um papel crítico, apesar de geralmente subestimado, em nossa saúde emocional.

O dr. Tobin Hart, professor de psicologia da Universidade Estadual da Georgia Ocidental, conduziu entrevistas exaustivas com pessoas de profissões, nível sócio-econômico, idade e interesses diversos, as quais tinham em comum o fato de haverem vivido uma experiência de inspiração. Pediu-se a elas que descrevessem detalhadamente tal experiência, seu contexto e a importância que tivera em sua vida. Diversas características diferentes da inspiração delinearam-se a partir da análise dos dados comuns — embora em graus variáveis — a todas as descrições.

Todas as pessoas que haviam desfrutado de momentos de inspiração invariavelmente mencionaram um senso de conexão, traduzido numa sensação de unidade com idéias ou com a natureza, de fusão com outra pessoa ou, nas experiências mais expansivas, numa conexão com todas as coisas. Elas afirmaram sentir-se abertas — como se tivessem deixado de resistir e se transformassem num canal através do qual fluíam toda a sua criatividade e percepção. Relataram ainda uma tremenda lucidez — não apenas seu raciocínio ficara mais claro, mas também a sua sintonia com seus sentidos tinha ficado mais forte. Muitas disseram sentir que sua inspiração lhes parecia, curiosamente, uma lembrança de algo que já conheciam. Todos os participantes afirmaram que sua experiência da inspiração lhes dera grande energia e que, apesar de se sentirem exaltadas, sentiam-se muito apaziguadas — a calma excitação que conhecemos como um dos aspectos-chave da vitalidade.

Uma das mais importantes conclusões da pesquisa do dr. Hart é a relevância de tais experiências na vida cotidiana. Ao descrever como seria sua vida sem nenhum momento de inspiração, os entrevistados usaram palavras como insípida, monótona e vazia, o que indica que a inspiração pode ser uma fonte importante de alimento emocional e espiritual. Muitos dos participantes do estudo relataram que, sem seus momentos de inspiração, sentiam-se deprimidos, com o raciocínio embotado e sem esperança na vida.

Para o dr. Hart, a inspiração, apesar de não poder ser controlada, pode ser cultivada. Podemos fazer isso promovendo uma disposição mental que nos mantenha predispostos a ela em nossa vida. O certo é que precisamos concentrar-nos na questão para a qual desejamos inspiração, e isso podemos conseguir por meio de preces, meditação, retiros ou rituais de cura. Precisamos ainda acreditar em nossa capacidade intrínseca de encontrar uma solução. Costumo pensar nisso como "confiar no processo" — quando se tem a certeza de poder concentrar-se em algo e, ao mesmo tempo, manter uma disposição mental e corporal relaxada, acaba-se chegando à resposta certa. E podemos saber quando isso acontece, pois sentimos no nosso corpo, no fundo do coração e das entranhas.

Precisamos principalmente ouvir a nós mesmos com atenção e honrar nossas introvisões, em especial quando nos surgem idéias novas e emocionantes, apesar de pouco comuns.

Os prazeres espirituais do dia-a-dia

Estas duas alegrias — a de sentir-se parte de um todo maior e a de viver de uma forma que convide à inspiração — nutrem-se do nosso vínculo diário com a espiritualidade. Não basta entrar em contato com ela apenas uma vez por semana, num culto religioso. Quando se pensa em espírito como algo equivalente a um profundo contato semanal, estamos compartimentalizando a vida e segregando o único aspecto existente em nós que poderia promover nossa plena realização como um todo. Em vez disso, o caminho para os mais expansivos prazeres do espírito exigem o mesmo tipo de disciplina diária de entrega e desapego do conflito interior e da tensão física que propiciam os demais prazeres. A seguir, apresento algumas das formas pelas quais podemos reforçar a capacidade de usufruir de prazeres do espírito no dia-a-dia.

Respiração

A palavra *espírito* deriva de uma palavra latina que significa "respiração". Como a inspiração, a respiração é uma característica essencial ao contato com o princípio supremo da força de vida. Não é por acaso que a maioria das práticas espirituais orientais ressalta a importância da conscientização da respiração. Em meditação, por exemplo, o mantra mais usado para guiar a mente a chegar ao estado de percepção concentrada muitas vezes chamado de atenção é a respiração.

O controle da respiração, conforme o praticamos em todos os prazeres até aqui discutidos, é particularmente útil na dimensão espiritual. A prática sistemática da respiração depuradora algumas vezes ao dia, junto com o exercício da atenção ao corpo, pode ser muito eficaz na promoção do equilíbrio pessoal Se estiver desperdiçando energia, o controle da respiração pode ajudá-lo a conectar-se com sua bússola interior. Se estiver confuso, ele pode fazê-lo voltar-se para aquilo de que pode ter absoluta certeza: o que seu corpo lhe diz. Se motivado negativamente ou agindo de modo que não lhe inspire muito orgulho, a respiração profunda pode libertá-lo das amarras de seu eu inferior e recolocá-lo em contato com seu lado superior, cujos princípios certamente lhe importam.

A maioria das disciplinas espirituais requer o domínio de diversos tipos de técnicas respiratórias, como a *hatha-yoga*, que pratica a respiração depuradora, o *pranayama*, que é uma abordagem mais avançada de diversas práticas respiratórias, e o *chi kung*, que combina diferentes ritmos respiratórios diferentes a movimentos lentos. Há milhares de anos a respiração vem sendo considerada um importante meio de atingir uma conscientização mais espiritual.

Meditação: os prazeres de uma mente tranqüila

Há muitos anos, quando comecei a interessar-me pela meditação, participei de um retiro nas montanhas Berkshire, em Massachusetts. Era um outono frio. Lembro-me das caminhadas que fiz pelas vizinhanças para admirar as últimas folhas vermelhas, o céu cinzento e os bandos de gansos e outras aves de arribação que voavam em direção ao sul para fugir do inverno. Havia uns vinte participantes em nosso grupo. Pediram-nos que tentássemos passar a semana em completo silêncio, dedicando cerca de seis horas por dia à meditação (sentados ou caminhando), e que evitássemos conversar às refeições ou durante os períodos de descanso. A paisagem era tão bonita que me foi difícil escapar à minha tagarelice mental, embora isso fosse ficando mais fácil à medida que os dias se passavam.

A forma de meditação que praticávamos é conhecida como *Vipassana* ou Meditação Reveladora. A disciplina exige que a pessoa se sente e se mantenha alerta, acalmando a mente pela concentração da atenção no movimento do peito enquanto inspira e expira. Com a inspiração, o peito se eleva. Deve-se tomar nota disso mentalmente repetindo: "Levantando." Com a expiração, o peito desce — deve-se repetir: "Baixando." Sempre que a mente derivar, e a pessoa se pegar devaneando — fazendo algum plano ou lembrando-se de algum ressentimento ou sentimento de remorso —, deve simplesmente observar para onde a mente a levou repetindo para si mesma: "Pensando, pensando, pensando" e reconduzir lentamente a atenção para o movimento da respiração no peito. Os mantras são "Levantando, baixando" ou "Pensando, pensando".

Os vários anos que passei praticando essa meditação vinte minutos pela manhã e à noite permitiram-me sentir um estado de calma interior diferente de qualquer outra coisa que eu já tivesse conhecido. A meditação diária é particularmente útil a todos aqueles que têm mente hiperativa ou obsessiva porque fornece uma espécie de ponto de referência para a paz interior. Quando se experimenta esse estado de tranqüilidade íntima, sabe-se como ele é, o que facilita encontrá-lo de novo.

Outro grande benefício da meditação é que ela contribui para que se desenvolva um estado mental conhecido como "testemunho imparcial". Marshall McLuhan, autor da mais brilhante análise da revolução cultural promovida pela mídia eletrônica, disse certa vez: "Não sei quem descobriu a água, mas com certeza não foi um peixe." O peixe está totalmente imerso em seu meio e a única forma que tem de descobrir a água é pulando fora dela ou talvez pondo o rabo acima da superfície. A maior parte do tempo somos como os peixes — tão imersos em nossos modos usuais de ver as coisas que não podemos observar a nós mesmos nem a ninguém com objetividade.

A meditação é um método elegante de testemunhar imparcialmente e a cada momento o processo mente-corpo sem identificação nem com os conteúdos mentais nem com as sensações corporais. Uma testemunha imparcial é aquela que observa sem julgar; a testemunha que julga não é bem uma testemunha, já que o preconceito faz as pessoas procurarem provas que confirmem o que pensam, desconsiderando tudo mais. O testemunho imparcial é uma habilidade importante pois, como vimos no Capítulo 8, quando julgamos a nós mesmos, estamos completamente mergulhados na dualidade do crítico interior e na parte de si mesmo que se condena. Mas quando somos testemunhas imparciais do nosso processo interior, a capacidade de simplesmente observar, desde o lugar da unidade interior, pode levar à paz de espírito.

Alguns dos mais raros prazeres requerem a serenidade de poucos pensamentos e, em determinadas ocasiões, sua ausência total. As pessoas que meditam por dez, vinte, trinta minutos ou mais, apreciam profundamente os breves interlúdios em que sua mente de fato silencia e elas não falam para si mesmas nem avaliam suas vidas, seu desconforto atual, nem se congratulam egotisticamente por haver chegado a um estado de ausência de ego.

Embora seja difícil manter a mente tranqüila sem dormir, os que praticam a meditação diariamente descobrem que é possível cultivar uma certa habilidade em esvaziar a mente de pensamentos e ficar relaxados e alertas. A capacidade de concentração melhora, e eles se sentem mais lúcidos e menos estressados. As pesquisas demonstram que a meditação traz diversos benefícios à saúde física, principalmente a do coração, por meio de uma redução significativa da pressão sangüínea e da freqüência cardíaca.

Segundo pude observar até aqui, há pessoas que querem alterar seu estilo de vida para incluir a prática diária de algum tipo de meditação e há pessoas que não querem fazer isso de jeito nenhum. Nesse caso, bastará sentar-se calmamente por um minuto que já estarão fazendo um bem a si mesmas. Um minuto de concentração mental na respiração, observando — sem controlar — a inspiração e a expiração, já dará uma idéia rápida do que seja o testemunho imparcial. Por incrível que pareça, esses sessenta segundos de cabeça "vazia" podem representar um avanço muito grande no caminho de quem quer desfrutar dos prazeres de uma mente tranqüila — principalmente quando se faz isso várias vezes ao dia.

A oração

Não é preciso ser religioso para usufruir dos benefícios da prece. Com efeito, conforme uma pesquisa nacional, enquanto 70% das pessoas que acreditam em Deus oram diariamente, 10% das que não acreditam também o fazem. Todos os que rezam têm fé em que alguém provido de compaixão os esteja ouvindo — mesmo que esse "alguém" seja apenas sua própria pessoa. No filme inglês *The Rulling Class*, o personagem principal, interpretado por Peter O'Toole, é um maluco encantador que, de repente, herda uma fortuna e um título de nobreza. Ele mete na cabeça que é Deus e resolve só descansar numa cruz que mandou colocar em sua mansão. Um dia lhe perguntam como sabia que era Deus, e ele responde: "Porque quando eu rezo, estou falando comigo mesmo."

O mesmo se aplica a todos nós. Talvez um Deus nos ouça, talvez não. Mas certamente, no fundo, há alguém ouvindo, e na oração revela-se o nosso lado mais compassivo e complacente. Quando lutamos com algum problema ou vivemos um dilema, podemos obter prazer e inspiração verbalizando para nós mesmos, lenta e mesmo poeticamente, nossos medos, esperanças e desejos — sendo corajosos, embora humildes, o suficientemente para ter fé numa força espiritual que nos ouve e nos ajuda a vencer as dificuldades.

O pastor e escritor Norman Vincent Peale considerava a prece um aspecto importante do poder do pensamento positivo. Mas, para ele, o mais importante era a forma como as pessoas oravam. Ele lhes sugeria que, ao rezar, nada pedissem a Deus – em vez disso, que Lhe agradecessem antecipadamente por tudo o que desejavam. Assim, elas começavam a acreditar que seus desejos já haviam sido atendidos e agiam como se assim fosse. Para Peale, a prece faz com que se tirem da mente as atitudes derrotistas e emoções negativas que fazem os problemas parecerem insolúveis, além de abrir-nos as portas do enorme potencial de resolução de problemas que existe em cada um de nós.

Com efeito, existem várias indicações de que a prece traz benefícios à saúde. O cardiologista Herbert Benson, que há muitos anos vem promovendo na Universidade de Harvard diversos estudos sobre a meditação e a prece, demonstrou que ambas diminuem não só a freqüência cardíaca e respiratória como também a pressão sangüínea e o metabolismo, resultando, fisiologicamente, no que ele chama de reação de relaxamento — o extremo oposto do *stress* que determina a reação de lutar ou fugir. Benson descobriu inclusive que, quando as pessoas meditavam ao correr, seu corpo apresentava maior eficiência, o que o levou a sugerir que os atletas corredores poderiam render mais se praticassem a "prece aeróbica": manter a cadência na corrida dizendo palavras de devoção.

Solidão

Não existe mãe que reaja com alegria ao saber que seu filho ou filha tende a brincar sozinho na escolinha. Em nossa sociedade, as pessoas reservadas são consideradas solitárias, candidatas potenciais ao título de assassinas em série ou funcionárias descontentes que, a qualquer momento, podem abandonar o emprego. E, embora não pense que está criando um assassino em série, a mãe não quer que seu filho deixe de aprender a conviver com os outros.

Aprendemos a lição da infância direitinho. Nossa cultura valoriza tanto o entrosamento e o sentimento de pertencer a um grupo que, quando atingimos a idade adulta, a idéia de passar algum tempo a sós parece mais um degredo que uma oportunidade de recuperar o fôlego e relaxar. Conheço diversas pessoas solteiras que detestam ficar sozinhas em casa e acham que não precisariam estar sós uma noite ou um domingo se tivessem alguém que as amasse ou se os amigos realmente quisessem sua companhia. Por outro lado, conheço vários casais que não entendem nem aceitam a necessidade de solidão, condenando quem pede mais espaço. Assim, acabam brigando e conseguindo a distância de que necessitam agindo de um modo desagradável.

A solidão, esse misto tão forte de ansiedade e tristeza que nos faz ansiar por companhia, provém de muitas fontes, algumas naturais e outras auto-induzidas. Os seres humanos são animais sociais — nascemos para viver juntos em famílias e tribos, para dar-nos companhia e conforto uns aos outros. Nosso forte impulso para o amor e a proximidade é que nos atrai para outras pessoas. Mas também temos um impulso contrário para a solidão e a independência; precisamos de tempo para nos recolhermos a nós mesmos ou para sermos criativos.

Quando as pessoas não têm amor suficiente na vida nem um verdadeiro contato com os amigos e a família, geralmente têm dificuldade de ficar a sós porque se sentem — e com razão — emocionalmente carentes. Para aumentar a dificuldade, as pessoas solitárias costumam interpretar a solidão como um sinal de sua inadequação — e aí se repreendem e se afogam em autopiedade e dúvidas quanto a seu próprio valor. Não admira que não queiram ficar a sós consigo mesmas: são péssimas companhias. Melhor distrair-se com alguém — mesmo que seja o pior chato do mundo — que ver-se entregues às suas autocríticas e às intermináveis torturas que se impõem!

Marilyn Monroe, que foi muito idolatrada — mas pouco amada — em sua curta vida, aparentemente sabia que, às vezes, por mais só que se esteja, a solidão é melhor do que estar com qualquer um. Uma vez, recusou um convite dizendo: "Se vou ficar sozinha, prefiro estar só comigo mesma."

Penso na solidão como um tempo que se reserva para estar consigo mesmo. As pessoas não ficam sós porque ninguém as queira. A solidão, pelo contrário, é uma opção por estar só. Existem muitas boas razões para se ficar algum tempo sozinho: fazer descompressão depois de um dia frenético; fazer as coisas segundo o seu próprio ritmo; relaxar, refletir sobre algo que se fez e o sentimento que isso gerou; reconciliar-se com um fato triste; dar tempo à criatividade para que esta inspire a imaginação; expressar-se de forma artística.

A solidão é uma oportunidade de gozar o momento presente — ter a bênção de não ter de fazer nada nem ir a lugar nenhum. Na verdade, quando as pessoas me dizem que são solitárias, acho que isso pode ser tanto um sinal de que realmente precisam de relacionamentos mais autênticos com os outros quanto de que precisam de um relacionamento mais autêntico consigo mesmas — o que é mais importante. A melhor maneira de conseguir isso é melhorar a qualidade do tempo que se passa a sós. Isso não quer dizer que seja necessário passar muito tempo sozinho. Pode ser apenas meia hora que se passe sentado num parque dando comida aos pombos.

A solidão é um dos melhores meios de usufruir da sensação do espiritual. Ela possibilita a remissão temporária de todo tipo de exigência. Quando nos damos essa oportunidade, podemos usar a solidão para acalmar a mente ou para falar com Deus ou com nosso eu divino e estar em paz.

A natureza

A natureza é fazer uma trilha no Colorado e estar cercado pelos picos nevados das Montanhas Rochosas com o perfume dos pinheiros enchendo o ar. Como som, apenas o vento nas árvores e o bater ocasional das asas de um pássaro. A natureza é sentar à margem de um lago numa pequena ilha na costa do Estado de Washington observando a água lamber em pequenas ondulações a grama da margem e, a apenas alguns metros de distância, um grupo de veados andar lentamente, os chifres estalando nos arbustos, farejando o solo sem dar a mínima atenção à sua presença. Estar numa paisagem de tranquila beleza natural é um dos mais gloriosos prazeres da vida e uma oportunidade de estar em contato com algo do mundo físico, perceptível, que é inegavelmente bom e muito maior do que nós.

Os povos indígenas de todas as nações se entendem — em sua própria identidade como seres humanos — como espiritualmente ligados à Terra. Frank Waters, o grande escritor e admirador do oeste e dos povos indígenas norte-americanos, descreveu uma disparidade entre "duas visões da natureza", a qual via como a diferença que distingue entre o homem branco dos americanos nativos, com os quais conviveu longamente. Na cultura ocidental, a humanidade se julga apartada da natureza, ao passo que, para os nativos, ela é parte da natureza. Os que tentam subjugar a natureza declaram guerra também aos aspectos instintivos e inconscientes da natureza dentro de si. Segundo Waters, para os povos da Terra, a natureza é a expressão de "uma grande unidade de toda a Criação, dotada de um consciente e de um poder, da qual tudo no universo é parte integrante". A beleza da natureza está em nosso corpo!

Os que já tiveram a oportunidade de estar em algum local sem vestígios de civilização não têm dúvidas da serenidade espiritual que é possível apenas passando algum tempo em contato com a natureza. Se qualquer tipo de solidão pode ter efeito restaurador, a solidão numa paisagem natural pode ser especialmente restauradora do ponto de vista espiritual.

Os jardins e parques públicos prestam um grande serviço ao espírito de uma comunidade, proporcionando beleza e serenidade a cidadãos tensos que precisam relaxar. Assim, não precisamos ficar privados da natureza até poder refugiar-nos em uma trilha nas montanhas ou na beira de um lago. Podemos incluir a natureza em nosso dia-a-dia de forma bastante simples: em vez de almoçar num restaurante, podemos levar um lanche para comer num jardim ou parque público. Podemos procurar um cantinho tranqüilo em algum parque perto do trabalho e incluir na rotina alguns momentos a sós ali de vez em quando — apenas para admirar nas árvores a passagem das estações e o canto e os movimentos dos pássaros.

Afinidade, comunhão e doação

Se apreciar a solidão e estar em paz com o meio ambiente natural são características-chave de uma vida em sintonia com o universo não-material, o mesmo se pode dizer da sensação de pertencer a uma comunidade de espíritos afins. Quando se vive exclusivamente no mundo materialista da competição e da luta pelo sucesso, pode-se ter riqueza financeira, mas acabar espiritualmente falido. O tempo que se passa junto a pessoas que acreditam em algo mais que o ganho material e têm valores e aspirações mais voltados para o bem comum que para a filosofia da vantagem em tudo pode ser muito gratificante e enriquecedor.

É por isso que os Alcoólicos Anônimos e outros grupos semelhantes têm conseguido ajudar as pessoas a manter-se sóbrias. O apoio que se consegue quando se tem a sensação de fazer parte de um grupo lembra a força que se obtém por meio da humildade e da fé num poder superior existente dentro de nós. Para algumas pessoas, esse tipo de grupos espirituais substituiu as religiões estabelecidas porque, embora promovam alguns padrões morais, eles julgam menos e incluem mais as pessoas em seus sistemas de crenças.

Uma grande dádiva é o tipo especial de afinidade que se estabelece com aquelas pessoas que chamamos de "almas gêmeas", parceiras de vida cujo bem-estar é, no mínimo, tão importante quanto o nosso. As pessoas que encontram suas almas gêmeas conhecem mutuamente seus medos mais profundos e suas mais elevadas aspirações, as feridas emocionais que cicatrizaram e servem de lição e também as que, lamentavelmente, jamais sararão nem serão transformadas em fontes de sabedoria. Porém, enquanto testemunham nossos triunfos e derrotas, nossas almas gêmeas comemoram-nos e lamentam-nos junto conosco. E, bem no fundo, sabemos perfeitamente da riqueza espiritual desse tipo especialíssimo de amizade. As almas gêmeas desfrutam de tudo: promovem um encontro de corações, mentes e corpos e uma ligação que inclui a devoção a algo além dos dois egos envolvidos.

É uma verdadeira bênção ter um companheiro com quem viver até a morte chegar. Mas esse tipo de relação pode ser mais raro do que gostaríamos e — independentemente de a encontrarmos ou não — podemos gozar da intimidade ao lado de um ou dois amigos mais chegados.

O melhor amigo não é algo apenas para crianças. Acho que é essencial a todos ter alguém com quem conversar, com quem falar sinceramente com toda segurança, sabendo que seremos amados e compreendidos. Uma de minhas melhores amigas, hoje, vive muito longe de mim; no entanto, posso pegar o telefone a qualquer momento, pois sei que falarei pelo menos com sua secretária eletrônica. E quando conversamos, sei que nosso papo será sempre caloroso e verdadeiro. Damo-nos conselhos sem que sejam pedidos — e eles podem ou não ser seguidos. Entre nós existe empatia, aceitação, apoio e, às vezes, repreensão. Podemos discordar. Mas damos valor à opinião honesta uma da outra. Entre nós existe uma grande confiança e nossa camaradagem e intimidade é sempre gratificante.

Como os demais prazeres essenciais, os prazeres espirituais também têm suas recompensas práticas — principalmente no que se refere aos benefícios que os laços com outras pessoas trazem à nossa saúde. Já mencionei algumas pesquisas que mostram que os voluntários que trabalham diretamente com aqueles que precisam de sua ajuda têm maior imunidade a doenças que os voluntários que trabalham na administração. Num estudo realizado em Michigan que acompanhou 2.700 pessoas por quase dez anos, descobriu-se que o índice de mortalidade entre os homens que realizavam trabalho voluntário era duas vezes e meia mais baixo que entre os não-voluntários.

O psicólogo Robert Ornstein e o médico David Sobel, que compilaram esses e outros estudos sobre os efeitos do altruísmo e da abnegação, apontam vários meios pelos quais é dando aos outros que se beneficia a si mesmo. Talvez o fato de concentrar-nos nos problemas alheios tire-nos da cabeça os nossos. Ou então a gratidão e o apreço sinceros que recebemos quando damos a mão infunda a energia da cura em nossos sistemas.

Entretanto, aparentemente não precisamos nem mesmo ser o alvo direto desses sentimentos — nosso sistema imunológico já se fortalece quando simplesmente observamos outra pessoa fazer uma boa ação. Num estudo da Universidade de Harvard, os estudantes que assistiram a um filme em que Madre Tereza de Calcutá confortava doentes e moribundos registraram uma alta em sua função imunológica, independentemente de serem ou não seus fãs.

Segundo Ornstein e Sobel, um dos menos conhecidos benefícios decorrentes do altruísmo é o que chamam de "euforia do doador". Ao descrever suas impressões acerca das funções que desempenhavam, os voluntários de determinado hospital geralmente relatavam a presença de uma espécie de euforia durante seu trabalho assistencial. Referiam-se a uma sensação de calor no peito e aquele prazer da vitalidade profundamente gratificante — estar ao mesmo tempo tranqüilo e energizado. Como ocorre na euforia sentida pelos atletas, quando se dá de coração, sem dúvida se liberam endorfinas — o que poderia ser a explicação para o fato de que nove em cada dez voluntários se considerarem tão saudáveis quanto outras pessoas de sua idade ou até mais.

Você não precisa privar-se de nada para ser uma pessoa que dá de coração. Na verdade, talvez o altruísmo não possa ser um ato de completa abnegação porque, de todos os que se beneficiam de uma boa ação, talvez o que ganhe mais — inclusive em termos de saúde — seja mesmo o bom samaritano.

Elaborando uma vida depois da morte com a qual possamos conviver

O medo da morte é o terror do fim do eu e das trevas eternas. Se existe algo além — algum tipo de luz eterna —, provavelmente a vemos como um lugar de amor e alegria, em que podemos gozar do convívio de espíritos afins. Entretanto, muita gente não consegue acreditar no tipo de vida depois da morte oferecido pela maioria das religiões estabelecidas. Mark Twain certa vez pilheriou com nossos conceitos de vida após a morte ao criar o personagem do arcanjo Satã, que visita a Terra e escreve cartas para o céu relatando o que vê a São Miguel e São Gabriel. O visitante considera estranho que o melhor céu que os humanos conseguem conceber não tenha nada do que eles realmente gostam — como fazer amor — e consista apenas em diversões que pouco lhes importam, como perambular o dia inteiro, tocar harpa e cantar hinos. No entanto, estão todos convencidos de que vão gostar do céu!

Talvez sandálias, roupas folgadas e intermináveis distrações inócuas fossem o melhor que nossos ancestrais guerreiros e labutadores pudessem imaginar. De qualquer maneira, o verdadeiro desafio é atingir um espírito leve e iluminado aqui na Terra. A prece, a meditação, a solidão, a afinidade, o convívio com a natureza e a oportunidade de nos inspirarmos criativa e espiritualmente podem contribuir muito para ajudar-nos a manter o espírito leve.

A maioria das pessoas, porém, para sentir-se realmente em contato com seu lado espiritual, precisa aceitar a morte. Certas pessoas dizem não importar-se em pensar que tudo acaba quando chega o fim. Não crêem em céu ou inferno, em reencarnação nem em nada depois da morte — você fez o que fez, teve o que teve e acabou-se. Outras dizem não saber viver assim; reconfortam-se acreditando numa alma eterna — que reencarnarão, como pregam o budismo e o hinduísmo, e voltarão em outra vida. Já outras preferem pensar conforme as religiões estabelecidas porque se consolam com a idéia de um céu no qual reencontrarão seus entes queridos e esperam a oportunidade de apresentar-se perante seu Criador.

Quando se trata da nossa própria mortalidade, o mais importante é ter algo em que acreditar que funcione para nós, algo que nos dê "coragem existencial" — a fortaleza emocional de viver de um modo fiel a nós mesmos. Você pode achar que sua alma é tão finita quanto sua carne e ter uma vida honrada e admirável. Mas se isso não for suficiente para você, talvez precise acreditar em algo mais duradouro.

Já que, na verdade, não sabemos nada sobre a morte enquanto fato absoluto e talvez nunca cheguemos a saber mesmo, por que não criarmos conscientemente uma vida depois da morte na qual possamos acreditar e investir? Existem boas razões para pensar seriamente no tipo de vida depois da morte em que preferimos crer — em termos do que mais nos motivaria e mais nos levaria a dar o melhor de nós. Uma delas é que — estando certo ou errado — de qualquer jeito, você provavelmente terá o mesmo tipo de destino depois da morte. Se seu sistema de crenças não pode alterar sua experiência *post-mortem*, por que não escolher um que possa ter impacto sobre sua experiência antes de morrer — um sistema que o inspire e encoraje e lhe dê consolo e razão para reverência? Não acha que faz sentido elaborar uma vida depois da morte que possa fazê-lo mais feliz agora?

Além disso, talvez descubramos que a visualização é uma aptidão ainda mais forte do que jamais imaginamos — não só em termos de nossa capacidade de determinar o curso de nossa vida, mas também de nossa vida *post-mortem*. Os budistas acreditam que, no momento de morrer, nosso pensamento nos leva a um determinado Bardo — uma espécie de estação de baldeação para os espíritos que atingiram determinado estágio de consciência. Segundo o budismo, preparamo-nos a vida inteira para entrar num Bardo mais elevado — do qual nosso espírito será retirado — de modo que, na vida seguinte, possamos voltar à Terra num estágio mais avançado. É uma idéia interessante. Talvez na morte, como na vida, o que se alcança seja o que se vê! Não faz sentido, então, ver claramente o que mais se quer que a morte seja e investir nessa visão espiritual?

Para mim, é reconfortante pensar que realmente existe uma alma eterna. Que a morte não é o Grande Sono, mas sim o Grande Despertar. Gosto das palavras do Bhagavad Gita, texto sagrado hindu, que proclama: "Nascemos no mundo da natureza; nosso segundo nascimento é no mundo do espírito." Já que a morte que mais me inquieta é aquela que é cheia de trevas, frio e isolamento, a visão da vida depois da morte que é para mim mais encorajadora — depois da de voltar à Terra sabendo tudo o que sei agora e tendo uma chance de fazer algumas coisas de outra maneira — é de luz, sol, calor e companhia de espíritos afins.

Há muitos anos, vi um documentário sobre a vida de Carl Jung, o eminente psiquiatra suíço que incluiu o elemento religioso e místico em sua compreensão da mente humana. Naquela época, ele já era um homem idoso, quase totalmente calvo e com um discreto tremor nos gestos. Foi entrevistado várias vezes para o documentário, mas os comentários que fez no fim do filme foram para mim os mais impressionantes. Ele estava sentado numa imensa poltrona em seu estúdio, cercado pelos livros e relíquias que coletara ao longo de toda a sua vida. Embora suas costas já estivessem um tanto arqueadas, ele trazia a cabeça bem aprumada. O braço direito repousava sobre o braço da cadeira, e a mão esquerda, sobre a bengala que tinha posta ao lado do joelho. Tinha nos lábios um sorriso afável e apertava os olhos para ver o entrevistador, que não era filmado e estava finalizando a sessão:

— Dr. Jung, uma última pergunta. O senhor acredita em Deus?

O rosto de Jung se acendeu. Os olhos abriram-se desmesuradamente, as costas se aprumaram. Ele começou a rir baixinho.

— Se eu acredito em Deus? — perguntou quase com incredulidade, como se a pergunta fosse uma piada. — Se eu acredito em Deus? — repetiu, perscrutando à sua frente com o olhar enquanto saboreava o momento. — Não — respondeu, finalmente, olhos postos no chão, balançando a cabeça. — Eu não acredito em Deus.

E então levantou a cabeça, olhos brilhantes e sorriso amplo, dizendo calmamente:

— Eu tenho certeza.

Esse é o tipo de fé que inspira.

Existe, entretanto, uma vida depois da morte que não se baseia na fé e é incontestável: a vida do que deixamos atrás de nós quando nos vamos. A única vida depois da morte que podemos predizer sem dúvidas é a que viveremos nas pessoas que nos amam, cujas vidas nossa passagem aqui enriqueceu. O companheiro, a família, os amigos, vizinhos e todos com quem interagimos no dia-a-dia sentirão nossa falta e provavelmente contarão casos nossos engraçados ou enternecedores. Também viveremos em tudo aquilo que criarmos — tudo que tivermos moldado com nossas mãos e visões e tudo que tivermos acumulado e acalentado no curso de nossos anos.

Na verdade, a única vida *post-mortem* de que podemos ter certeza é a que viveremos no coração, na mente e nas gratas lembranças daqueles cujas vidas tivermos tocado. Resta-nos esperar que sejamos lembrados com amor e que o legado de nossa passagem continue a fazer bem, mesmo depois de nossa partida. Essa é a vida depois da morte para a qual podemos preparar-nos e, apesar de seu supremo mistério, é a única da qual podemos ter absoluta certeza.

Exercícios

1. Pratique o controle da respiração sistematicamente ao longo do dia. Use a respiração consciente para promover a conexão com seu eu mais amplo, sua capacidade de inspiração e seus princípios mais sublimes. Pratique a respiração depuradora por alguns instantes para liberar-se das tensões e quaisquer outros entraves; observe quais as sensações de seu corpo e concentre-se. Solte alguns suspiros profundos para aproximar-se mais de seus sentimentos. Pratique a respiração energizante cinco vezes seguidas quando precisar de uma carga extra de energia em pouco tempo.

2. Pratique meditações de um minuto algumas vezes ao dia, principalmente quando estiver tenso. Sente-se de modo relaxado porém alerta, com o queixo paralelo ao chão. Acompanhe a respiração sem controlá-la, sentindo o ar fazer seu peito expandir-se e encolher-se. Procure não se fixar nos pensamentos narrativos e seja simplesmente uma testemunha imparcial por um minuto. Observe as sensações do corpo, quais os pensamentos que surgem e os sons que o cercam — sem ter de fazer nada, a não ser testemunhar tudo isso.

3. Reze por uma orientação quando estiver em dúvida. Você não precisa acreditar em Deus para orar. Acredite, pelo menos, num poder sublime dentro de você, numa fonte de sabedoria e integridade que pode levá-lo a descobrir sua verdade intuitiva.

4. Passe algum tempo a sós em contato com a natureza e permita-se apenas ser. Deixe que seus sentidos ganhem vida e viva o momento. Veja-se como parte da natureza.

5. Escreva uma mensagem de carinho e gratidão para alguém a quem ame. Descreva o que mais ama e aprecia nessa pessoa e, depois, leia o que escreveu para ela.

6. Ajude alguém em necessidade com seus atos, em vez de dinheiro. Seja irmão mais velho e padrinho de uma criança carente; prepare refeições para pacientes de AIDS ou idosos; visite os sem-teto num dia de Natal; ensine um adulto a escrever; faça sua prioridade número um dar conforto a quem recorrer a você.

7. Convide seu companheiro ou um amigo a apresentar-se como voluntário, junto com você, num projeto comunitário. Envolva-se num esforço comunitário em que acredite.

8. Discuta suas crenças espirituais com seu companheiro ou um amigo. Descrevam um para o outro qual o seu propósito de vida, o que mais dá sentido a sua vida atual, o que acha que seja um poder supremo, como se sente diante da morte.

9. Reflita um pouco e elabore uma vida *post-mortem* na qual acredite. Veja se essas novas convicções lhe infundem mais força.

10. Dedique um pouquinho do seu tempo diário para desfrutar dos prazeres mais simples da vida — um coração cheio de afeto, uma mente cheia de paz e um corpo repousado e cheio de energia — e deixe-se enriquecer com eles.

Palavras finais

Espero havê-lo inspirado a expandir sua noção de prazer e a fazer suas próprias descobertas. Para entregar-se e ser feliz, você precisa acreditar, de todo coração, que a felicidade é o estado natural do organismo humano quando não se resiste a ela. Acredito nessa verdade e acho que, se não lutássemos tanto contra nós mesmos, seríamos todos mais amantes da paz.

Na medida em que o mundo vai ficando menor e entramos em mais contato uns com os outros, confio em que esse novo respeito pelo prazer enquanto *corporificação* da felicidade continue a ganhar *momentum*. Cada vez mais se reconhece que, quanto mais realizados — de corpo, mente, coração e alma —, mais saudáveis e mais civilizados, pacientes e cheios de amor pelo próximo seremos. Idealmente, cada vez em maior número iremos forjando a coragem de ser autênticos, de escolher o entusiasmo e os bons sentimentos e de nos motivar positivamente pelo que mais nos inspira.

Meu maior desejo é que você e eu continuemos a aprender e praticar — e que nos lembremos sempre de ganhar o dia. E de respirar e relaxar. Alongar-nos. Testemunhar. Entregar-nos ao que é realmente doce e bom em nós. Que nos lembremos sempre de brincar e a nos expressar. De rir. De ter bons pensamentos e pensar em coisas boas. De ter fé em nós mesmos. De acreditar no processo de crescimento. Que nos lembremos de amar e valorizar o amor que recebemos. De dar vida à nossa sensualidade. De ter mais prazer e de viver mais a paixão. E, principalmente, de ser mais leves! Deixe seu espírito voar!

Bibliografia

Ackerman, Diane. *A Natural History of the Senses*. Nova York: Random House, Inc., 1990.
Anand, Margo. *The Art of Sexual Ecstacy*. Los Angeles: Jeremy P. Tarcher, Inc., 1989.
Anderson, Walter Truett. *Reality Ins't What It Used to Be*. Nova York: HarperSanFrancisco (uma divisão da HarperCollins, Publishers), 1990.
Andreas, Steve. *Is there Life Before Death?* Moab: Real People Press, 1995.
Aron, Elaine e Aron, Arthur. "The Influence of Inner State on Self-Reported Long-Term Happiness" in *Journal of Humanistic Psychology*, vol. 27 (2), 1987.
Barnach, Lonnie. *For Each Other*. Nova York: Anchor Press/Doubleday, 1982.
Beck, Deva e Beck, James. *The Pleasure Connection*. San Marcos, CA: Synthesis Press, 1987.
Becker, Ernst. *The Denial of Death*. Nova York: The Free Press, 1973.
Benson, Herbert. *The Relaxation Response*. Nova York: Avon Books, 1975.
Branden, Nathaniel. *The Psychology of Romantic Love*. Los Angeles: Jeremy P. Tarcher, Inc., 1980.
Cassel, Carol. *Swept Away*. Nova York: Simon & Schuster, Inc., 1984.
Csikszentmihalyi, Mihaly. *Flow*. Nova York: Harper & Row Publishers, Inc., 1990.
De Angelis, Tori. "Should Wellness Model Replace Disease Focus?" in American Psychological Associoation *Monitor*, dezembro, 1990.
Dodson, Betty. *Sex for One*. Nova York: Harmony Books, 1987.
Eisler, Riane. *Sacred Pleasure*. San Francisco. HarperSanFrancisco, 1995.
Feuerstein, Georg. *Sacred Sexuality*. Los Angeles: Jeremy P. Tarcher, Inc., 1992.
Fisher, Helen E. *Anatomy of Love*. Nova York: W. W. Norton & Company, 1992.
Flew, Anthony. *A Dictionary of Philosophy*. Nova York: St. Martin's Press, 1979.
Foucault, Michel. *The Use of Pleasure, The History of Sexuality*, vol. 2, Nova York: Randon House, Inc., 1990.
Frankl, Viktor E. *Man's Search for Meaning*. Nova York: Washington Square Press, 1965.
Freud, Sigmund. *Civilization and Its Discontents*. Londres: Hogarth Press, 1930.
Friday, Nancy. *Women on Top*. Nova York: Simon & Schuster, Inc., 1991.
Fromm, Erich. *The Art of Loving*. Nova York: Harper & Row Publishers, Inc., 1956.
Goldstein, Joseph e Kornfield, Jack. *The Path of Insight Meditation*. Boston: Shambhala Publishing, 1995.
Goleman, Daniel. *Emotional Intelligence*. Nova York: Bantam Books, 1995.
Hart, Tobin. "Inspiration: Exploring the Experience and its Meaning" in *Journal of Humanistic Psychology*, (no prelo).
Hartman, William e Fithian, Marilyn. *Any Man Can*. Nova York: St. Martins's Press, 1984.
Hayden, Tom. *The Lost Gospel of the Earth*. San Francisco: Sierra Club Books, 1996.
Hite, Shere. *The Hite Report*. Nova York: Dell Publishing Company, Inc., 1976.
Hutchinson, Michael. *The Book of Floating*. Nova York: Quill, 1984.
Jacobson, Edmund. *Progressive Relaxation*. Chicago: University of Chicago Press, 1942.
Johnson, Robert A. *Ecstasy*. Nova York: Harper & Row Publishers, Inc., 1921, 1987.
Karlen, Arno. "Appreciating the Sexual You" in *Modern Maturity*, abril-maio, 1992.
Kepner, James I. *Body Process*. Nova York: Gardner Press, 1987.
Krishnamurti, J. *Total Freedom*. San Francisco: HarperCollins Publishers, Inc., 1996.
LaBerge, Stephen. *Lucid Dreaming*. Los Angeles: Jeremy P. Tarcher, Inc., 1985.
Ladas, Alice Kahn; Beverly Whipple; e John D. Perry. *The G Spot and Other Recent Discoveries About Human Sexuallity*. Nova York: Holt, Rinehart, and Winston, 1982.

Lawrence, Raymond J. Jr. *The Poisoning of Eros.* Nova York: Augustine Moore Press, 1989.
Liebowitz, Michael R. *The Chemistry of Love.* Boston: Little, Brown and Company, 1983.
Liedloff, Jean. *The Continuum Concept.* Rading, MA: Addison-Wesley Publishing Company, Inc., 1977.
Locke, Steven e Douglas Colligan. *The Healer Within.* Nova York: E. P. Dutton, 1986.
Lowen, Alexander. *Love, Sex, and Your Heart.* Nova York: Macmillan Publishing Company, 1988.
Lowen, Alexander. *Pleasure.* Nova York: Penguin Books, Inc., 1970.
Marcuse, Herbert. *Eros and Civilization.* Nova York: Random House, Inc., 1955.
Markowitz, Laura. "Minding the Body, embodying the Mind" in *The Family Therapy Networker*, setembro-outubro, 1996.
Marks, Linda. *Living with Vision: Reclaiming the Power of the Heart.* Indianapolis: Knowledge Systems Inc., 1989.
Maslow, Abraham H. *Toward a Psychology of Being.* Princeton, NJ: D. Van Nostrand Company, Inc., 1962.
Mazur, Thomas. "Children and Sex" in *Human Sexuality.* (orgs. Bullough e Bullough) Nova York e Londres: Garland Publishing, Inc., 1994.
McCraty, Rollin; Mike Atkinson; William A. Tiller; Glen Rein e Alan D. Watkins. "The Effects of Emotions On Short-Term Heart Rate Variability Using Power Spectrum Analysis" in *American Journal of Cardiology*, 1995:76(14): 1089-1093.
McLuhan, Marshall e Quentin Fiore. *The Mediun Is the Massage.* Nova York: Bantam Books, 1967.
Meshorer, Marc e Judith. *Ultimate Pleasure.* Nova York: St. Martin's Press, 1986.
Michael, Robert T.; John H. Gagnon; Edward O. Laumann; e Gina Kolata. *Sex in America.* Boston: Little, Brown and Company, 1994.
Miller, Alice. *For Your Own Good.* Nova York: Farrar, Straus & Giroux, 1983.
Money, John. *Lovemaps.* Irvington Publishers, Inc., 1986.
Murphy, Michael. *The Future of the Body.* Los Angeles: Jeremy P. Tarcher, Inc., 1992.
Nadel, Laurie. *Sixth Sense.* Nova York: Prentice Hall Press, 1990.
Needleman, Jacob. *A Little Book on Love.* Nova York: Doubleday/Currency, 1996.
Ogden, Gina. *Women Who Love Sex.* Nova York: Pocket Books, 1994.
O'Hara, Maureen. "Divided We Stand" in *The Family Therapy Networker*, setembro/outubro, 1996.
Ornstein, Robert e David Sobel. *Healthy Pleasures.* Reading, MA: Addison-Wesley Publishers Company, Inc. 1989.
Peale, Norman Vincent. *Positive Imaging.* Nova York: Fawcett Crest, 1982.
Perls, Fritz. *Ego, Hunger, And Aggression.* Nova York: Random House, Inc., 1969.
_____. *The Gestalt Approach & Eye Witness to Therapy.* Palo Alto, CA: Science and Behavior Books, Inc., 1973.
Prescott, James, W. "Physical Affection and the Origins of Violence." in *The Futurist.* Abril, 1975.
Randles, Jenny. *Sixth Sense.* Topsfield, NJ: Salem House Publishers, 1987.
Reich, Wilhelm. *The Function of The Orgasm.* Nova York: Farrar, Straus & Giroux, 1961.
Rein, Glen; Mike Atkinson e Rollin McCraty. "The Physiological and Psychological Effects of Compassion and Anger" in *Journal of Advancement im Medicine*, volume 8.
Rosenberg, Jack Lee; Rand, Marjorie L. e Asay, Diane. *Body, Self & Soul.* Atlanta, GA: Humanics Limited, 1985.
Ruch, Theodore C.: Harry D. Patton; J. Walter Woodbury e Arnold L. Towe. *Neurophysiology.* Filadélfia e Londres: W. B. Saunders Company, 1965.
Saint Exupéry, Antoine de. *The Little Prince.* Nova York: Harcourt, Brace & World, Inc., 1943.
Samuels, Mike e Nancy Samuels. *Seeing with the Mind's Eye.* Nova York: A Randon House/Bookworks Book, 1975.
Scheff, Thomas (principal investigador, The Lahghter Projec). *Laughter and Stress.* Santa Barbara, CA: University of California, 1984.

Schnarch, David, M. *Constructing the Sexual Crucible*. Nova York: W. W. Norton & Company, 1991.
Seligman, Martin E. P. *Learned Optimism*. Nova York: Simon & Schuster, Inc., 1990.
Selye, Hans. *The Stress of Life*. Nova York: McGraw-Hill Book, Co., 1956.
Sherfey, Mary Jane. *The Nature & Evolution of Female Sexuality*. Nova York: Random House, 1966.
Siegel, Ronald Ronald K. *Intoxication*. Nova York: E. P. Dutton, 1989.
Stern, Daniel N. *Diary of a Baby*. Nova York: HarperCollins, 1990.
Thoreau, Henry David. *Walden*. Nova York: A Signet Classic, The New American Library, 1942.
Thomas, Lewis. *The Lives of the Cell*. Nova York: Viking Penguin, 1978.
Trungpa, Chögyam. *Meditation in Action*. Berkeley, CA: Shambala, 1970. [*Meditação na Ação*, publicado pela Editora Cultrix, São Paulo, 1987.]
Twain, Mark. *Letters from the Earth*. Nova York: Harper & Row Publishers, Inc., 1962.
Vilee, Calude A. *Biology*. Filadélfia e Londres: W. B. Saunders Company, 1985.
Waters, Frank. *Pumpkin Seed Point*. Athens, OH: Ohio University Press/Swallow Press, 1981.
White, Michael e David Epston. *Narrative Means to Therapeutic Ends*. Nova York e Londres: W. W. Norton & Company, 1990.

ANDROGINIA
Rumo a uma Nova Teoria da Sexualidade

JUNE SINGER

Androginia é um estado de amor ativo que podemos sentir pelas nossas dualidades psíquicas: atividade/passividade, competição/cooperação, independência/dependência, lógica/intuição, e muitas outras. Porém, dentre elas, há uma que parece ser a geradora de todas, a saber, a dualidade masculino/feminino.

Em seu livro, *Androginia*, June Singer insiste em que exploremos a nossa psique, que examinemos os elementos que lutam entre si, que busquemos a nossa própria cura, que nos tornemos íntegros, que nos tornemos andróginos.

Nos últimos anos, têm surgido muitas pessoas com a coragem de honestamente explorarem as dualidades que já cindiram a humanidade por um tempo longo demais.

A androginia talvez seja, de fato, o princípio norteador de uma Nova Era.

* * *

Androginia é uma contribuição iluminadora; eu diria que é indispensável. Por certo perdurará por muitos anos como uma explicação definitiva do assunto.
Joseph Campbell

A dra. Singer prestou um serviço inestimável ao escrever *Androginia.*
Stanley Krippner, Ph.D.

A dra. Singer investiga vários sistemas do conhecimento antigo, bem como descobertas revolucionárias da ciência do século XX. Ela oferece profundas verdades sobre a natureza dos princípios masculino e feminino no universo e seus inter-relacionamentos.
Stannislav Grof, M.D.

June Singer, Ph.D., é psicanalista formada pelo Instituto C. G. Jung de Zurique.

EDITORA CULTRIX

CAMINHOS ALÉM DO EGO

Uma Visão Transpessoal

Roger Walsh e *Frances Vaughan* (orgs.)

Este livro é um apelo em prol de uma visão mais ampla das possibilidades do ser humano. Nele, alguns dos maiores pensadores da atualidade nos estimulam a retomar a eterna busca do autoconhecimento e a descoberta de sentidos mais profundos na vida.

Para tanto, eles nos brindam com a perspectiva transpessoal, que vai além da ciência e da psicologia convencionais, incluindo o estudo da consciência em suas incontáveis formas: estados alterados, ioga, sonhos e contemplação. Essa união da ciência e da psicologia com as tradições espirituais nos deu um fruto maravilhoso: a visão transpessoal, que é também uma visão extraordinariamente ampla e generosa da natureza humana.

Os quarenta e seis ensaios que fazem parte de *Caminhos Além do Ego* são aplicações do pensamento transpessoal ao crescimento individual, à psicoterapia, à meditação, aos sonhos, às drogas psicodélicas, à ciência, à ética, à filosofia, à ecologia, ao serviço ao próximo e à sociedade. O resultado é uma visão geral abrangente e integrada das diversas dimensões da experiência humana.

Em linguagem clara e acessível, os autores afirmam que o potencial de aprimoramento das capacidades humanas é muito maior do que antes se pensava, e os instrumentos para essa grandiosa empreitada estão atualmente a nosso inteiro dispor. A visão transpessoal nos permite ter mais fé no futuro e nos liga à sabedoria eterna de outras eras e culturas.

EDITORA CULTRIX

A GRANDE MÃE
Um estudo fenomenológico da constituição feminina do inconsciente

Erich Neumann

Erich Neumann nasceu em Berlim em 1905. Obteve o Ph.D. em 1927 e terminou seus exames de Medicina em 1933. Depois disso, saiu da Alemanha. Estudou com C.G. Jung em 1934 e 1936. Desde 1934 sua residência permanente foi Tel Aviv, onde praticou como psicólogo analista até sua morte, em 1960.

O dr. Neumann tem da análise uma abordagem teórica e filosófica que contrasta com a preocupação clínica preferida na Inglaterra e Estados Unidos. Sua contribuição mais valiosa para a teoria psicológica é o conceito empírico de "controvérsia", uma síntese de extroversão e introversão. Talvez ele seja mais conhecido por seus estudos sobre uma teoria coerente do desenvolvimento feminino, teoria por ele formulada em inúmeras publicações.

A Grande Mãe é sua obra mais polêmica e importante e versa sobre as formas de manifestação do Feminino em seu caráter elementar e de transformação. Ao mesmo tempo, é uma obra fundamental de pesquisa mitológica. Suas gravuras formam uma verdadeira galeria de História da Arte Antiga.

Com este livro, o autor deu continuidade de forma significativa às pesquisas de C.G. Jung sobre o arquétipo da Grande Mãe.

EDITORA CULTRIX

A BUSCA DO SER AMADO

A Psicologia do Sagrado

Jean Houston

Todos nós ansiamos por algum tipo de encontro com o divino que irá nos dar um sentido de unidade com o Universo, com o mundo e com aqueles que o habitam. *A Busca do Ser Amado — A psicologia do sagrado* é um livro que se propõe a proporcionar ao espírito humano um contato com a dimensão sagrada através de exercícios, jornadas míticas e rituais.

Este trabalho extraordinário analisa a natureza da busca espiritual e mostra como o leitor pode tornar mais fácil a sua busca. Ele se detém na análise dos quatro aspectos da Psicologia do Sagrado — a Queda Original, a Jornada Mítica da Transformação, a Descoberta do Grande Plano e a União com o Bem-Amado da Alma.

A primeira parte do livro estabelece o cenário, mostra o segundo plano antigo e moderno da Psicologia do Sagrado e sugere as premissas psicoespirituais, a partir das quais se desenvolve a sua prática. A segunda parte oferece exercícios básicos destinados a sintonizar a mente e o corpo com o trabalho da Psicologia do Sagrado. A terceira parte desenvolve os temas básicos das estruturas míticas e estabelece os processos experimentais relacionados com eles. Na quarta parte, o leitor é convidado a participar da jornada de transformação inspirado na história de dois grandes personagens arquetípicos — Eros e Psiquê — e no caminho extático de Jalaloddin Rumi.

Este novo livro de Jean Houston traça o roteiro de uma jornada às regiões conhecidas e desconhecidas do espírito humano seguindo um itinerário que leva o viajante a locais sagrados da alma, oferecendo como que um passaporte para aqueles que anseiam por sintonizar seus espíritos com as profundezas psicológicas e os mais elevados planos espirituais. A autora nos leva a conhecer as dimensões da tragédia e seu significado profundo e mítico, de modo que nossas feridas possam se transformar em fonte de graça espiritual, levando-nos a uma dimensão mais ampla e mais sagrada da vida.

Um livro de qualidade excepcional e profundamente atualizado com as necessidades de desenvolvimento e de autoconhecimento do homem.

* * *

De Jean Houston a Editora Cultrix já publicou *A Redescoberta do Potencial Humano*.

EDITORA CULTRIX

O ESPECTRO DA CONSCIÊNCIA

Ken Wilber

Este trabalho de Ken Wilber pode ser considerado a principal teorização no campo da Psicologia Transpessoal, numa abordagem que amplia as concepções sobre a consciência desenvolvidas pela psicologia ocidental.

Neste livro notável, o autor compara a consciência ao espectro eletromagnético. A partir dessa analogia, tal como qualquer radiação eletromagnética, a consciência é "una" e se manifesta por uma multiplicidade de aspectos, de níveis ou de faixas, que correspondem aos diferentes comprimentos das ondas eletromagnéticas.

Para o autor, o "espectro da consciência" implica a integração dos conhecimentos fragmentados das escolas psicológicas ocidentais com os principais elementos das tradições esotéricas, resultando numa visão holística da consciência.

Desta forma, enfoques aparentemente contraditórios das diferentes abordagens são considerados complementares, pois as diferenças entre eles preenchem as lacunas existentes, criando uma síntese que valoriza igualmente as visões de Freud, de Jung, de Maslow, de May e de outros psicólogos renomados, assim como as de grandes líderes espirituais, desde Buda até Krishnamurti.

                MARCIA TABONE
             Autora de *A Psicologia Transpessoal*

EDITORA CULTRIX

O COMPLEXO DE BODE EXPIATÓRIO

Rumo a uma Mitologia da Sombra e da Culpa

Sylvia Brinton Perera

O termo *bode expiatório* é aplicado a indivíduos ou grupos de indivíduos apontados como causadores de infortúnio. Apontar um bode expiatório significa encontrar aqueles que podem ser identificados com o mal, acusados de tê-lo causado e expulsos do círculo da família ou da comunidade, de modo a deixar os membros restantes com o sentimento de que estão livres de culpa.

Psicologicamente, a acusação serve para que o indivíduo negue a sombra, projetando-a em outra pessoa. A sombra está relacionada com atitudes, comportamentos e emoções que não estão de acordo com os ideais do ego, ou com uma suposta perfeição e bondade de Deus. Essas instâncias não são reconhecidas como componentes da própria condição humana e como fazendo parte da inteireza de Deus; elas são reprimidas, negadas e lançadas para o inconsciente.

Quando indivíduos se identificam com o bode expiatório – isto é, quando assumem responsabilidade pessoal pelas qualidades da sombra que outros rejeitaram –, elas poderão tornar-se presas de um padrão distorcido de auto-rejeição e de um comportamento motivado pela culpa ou pela vergonha.

O Complexo de Bode Expiatório é um livro que examina os muitos aspectos da psicologia do bode expiatório segundo suas manifestações em homens e mulheres do mundo moderno, com uma riqueza de exemplos extraídos da prática analítica da autora que aborda o tema como um padrão arquetípico subjacente na mitologia e na tradição judeu-cristã.

EDITORA CULTRIX